Mastering Spanish Vocabulary

A THEMATIC APPROACH

SECOND EDITION

JOSÉ MARÍA NAVARRO AND
AXEL J. NAVARRO RAMIL

BARRON'S

Mastering Spanish Vocabulary
A Thematic Approach

Second Edition

by
José María Navarro
and
Axel J. Navarro Ramil

© Copyright 2000 by Ernst Klett Verlag GmbH, Stuttgart, Federal Republic of Germany.
English-language edition © Copyright 2003 by Barron's Educational Series, Inc.

English translation by Kathleen Luft.

All inquiries should be addressed to:
Barron's Educational Series, Inc.
250 Wireless Boulevard
Hauppauge, NY 11788
http://www.barronseduc.com

International Standard Book Number 0-7641-2396-3
Library of Congress Catalog Card Number 2002106701

Printed in the United States of America
9 8 7 6 5 4 3 2 1

Contents

Foreword 5

Basic Information 6

Spanish Pronunciation Guide 8

List of Abbreviations 10

1 Personal Information 11
1.1 Personal Data 12
1.2 Nationality, Languages,
 Countries, Ethnic Groups . . . 14

2 The Human Body 23
2.1 Body Parts and Organs 24
2.2 Sexuality, Reproduction 27
2.3 Birth, Stages of Life,
 Death 29
2.4 Senses and Perceptions 31
2.5 Activities, Movements,
 States 33
2.6 Appearance 39
2.7 Cosmetics and Personal
 Grooming 41

3 Health and Medicine 44
3.1 General State of Health 45
3.2 Medical Care 45
3.3 Diseases and Treatment 48
3.4 Drugs, Tobacco, Alcohol . . . 53

**4 Mental Processes and States,
 Behavior 56**
4.1 Feelings 57
4.2 Thoughts 63
4.3 Character, Behavior 66
4.4 Human Abilities and
 Communication 76

**5 Shopping, Eating and Drinking,
 Clothing 90**
5.1 Shopping 91
5.2 Eating and Drinking 94
5.3 Groceries and Cooking 98
5.4 Eating Out 107
5.5 Articles of Clothing 109
5.6 Cleaning and Care 112
5.7 Materials and Properties . . . 113
5.8 Jewelry and Accessories 115

6 Living Arrangements 118
6.1 Housing and
 Construction 119

6.2 Buying, Renting, and
 Inhabitants 124
6.3 Apartments and
 Furnishings 126
6.4 Household and
 Housework 131

7 Private Life, Social Relations 134
7.1 Individuals, Families 135
7.2 Saying Hello and
 Goodbye 137
7.3 Youth Scene, Young
 People 140
7.4 Social Ties, Social Groups . . . 142
7.5 Social Behavior 146
7.6 Relationships of
 Possession 157

8 Education, School, University 159
8.1 Education 160
8.2 Classroom Instruction,
 School 161
8.3 University, Studies 164

9 Occupations and the Job World 168
9.1 Professional Tools 169
9.2 Office Items 170
9.3 Career Training and
 Careers 172
9.4 Work, Working
 Conditions 175

**10 Leisure Time, Recreation, Sports,
 Games 179**
10.1 Leisure Time, Hobbies, and
 Games 180
10.2 Sports 183
10.3 Theater, Film 187
10.4 Parties and Celebrations . . . 190

11 Travel and Tourism 193
11.1 Traveling and Making Travel
 Preparations 194
11.2 Accommodations 197
11.3 Sights of Interest 199

12 Visual Arts, Music, Literature 201
12.1 Visual Arts 202
12.2 Music and Dance 204
12.3 Literature 207

13 History, Religion 210
13.1 History 211
13.2 Religion 213

Contents

14 Government, Society, Politics 217
14.1 Constitution, State Institutions 218
14.2 Politics, Political Systems ... 221
14.3 Laws, System of Justice, Crime, Police Force 225
14.4 Political Resistance 227
14.5 Political Division of Spain ... 229
14.6 International Relations 231
14.7 War and Peace 233

15 Business and the Economy 236
15.1 Agriculture, Fishing, and Mining 237
15.2 Industry, Handicrafts, and Technology 240
15.3 Company Operations 242
15.4 Trade, Services, and Insurance 243
15.5 Money and Banking 247

16 Communications and Mass Media 253
16.1 Postal Service and Telecommunications 254
16.2 Radio, Television 258
16.3 Print Media and Books 260
16.4 Multimedia, Computers 262

17 Traffic, Means of Transportation 267
17.1 Individual Transportation ... 268
17.2 Public Transportation System 273

18 Nature, the Environment, Ecology 279
18.1 Universe, Earth 280
18.2 Geography 281
18.3 Bodies of Water, Coasts 283
18.4 Climate, Weather 285
18.5 Materials, Substances 289
18.6 Plants, Flowers, and Trees 292
18.7 Animals, Keeping an Animal 295
18.8 Town, Country, Infrastructure 299
18.9 Ecology, Environmental Protection 302

19 Time and Space 306
19.1 Days of the Week and Dates 307
19.2 Months 307
19.3 Year, Seasons 308
19.4 Time, Time of Day, Periods of Time 309
19.5 Other Time Concepts 312
19.6 Length, Volume, and Size .. 319
19.7 Distance 321
19.8 Place 322
19.9 Direction 325

20 Colors and Shapes 328
20.1 Colors 329
20.2 Shapes 330

21 Quantities, Numbers, Measures 333
21.1 Concepts of Quantity 334
21.2 Numbers and Counting Words 338
21.3 Measures and Weights 341

22 General Concepts 343
22.1 Degree and Comparison ... 344
22.2 Modal Expressions 346
22.3 Cause, Effect, Aim, Purpose 348
22.4 State or Condition and Change 351

23 Structural Words 355
23.1 Articles 356
23.2 Personal Pronouns 356
23.3 Demonstrative Pronouns ... 360
23.4 Possessive Pronouns 360
23.5 Interrogative Pronouns ... 361
23.6 Relative Pronouns 361
23.7 Indefinite Pronouns and Accompaniments 362
23.8 Prepositions 364
23.9 Conjunctions 366

24 Americanisms 369

Appendix: Additional Tips and Information 375

Index of All Spanish Key Words 377

List of i-Boxes 416

Foreword

For the new edition of *Mastering Vocabulary Series: A Thematic Approach, Spanish*, the authors have developed selection criteria that ensure the greatest possible correlation between the volume of material to be learned and the learner's performance. These criteria took into account the following:

- the frequency with which a lexical unit appears in Spanish communication.
- the familiarity of identification. For example, Spanish words that are borrowed from another language and thus are easy for English speakers to understand or derive were not included. However, the fact that a similarity in form does not always indicate identical meaning was taken into consideration. Such special cases – often termed *false friends* – are listed at the end of many chapters.

The new, updated vocabulary is presented here in 24 *main chapters* with appropriate *subsections*. The clustering of the entries in semantic fields, within their respective thematic groups of basic and advanced vocabulary items, gives the user of the book small, easy-to-memorize word groups that are related in meaning. Equally practical and helpful – though with no claim to completeness – are the *boxes* containing *short tips and essential information* that have been added to this completely revised edition.

The authors are especially grateful to Dr. Carlos Segoviano for his many valuable suggestions and his editing of the work.

The Authors

Basic Information

Target Groups and Purpose

This book is intended for young people and adults with **previous knowledge of Spanish**. It can be used:

- to systematically increase, reinforce, review, and check your knowledge of the language;
- to help students speak and write in the classroom;
- to prepare for exams;
- to prepare intensively for a stay abroad in Spanish-speaking countries.

The book can be used in **schools** and **colleges**, in **adult** and **continuing education courses**, and for **independent study**. It is compatible with relevant Spanish textbooks now in use, as well as with all types of courses and all methods of instruction.

Compilation Background

In compiling this comprehensive, usage-based selection of **basic** and **more advanced terms and expressions**, we consulted and evaluated a number of sources:

- word lists in the latest texts and readers used in schools and adult education courses;
- word lists compiled from various adult evening schools;
- word lists of the Council of Europe;
- lists of neologisms;
- other vocabulary lists and frequency counts.

Structure and Presentation of Vocabulary

The present book is organized according to the characteristics of human beings and the various areas of human experience. It consists of 24 **major subject areas**, which are broken down into 126 **subsections**. Arranging the individual entries in **clusters** based on subject matter makes the material easier to handle within the subsections and allows you to learn in small building blocks containing a wealth of related information.

The **layout**, based on principles of educational psychology, is learner-friendly. It helps users of the book find their way quickly and retain memorized material more successfully:

- The **more advanced vocabulary** is distinguished from the **basic vocabulary** by the use of blue-shaded areas.

- The approximately 5700 **main entries** appear in blue type and thus are easily distinguished from the 3800 **subentries** in black type. Important or typical expressions, as well as significant differences between Spanish and English, are emphasized by the use of **boldface**.

- **Sample sentences** and standard arrangements of words provide situational contexts that allow you to better understand and memorize. They show how the main entry is linked with other words or parts of a sentence and clarify any differences between the Spanish and English systems. In some cases, the illustrative sentences also contain information about geographic areas.

- **Triangular symbols** as well as dotted lines indicate the boundaries of each **word cluster**.

- Deviations from **standard speech** are identified and explained in *italics* following the Spanish entry.

- There are 53 *i*-boxes, or boxes containing helpful **information** and **tips**, distributed throughout the chapters and the appendix. They will help you deal with problems, particularly in the area of grammar.

- Many chapters are followed by a list of possible **false friends** from the subject area in question; they will help you avoid especially annoying mistakes.

The alphabetical **index** at the end of the book contains all the main entries from the basic and advanced vocabularies. All the key words of the basic vocabulary appear in **boldface** in the index. The more advanced words are in roman type, and all Latin Americanisms appear in *italics*.

Spanish Pronunciation Guide

Consonants

b	beca, cabe	bat, orbit
c	caja, claro	before *a, o,* or *u* like country
ce, ci	cero	cent (in Spanish America); think (in most of Spain)
ch	chiste	check
d	danés, Andalucía; ciudad	before a breath group and after *m* and *n,* like do; elsewhere, like the
f	fama	fame
g	gafas, gracias, tango, inglés	before *a, o,* and *u,* like go
ge, gi	gente, girar	like house
h	haber	silent
j	jugar	hot
k	kiosko	kit (occurs only in foreign words)
l	lento	with tongue nearly flat and tip near front teeth
ll	llamar, calle	yet
m	mi	map
n	no	nobody
ñ	España	canyon
p	pan, papel	pay
q	que	kit
r, rr	quitar garra	r: slightly trilled at beginning of word rr: very strongly trilled (Scottish rolling r)
s	quizás, fiesta; desde, mismo	sin; with a buzzing sound before voiced consonants like d or m
t	tu	late
w		appears only in foreign words
x	examen; excepto	as in exact between vowels; like English s before consonants
y	playa, yo	yes, crayon
z	plaza, tenaz	cent (Latin America), think (most of Spain)

Vowels

a	pata	father
e	mesa	met, envoy when followed by another letter, bet
i	piño	machine
o	ojo, amor	open, bored
u	lunes	moon

Diphthongs

If the first element of the diphthong is *a, e,* or *o* and the second element is *i* or *u,* the first element is more strongly emphasized.

ai, ay	baile, hay	ice
au	auto	cow
ei, ey	seis, buey	they (two separate sounds)
eu	deuda	Amadeus (two separate sounds)
oi, oy	hoy	boy

In the following groups, the *i* and *u* are often considered semi-consonants and have the value of English *w* and *y* respectively. The stress is on the second element when the syllable is stressed.

ia	Alemania
ie	fiesta
io	vacaciones
iu	ciudad

ua	estatua
ue	bueno
uo	antiguo
ui	cuidado

List of Abbreviations

adj	adjetivo	adjective
adv	adverbio	adverb
Arg	República Argentina	Argentina
Col	Colombia	Colombia
f	femenino	feminine
loc	locución	expression, turn of phrase
m	masculino	masculine
pl	plural	plural
pop	popular	very colloquial
refrán	refrán	proverb
sg	singular	singular
Ven	Venezuela	Venezuela
vulg	vulgar	vulgar

Apellido
García Díez

Nombre
Jesús

Fecha de nacimiento
19-5-1981

Lugar de nacimiento
Galapagar (Madrid)

Nacionalidad *española*

Dirección *Monteleón 16*
28004 Madrid

FRANCE   РОССИЯ
USA   DEUTSCHLAND
ESPAÑA   ITALIA
GREAT BRITAIN

1.1 Personal Data

la **persona**	person
ser	be

ser – ir

In the *pretérito indefinido*, the verbs **ser** *(to be)* and **ir** *(to go)* have the same forms:

Fuiste muy trabajador hasta que te **fuiste** de Bilbao.	*You were very hard-working until you left Bilbao.*

el **nombre**	first name; given name
¿**Cuál es** su nombre?	What is your first name?
el **apellido**	last name; family name
Los latinoamericanos y los españoles tienen dos apellidos.	Latin Americans and Spaniards have two last names.
llamarse	be named, be called
Me llamo Julio Martí Iglesias.	My name is Julio Martí Iglesias.

el **hombre**	man; human being
Tu hijo **está hecho un hombre**.	Your son is already a man.
la **mujer**	woman
Rosa Montero es una mujer extraordinaria.	Rosa Montero is an extraordinary woman.
el **muchacho**, la **muchacha**	boy; girl
el **señor**, la **señora**	Mr.; Mrs.
Los **señores Sánchez** tienen dos hijas.	Mr. and Mrs. Sanchez have two daughters.
la **señorita**	Miss
don, doña	*Don, Doña*

don, doña

Don and doña are used only in connection with the *first name* and *without the article:* don Juan, doña Inés. Don and doña are just as polite as **señor** and **señora** with the *last name*.

¿**De dónde es usted?**	Where are you from?
– **Soy española.**	– I'm a Spaniard. (fem)
¿**Cuántos años tienes?**	How old are you?

la **dirección**	address
No tengo tu dirección.	I don't have your address.
vivir	live
¿Dónde vivís? – Vivimos en Sabadell pero somos de Jaén.	Where do you live? – We live in Sabadell, but we come from Jaén.

la **calle**	street
Perdone, ¿dónde está la calle Matías Perelló? – **Lo siento, no tengo ni idea.**	Excuse me, where is Matías Perelló Street? – I'm sorry, I have no idea.
el **número de teléfono**	telephone number
Dame tu número de teléfono para llamarte mañana.	Give me your phone number so I can call you tomorrow.

estar	be
soltero, a	single
¿Todavía estás soltero? – No, **ya me he casado** pero mi hermana es soltera.	Are you still single? – No, I'm married now, but my sister is single.
casado, a	married
divorciado, a	divorced
No se han divorciado.	They didn't get divorced.
el **viudo**, la **viuda**	widower, widow
Su madre **se quedó** muy joven viuda.	His mother was widowed very young.
separado, a	separated
Se han separado.	They've separated.

la **profesión**	profession, vocation
¿**Cuál es su profesín?**	What is your profession?
dedicarse	devote oneself to; do (professionally)
¿**A qué te vas a dedicar** cuando termines el aprendizaje?	What are you going to do when you finish your training?

el **documento de identidad**	identification card
¿Lleva usted el documento de identidad?	Do you have an identification card with you?
el **pasaporte**	passport
Para viajar por Latinoamérica es necesario llevar el pasaporte.	A passport is necessary for traveling in Latin America.
extranjero, a	foreigner
En España viven muchos extranjeros.	Many foreigners live in Spain.

la **edad**	age
Ya soy **mayor de edad.**	I am of full legal age.
Prohibido para **menores de edad.**	Off limits to minors.
la **tercera edad**	senior citizens
Hay descuento en los viajes para la tercera edad.	There are travel discounts for senior citizens.

el **sexo**	sex, gender
el **lugar de nacimiento**	place of birth
Su lugar de nacimiento es Chile.	Her place of birth is Chile.
la **nacionalidad**	nationality
la **ciudad de origen**	native town
la **residencia**	residence
la **domicilio**	domicile, residence
la **región**	region
Mayte viene de la **región costera.**	Mayte comes from the coastal region.
el, la **emigrante**	emigrant
Hay emigrantes gallegos en muchos países hispanoamericanos.	There are Galician emigrants in many Latin American countries.
emigrar	emigrate
el, la **inmigrante**	immigrant
el **permiso de residencia**	residence permit
válido, a	valid

1.2 Nationality, Languages, Countries, Ethnic Groups

Europa	Europe
(el, la) **europeo, a**	European
Unión Europea (UE)	European Union (E.U.)
el **país**	country
Euskadi es el nombre vasco del **País Vasco.**	Euskadi is the Basque name for the Basque country.
el **idioma**	language
Alemania	Germany
Alemania estuvo dividida casi 40 años en **República Federal (RFA)** y **República Democrática (RDA).**	For almost 40 years Germany was divided into the Federal Republic of Germany (F.R.G.) and the German Democratic Republic (G.D.R.).
(el, la) **alemán, alemana**	German
Los coches alemanes son buenos pero muy caros.	German cars are good, but very expensive.
Suiza	Switzerland
(el, la) **suizo, a**	Swiss
Los relojes suizos son muy buenos.	Swiss watches are very good.
Austria	Austria
En invierno **vamos a esquiar** a Austria.	In winter we go skiing in Austria.

(el, la) **austríaco, a**	Austrian
Viena es la capital austríaca.	Vienna is the capital of Austria.
Inglaterra	England
(el, la) **inglés, inglesa**	English
Algunas universidades inglesas son muy conocidas.	Some English universities are very well known.

Francia	France
Francia **limita con** Bélgica, Alemania, Suiza, Italia y España.	France borders on Belgium, Germany, Switzerland, Italy, and Spain.
(el, la) **francés, francesa**	French; Frenchman, Frenchwoman
Los primeros turistas en España fueron los franceses.	The first tourists in Spain were the French.
Italia	Italy
Carlos se fue a Italia y no quiere volver.	Carlos went to Italy and doesn't want to come back.
(el, la) **italiano, a**	Italian
La ópera italiana es muy famosa.	Italian opera is very famous.
España	Spain
En España **se hablan** cuatro lenguas: el español o castellano, el vasco o euskera, el gallego y el catalán.	Four languages are spoken in Spain: Spanish (or Castilian), Basque, Galician, and Catalán.
(el, la) **español, a**	Spanish; Spaniard
(el, la) **castellano, a**	Castilian
Portugal	Portugal
Portugal es un país pequeño con una gran historia.	Portugal is a little country with a great history.
(el, la) **portugués, portuguesa**	Portuguese
Los portugueses y los españoles no han sido siempre **muy amigos**.	The Portuguese and the Spaniards have not always been good friends.

(el, la) **americano, a**	American
Hay gente que llama americanos sólo a los estadounidenses.	Some people refer only to U.S. citizens as *Americans*.

In addition to *American (woman or girl)*, **americana** can mean *jacket*; see page 110.

(el) **Canadá**	Canada
(el, la) **canadiense**	Canadian

(los) Estados Unidos (EE.UU.)	United States (USA)
En los Estados Unidos viven muchos **hispanohablantes**.	Many Spanish speakers live in the United States.
(el, la) estadounidense	of the U.S.; U.S. American
(el, la) norteamericano, a	North American

Hispanoamérica	Spanish America

Hispanoamérica refers to all the *Spanish-speaking countries of Latin America.* **Hispanoamericanos** refer to themselves as **americanos.**

hispanoamericano, a	Spanish American
Latinoamérica	Latin America
(el, la) hispanohablante	Spanish-speaking; Spanish speaker
(el, la) sudamericano, a	South American

México (Méjico)	Mexico
De México llegó mucha plata a España.	Much silver came to Spain from Mexico.
(el, la) mexicano, a (mejicano, a)	Mexican
La cocina mexicana es muy picante.	Mexican cooking is very spicy.
Guatemala	Guatemala
Los países de Centroamérica son Guatemala, Honduras, El Salvador, Nicaragua, Costa Rica y Panamá.	The countries of Central America are Guatemala, Honduras, El Salvador, Nicaragua, Costa Rica, and Panama.
(el, la) guatemalteco, a	Guatemalan
Los guatemaltecos, hondureños, salvadoreños, nicaragüenses, costarricenses, panameños, bolivianos, dominicanos, colombianos, venezolanos, peruanos, chilenos, argentinos, cubanos y paraguayos hablan español.	Guatemalans, Hondurans, Salvadorans, Costa Ricans, Panamanians, Bolivians, Dominicans, Colombians, Venezuelans, Peruvians, Chileans, Argentineans, Cubans, and Paraguayans speak Spanish.

Colombia	Colombia
En Europa se toma mucho café de Colombia.	A great deal of coffee from Colombia is drunk in Europe.
(el, la) colombiano, a	Colombian
Venezuela	Venezuela
Venezuela exporta petróleo.	Venezuela exports oil.
(el, la) venezolano, a	Venezuelan

(el) **Ecuador**
Mi alumno trabaja ahora en
Ecuador.
(el, la) **ecuatoriano, a**
Las Islas Galápagos son
ecuatorianas.
(el) **Perú**
Colombia, Venezuela, Perú, Ecuador,
Bolivia y Chile son **países**
andinos.
(el, la) **peruano, a**
Muchos peruanos hablan quechua.
Bolivia
(el, la) **boliviano, a**
(el) **Paraguay**
Paraguay fue descubierto en 1524.
(el, la) **paraguayo, a**
Los paraguayos hablan español y
guaraní.
(la) **Argentina**
En Argentina viven muchos
italianos.
(el, la) **argentino, a**
El tango argentino es muy famoso.
Chile
En Chile hay muchos terremotos.

(el, la) **chileno, a**
La geografía chilena tiene desier-
tos, zonas fértiles, lagos y
montañas.

África
(el, la) **africano, a**
África **sufre una gran crisis**
económica.
Marruecos
(el, la) **marroquí**
Marruecos quiere que Ceuta y
Melilla sean ciudades marroquíes.

(el, la) **árabe**

Asia
(el, la) **asiático, a**
El continente asiático **limita con**
Europa **al oeste.**

Ecuador
My student is now working in
Ecuador.
Ecuadoran
The Galapagos Islands belong to
Ecuador.
Peru
Colombia, Venezuela, Peru,
Ecuador, Bolivia, and Chile are
Andean countries.
Peruvian
Many Peruvians speak Quechua.
Bolivia
Bolivian
Paraguay
Paraguay was discovered in 1524.
Paraguayan
The Paraguayans speak Spanish
and Guaraní.
Argentina
Many Italians live in Argentina.

Argentine
The Argentine tango is very famous.
Chile
There are many earthquakes in
Chile.
Chilean
Chilean geography has deserts,
fertile areas, lakes, and
mountains.

Africa
African
Africa is suffering a great eco-
nomic crisis.
Morocco
Moroccan
Morocco wants Ceuta and
Melilla to become Moroccan
towns.
Arab; Arabic

Asia
Asian; Asiatic
The continent of Asia borders on
Europe in the West.

China	China
En China hay muchos monumentos históricos.	There are many historic monuments in China.
(el, la) **chino, a**	Chinese
Los chinos son un pueblo muy trabajador.	The Chinese are a very hardworking people.
(el) **Japón**	Japan
A Japón pertenecen muchas islas.	Many islands belong to Japan.
japonés, japonesa	Japanese
Los productos japoneses son **de alta calidad.**	Japanese products are of high quality.
Australia	Australia
Australia junto con otras islas forman el continente Oceanía.	Australia, together with other islands, forms the continent of Oceania.
(el, la) **australiano, a**	Australian
Nueva Zelanda	New Zealand
(el, la) **neozelandés, neozelandesa**	New Zealander
Rusia	Russia
(el, la) **ruso, a**	Russian
El ruso **me parece** una lengua muy difícil.	Russian seems to me to be a very difficult language.
Estonia	Estonia
(el, la) **estonio, a**	Estonian
Letonia	Latvia
(el, la) **letón, letona**	Latvian
Lituania	Lithuania
(el, la) **lituano, a**	Lithuanian
Ucrania	Ukraine
ucraniano	Ukrainian
Bielorrusia	Belarus
(el, la) **bielorruso, a**	Belarusian; Byelorussian
Polonia	Poland
En Polonia los inviernos son muy largos.	The winters are very long in Poland.
(el, la) **polaco, a**	Polish; Pole
El polaco **se parece al** ruso.	Polish is similar to Russian.
Eslovaquia	Slovakia
(el, la) **eslovaco, a**	Slovak

Hungría	Hungary
(el, la) **húngaro, a**	Hungarian

Yugoslavia	Yugoslavia
serbo-croata	Serbo-Croatian
Croacia	Croatia
(el, la) **croata**	Croatian; Croat
Bosnia	Bosnia
(el, la) **bosnio, a**	Bosnian
Montenegro	Montenegro
(el, la) **montenegrino, a**	Montenegrin
Macedonia	Macedonia
(el, la) **macedonio, a**	Macedonian
Albania	Albania
(el, la) **albano, a**	Albanian

Grecia	Greece
En Grecia hay muchos templos antiguos.	There are many ancient temples in Greece.
(el, la) **griego, a**	Greek
Los restaurantes griegos son muy agradables.	Greek restaurants are very pleasant.
chipre	Cyprus
(el, la) **chipriota**	Cypriot
Bulgaria	Bulgaria
(el, la) **búlgaro, a**	Bulgarian
Rumania	Romania
(el, la) **rumano, a**	Romanian
Turquía	Turkey
Turquía une el oriente con el occidente.	Turkey links the Orient with the Occident.
(el, la) **turco, a**	Turkish; Turk
La comida turca **es muy rica.**	Turkish food is quite delicious.

Suecia	Sweden
Suecia **forma parte de** Escandinavia.	Sweden is a part of Scandinavia.

(el, la) **sueco, a** — Swedish; Swede
Muchos suecos hablan muy bien inglés. — Many Swedes speak English very well.
Noruega — Norway
La capital de Noruega es Oslo. — The capital of Norway is Oslo.
(el, la) **noruego, a** — Norwegian
Finlandia — Finland
(el, la) **finlandés, finlandesa** — Finnish; Finn
Dinamarca — Denmark
En Dinamarca se produce mucha leche. — A lot of milk is produced in Denmark.
(el, la) **danés, danesa** — Danish; Dane
Las playas danesas son muy largas. — The Danish beaches are quite long.

Irlanda — Ireland
(el, la) **irlandés, irlandesa** — Irish; Irishman, Irishwoman
¿**Te gusta** el café irlandés? — Do you like Irish coffee?
Gran Bretaña — Great Britain
(el, la) **británico, a** — British; Britisher
Escocia — Scotland
(el, la) **escocés, escocesa** — Scottish; Scot, Scotsman
(**País de) Gales** — Wales
(el, la) **galés, galesa** — Welsh; Welshman
(los) **Países Bajos** — Netherlands, Holland
En los Países Bajos **no hay casi** montañas. — There are almost no mountains in the Netherlands.
(el, la) **holandés, holandesa** — Dutch; Dutchman
Las flores holandesas se exportan a muchos países. — Dutch flowers are exported to many countries.
Bélgica — Belgium
En Bélgica está la sede de la Comunidad Europea. — The seat of the European Community is in Belgium.
(el, la) **belga** — Belgian
Los belgas hablan francés y flamenco. — The Belgians speak French and Flemish.

---

el **mulato**, la **mulata** — mulatto
el **mestizo**, la **mestiza** — mestizo
Los mestizos **son de** padre blanco y madre india. — Mestizos have a white father and a Native American mother.

el **gitano**, la **gitana**	gypsy
El flamenco es una especialidad de los gitanos españoles.	The flamenco is a specialty of the Spanish gypsies.
la **tribu**	tribe
el **indio**, la **india**	Indian
(el, la) **azteca**	Aztec
el, la **maya**	Maya
el, la **inca**	Inca
el **quechua**	Quechua (language)

Honduras	Honduras
(el, la) **hondureño, a**	Honduran
El Salvador	El Salvador
El Salvador es un país pequeño que exporta café.	El Salvador is a tiny country that exports coffee.
(el, la) **salvadoreño, a**	Salvadoran
Nicaragua	Nicaragua
En Nicaragua hay conflictos políticos.	There are political conflicts in Nicaragua.
(el, la) **nicaragüense**	Nicaraguan
Costa Rica	Costa Rica
Costa Rica tiene una costa muy bonita.	Costa Rica has a very pretty coast.
(el, la) **costarricense**	Costa Rican
Panamá	Panama
(el, la) **panameño, a**	Panamanian
Cuba	Cuba
Cuba tiene grandes poetas como Nicolás Guillén.	Cuba has great poets such as Nicolás Guillén.
(el, la) **cubano, a**	Cuban
El tabaco y el ron cubanos son famosos en todo el mundo.	Cuban tobacco and rum are famous all over the world.
(la) **República Dominicana**	Dominican Republic
La República Dominicana **está** en el Caribe.	The Dominican Republic is in the Caribbean.
(el, la) **dominicano, a**	Dominican

(el) **Uruguay**	Uruguay
(el, la) **uruguayo, a**	Uruguayan
(el) **Brasil**	Brazil
Brasil es el país más grande de Latinoamérica.	Brazil is the biggest country in Latin America.
(el, la) **brasileño, a**	Brazilian
Israel	Israel
En Israel hay playas bonitas.	There are beautiful beaches in Israel

(el, la) **israelí**
Durante nuestras vacaciones conocimos a unos israelíes.

(la) **India**
La India ocupa casi un continente.

(el, la) **indio, a**
Como Colón **se equivocó**, el término "indio" debiera corresponder sólo a la gente que vive en India.

Filipinas
(el, la) **filipino, a**
Muchos filipinos tienen apellidos de origen español.

Israeli
During our vacation we met several Israelis.

India
India occupies almost an entire continent.

Indian
Since Columbus was wrong, the term "indios" (Indians) should only apply to people living in India.

Philippines
Filipino
Many Filipinos have surnames of Spanish origin.

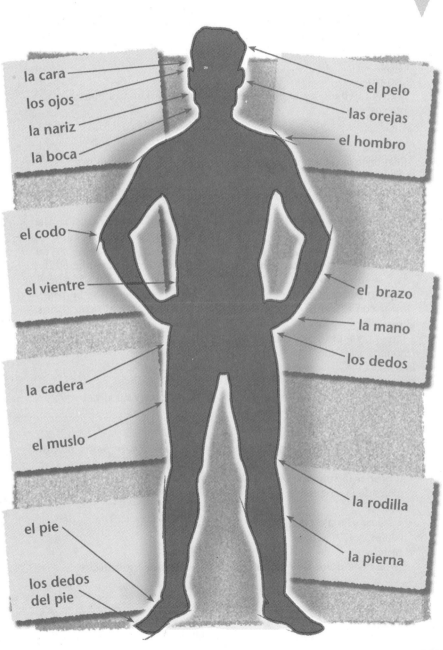

la cara

los ojos

la nariz

la boca

el pelo

las orejas

el hombro

el codo

el vientre

el brazo

la mano

los dedos

la cadera

el muslo

la rodilla

el pie

la pierna

los dedos
del pie

2.1 Body Parts and Organs

el **cuerpo**
Hacer deporte es bueno para **la constitución del cuerpo.**

body
Playing sports helps get your body in good condition.

corporal
la **piel**
el **hueso**
Me he quedado en la piel y los huesos. *loc*

bodily
skin
bone
I'm just skin and bones.

la **cabeza**
Juan tiene la cabeza muy grande.

head
Juan has a very big head.

el **pelo**
Tengo **poco pelo.**

hair
I don't have much hair.

la **cara**
Ponte crema en la cara para **no quemarte.**

face
Put cream on your face, so that you don't get sunburned.

la **frente**
Cuando Miguel se acordó otra vez, **se dio en la frente.**
Algunas personas confunden *la frente* con **el frente.**

forehead
When Miguel remembered it again, he slapped his forehead.
Some people confuse *la frente* (forehead) with *el frente* (front).

el **ojo**
Teresa tiene unos ojos muy bonitos.

eye
Teresa has very pretty eyes.

la **oreja**
la **nariz**
¡No **te metas el dedo** en la nariz!

ear
nose
Don't pick your nose!

la **boca**
Tienes una boca muy bonita.

mouth
You have a very pretty mouth.

la **lengua**
Al probar la sopa me he quemado la lengua.

tongue
I burned my tongue when I tasted the soup.

el **diente**
El azúcar es malo para los dientes.

tooth
Sugar is bad for the teeth.

la **muela**
Gema tiene **dolor de muelas.**

molar
Gema has a toothache.

el **brazo**
Paco tiene un brazo enyesado.

arm
Paco has his arm in a cast.

la **mano**

hand

Los españoles no **se dan la mano** cada vez que saludan.	Spaniards don't always shake hands when they greet one another.
el **dedo**	finger
Pilar **se chupa el dedo.**	Pilar sucks her finger.
el **pecho**	breast, chest
Lola tiene un **niño de pecho.**	Lola has a newborn.
la **espalda**	back
Perdone que le **dé la espalda.**	Excuse me for turning my back to you.
el **corazón**	heart
Tomás tiene el corazón delicado.	Tomás has a weak heart.
la **sangre**	blood
El herido ha perdido mucha sangre.	The injured man lost a lot of blood.
el **estómago**	stomach
Me duele el estómago.	I have a stomachache.
la **pierna**	leg
Cuando subo a un avión me tiemblan las piernas.	When I board an airplane, my knees shake.
el **pie**	foot
Me canso de **estar de pie.**	I'm tired of standing.
físico, a	physical
el **esqueleto**	skeleton
Me dan miedo los esqueletos.	I'm afraid of skeletons.
el **cerebro**	brain
El cerebro dirige nuestras actividades y sentidos.	The brain controls our activities and senses.
la **ceja**	eyebrow
De aquella caída tengo la cicatriz sobre las cejas.	I got the scar above my eyebrows from that fall.
el **labio**	lip
la **mejilla**	cheek
Las españolas saludan con un beso en cada mejilla.	Spanish women greet one another with a kiss on each cheek.
la **barbilla**	chin
Cuando mi padre **está pensando se acaricia la barbilla.**	When my father is thinking, he strokes his chin.
el **hombro**	shoulder
Mi amigo Julián saluda siempre a sus amigos con una palmada en el hombro.	My friend Julián always greets his friends with a clap on the shoulder.
la **garganta**	throat
Me duele la garganta.	I have a sore throat.

el **cuello**	neck
Es muy práctico **llevar** la cámara fotográfica **al cuello.**	It's very practical to carry the camera around your neck.
la **barriga**	belly
la **cadera**	hip
las **caderas**	hipbones, pelvis
Ana tiene caderas anchas y Clara estrechas.	Ana has broad hipbones, and Clara has narrow ones.
la **pelvis**	pelvis
el **codo**	elbow
Me he dado un golpe en el codo.	I bumped my elbow.
la **muñeca**	wrist
Me he abierto la muñeca.	I sprained my wrist.
el **puño**	fist
la **uña**	fingernail
Benito **se come las uñas.**	Benito bites his nails.
el **pulmón**	lung
El tabaco daña los pulmones.	Tobacco damages the lungs.
respirar	breathe
Quiero respirar aire puro.	I want to breathe fresh air.
la **respiración**	respiration, breathing
Para bucear hay que contener la respiración.	When you dive, you have to hold your breath.
el **vientre**	belly; abdomen; bowels
En general, vientre significa el interior de la barriga.	Generally *vientre* refers to the interior of the abdomen.
Popularmente **hacer de vientre** significa hacer las necesidades.	Colloquially *hacer de vientre* means "to relieve oneself."
el **riñón**	kidney
Pablo tiene **piedras en el riñón.**	Pablo has kidney stones.
el **hígado**	liver
El alcohol es malo para el hígado.	Alcohol is bad for the liver.
el **apéndice**	appendix
digerir	digest
la **digestión**	digestion
Hago la digestión muy pesada.	I have digestive trouble.
el **trasero**	buttocks
Le duele el trasero **de estar sentada.**	Her bottom hurts from sitting so long.

el **culo** *pop*
  Marta **se cayó de culo.**

bottom
  Marta fell on her bottom.

el **muslo**

thigh

la **rodilla**
  Víctor **se ha puesto de rodillas** en la iglesia.

knee
  Victor went on his knees in church.

el **tobillo**
  Isabel se ha torcido el tobillo.

ankle
  Isabel sprained her ankle.

---

el **nervio**
  El paciente sufrió un **ataque de nervios.**

nerve
  The patient suffered a nervous breakdown.

la **arteria**
  Las arterias llevan la sangre del corazón a los órganos.

artery
  The arteries carry the blood from the heart to the organs.

la **vena**
  El médico me sacó sangre de la vena.

vein; blood vessel
  The doctor took blood from my vein.

el **músculo**
  El deportista tiene **músculos de acero.**

muscle
  The athlete has muscles of steel.

el **sudor**
  Cámbiate los calcetines, que te huelen a sudor.

sweat
  Change your socks; they smell sweaty.

2.2 Sexuality, Reproduction

la **mujer**
  Hay que luchar por los derechos de la mujer.

woman
  We have to fight for women's rights.

el **hombre**
  Los hombres también lloran.

man; person
  Men cry too.

el **chico**, la **chica**
  La **chica de la falda roja** es mi hermana.

boy; girl
  The girl in the red skirt is my sister.

el **sexo**

sex; gender

---

enamorado, a
  Yo **estoy enamorada de** Andrés y Andrés por desgracia de Marisa.

in love
  I'm in love with Andrés, and Andrés is unfortunately in love with Marisa.

querer
  Los abuelos quieren mucho a los nietos.

love; desire
  Grandparents love their grandchildren very much.

¿Me quieres?	Do you love me?
amar	love
Te amo.	I love you.
el **beso**	kiss
Dame un beso.	Give me a kiss.
besarse	kiss each other
Los **novios** se besaban **con mucho cariño.**	The engaged couple kissed very tenderly.
íntimo, a	intimate
Lola y Juan tienen relaciones íntimas.	Lola and Juan have an intimate relationship.

el **varón**	male; man
Su mujer ha tenido un varón.	His wife had a baby boy.
la **hembra**	female

enamorarse	fall in love
hacer el amor	make love; sleep together
la **píldora**	pill
¡Olvidé tomarme la píldora!	I forgot to take my pill!
el **condón**	condom
Déme un paquete de condones.	Give me a package of condoms.
sexual	sexual
la **virgen**	virgin
Marisa es virgen.	Marisa is a virgin.
la **pubertad**	puberty
Hay chicas que llegan a la pubertad **a los doce años.**	There are girls who reach puberty at the age of 12.

embarazada	pregnant
Estoy **embarazada de cinco meses.**	I am five months pregnant.
el **embarazo**	pregnancy
Ofelia tiene un embarazo sin problemas.	Ofelia is having an easy pregnancy.
el **aborto**	abortion; miscarriage
El aborto es un tema muy discutido.	Abortion is a controversial subject.
la **matriz**	uterus
Me duele la matriz.	I have cramps.
el **periodo**	menstrual period
¿Cuándo tuvo el último periodo?	When did you have your last period?

el **homosexual**	homosexual
¿Por qué discriminan a los homosexuales?	Why are homosexuals discriminated against?
homosexual	homosexual
el **marica** *pop*	gay
Pablo es marica.	Pablo is gay.
lesbiana	lesbian
heterosexual	heterosexual
el **acoso sexual**	sexual harassment

2.3 Birth, Stages of Life, Death

nacer	be born
Beatriz ha nacido en junio.	Beatriz was born in June.
el **cumpleaños**	birthday
Mañana es mi cumpleaños.	Tomorrow is my birthday.
vivir	live
De mis abuelos ya no vive ninguno.	Not one of my grandparents is still alive.
la **vida**	life
Así es la vida.	That's life.
vivo, a	alive, living
El herido estaba vivo cuando llegó la ambulancia.	The injured man was still alive when the ambulance came.

Note:

estar vivo, a	*to be alive*
ser vivo, a	*to be ingenious, to be smart*

For the difference between **ser** and **estar**, see the information on page 351.

---

el **bebé**	baby
El bebé despierta a toda la familia cuando llora.	The baby wakes the whole family when it cries.
el **niño**, la **niña**	child; boy, girl
Todavía no sabemos si **será** niño o niña.	We don't know yet whether it will be a boy or a girl.
el, la **joven**	youth; young man, young woman
Muchos jóvenes no tienen trabajo.	Many young people have no job.
joven	young
Carmela no es muy joven.	Carmela is not very young.

viejo, a	old
Cuando sea viejo **me iré a vivir** a España.	When I'm old, I'll move to Spain.

la **muerte**	death
¡Peligro de muerte!	Grave danger!
morir	die
Doña Felisa **murió de** cáncer.	Doña Felisa died of cancer.
el **muerto**, la **muerta**	dead man, dead woman
Nadie pudo identificar al muerto.	No one was able to identify the dead man.

el **parto**	delivery, birth
Ha sido un parto fácil.	It was an easy delivery.
la **comadrona**	midwife
crecer	grow
Has crecido mucho.	You've grown a lot.
la **infancia**	childhood; infancy
En mi infancia jugábamos en la calle.	In my childhood we played in the street.
infantil	childish; infantile
la **juventud**	youth
La juventud pasa deprisa.	Youth passes quickly.
el **adulto**, la **adulta**	adult
Hay cursos de español para adultos.	There are Spanish courses for adults.

el **anciano**, la **anciana**	old man, old woman
la **vejez**	old age; declining years
No hay que temer la vejez.	There is no need to fear old age.
morirse	die
Se murió **a causa de** un infarto.	He died as the result of an infarct.
mortal	fatal
La caída pudo haber sido mortal.	The fall could have been fatal.
el **suicidio**	suicide
Tomar tanto el sol es un suicidio.	Lying in the sun so long is suicide.
suicidarse	commit suicide, kill oneself
Los drogadictos se suicidan poco a poco.	Drug addicts commit suicide little by little.
ahogarse	drown; be suffocated
¡Me ahogo de calor!	I'm suffocating from heat!
envenenarse	poison oneself

el **veneno** El tabaco es veneno para la salud.	poison Tobacco is poison for one's health.
el **cadáver** el **entierro** El entierro será esta tarde. **enterrar** Mis padres están enterrados en Madrid. el **pésame** Quiero **darle el pésame**. el **sentimiento** **Le acompaño en el sentimiento**. el **luto** Estoy **de** luto. el **duelo** la **sepultura** La enterraron en una sepultura individual. la **tumba** La tumba de Felipe II está en El Escorial.	cadaver, corpse burial, funeral The burial will take place this afternoon. bury; inter My parents are buried in Madrid. sympathy; condolence I want to express my condolences to you. sorrow I share your sorrow. mourning I am in mourning. mourning grave She was buried in a single grave. tomb The tomb of Philip II is in El Escorial.

2.4 Senses and Perceptions

sentir Siento frío. el **frío** Tengo frío. **caliente** Tienes las manos calientes. el **calor** **¡Qué calor tengo!** ¿Vamos a bañarnos?	feel, sense I'm cold. cold I'm cold. warm You have warm hands. heat I'm so hot! Shall we go swimming?
tocar Por favor, no toquen el género. **duro, a** Esto está duro como una piedra. **blando, a** No **me gusta** la cama blanda.	touch Please don't touch the merchandise. hard That is as hard as a rock. soft I don't like a soft bed.

ver
Hoy no quiero ver a nadie.

see
Today I don't want to see anybody.

mirar
Mira, Carlos, ahí hay un bar.

look
Look, Carlos, there's a bar.

---

oír
Pedro **está oyendo** las noticias.

hear; listen to
Pedro is listening to the news.

escuchar
Clara me oye pero no escucha.

listen to
Clara hears me but she's not listening to me.

el **ruido**
Con tanto ruido no puedo dormir.

noise
I can't sleep with so much noise.

el **silencio**
¡Silencio, que hay un enfermo!

quiet, silence
Quiet! There's a sick man here.

---

el **olor**
El olor del café me despierta.

smell
The smell of coffee wakes me up.

oler
Tu perfume huele muy bien.

smell, to
Your perfume smells very good.

---

gustar
Me gusta mucho la paella.

taste; be pleasing
I like paella a lot.

dulce
Este vino dulce es bueno para acompañar el postre.

sweet
This sweet wine is good for dessert.

salado, a
Este pescado está muy salado.
¡Qué **salado es** el mar!

salty
This fish is very salty.
How salty is the sea!

---

el **sentido**
Esto no **tiene sentido**.

sense
It makes no sense.

notar
Hemos notado la vida más cara.

notice; observe
We've noticed that life has become more expensive.

percibir

perceive; sense, feel

---

la **vista**
Rafael **perdió la vista** en un accidente.

vision; sight
Rafael lost his sight in an accident.

la **mirada**
¡Eche una mirada al periódico!

look; glance
Take a look at the newspaper!

reconocer He visto a Norma pero no me ha reconocido. **bello, a**	recognize I saw Norma, but she didn't recognize me. pretty
el **oído** Carmen **canta de oído.** Ana me lo ha dicho **al oído.** el **tacto** Los ciegos leen por el tacto. el **gusto** Hay gustos que merecen palos. **gozar** El público **goza con** el espectáculo.	sense of hearing; ear Carmen sings by ear. Ana whispered it in my ear. sense of touch The blind read by touch. taste There is no accounting for tastes. enjoy The audience enjoys the performance.
el **sabor** **amargo, a** El café solo es amargo. **agrio, a** La leche está agria. **agridulce**	taste bitter Espresso is bitter. sour The milk is sour. bittersweet

2.5 Activities, Movements, States

la **actividad** la **acción** A Pablo le gustan las películas de acción. **hacer** ¿Qué hiciste el sábado? – Nada especial. Me quedé en casa estudiando y leyendo. **acariciar** El gato no se dejó acariciar. el **gesto** Mi padre tenía un gesto muy severo. Tu gesto ha sido muy generoso. el **esfuerzo** Haz un esfuerzo y aprobarás el examen.	activity action; deed Pablo likes action films. do; make What did you do on Sunday? – Nothing special. I stayed at home, studying and reading. caress, stroke The cat didn't allow itself to be stroked. facial expression; look; gesture My father had a very stern look. Your gesture was very generous. effort; strong endeavor Try hard and you'll pass the exam.

sonreír	smile, to
¡Sonría, por favor!	Smile, please!
la **sonrisa**	smile
Tienes una sonrisa muy simpática.	You have a nice smile.
reírse	laugh
Nos reímos mucho del chiste.	We laughed a lot at the joke.
la **risa**	laughter
Es para **morirse de risa**.	It's too funny for words.

moverse	move; travel
Lola se mueve mucho.	Lola travels a lot.
quedarse	stay, remain
Mi mujer se ha quedado hoy en casa.	My wife stayed home today.
Mi mujer se ha quedado embarazada.	My wife became pregnant.
ir	go; travel; walk
Voy a la playa.	I'm going to the beach.
irse	go away; leave; go on a trip
Se va a casa.	She's going home.
venir	come
¿Vienes conmigo?	Are you coming with me?
llegar	arrive
Llegaré el domingo.	I'll arrive on Sunday.
regresar	return
volver	return, come back
Volverá a las diez.	He'll be back at 10 o'clock.

pasar	go in; enter
¡Pase usted primero, señora!	You go first, ma'am!
– Muchas gracias. – De nada.	– Thank you. – You're welcome.
¡Hola! Pasa y siéntate.	Hi! Come in and have a seat.
entrar	come in; enter
¿Podemos entrar por aquí?	Can we come in through here?
– No, es mejor que entren por aquella puerta.	– No, it's better for you to go in that door.
salir	leave; go out
Maruja ha salido.	Maruja has gone out.

andar	go; walk
Carmen anda siempre descalza.	Carmen always goes barefoot.
correr	run; race
¡Corre, que llegamos tarde!	Hurry up, we're going to be late!

darse prisa
Tenemos que darnos prisa.
tener prisa
Tengo mucha prisa.

hurry
We have to hurry.
be in a hurry
I'm in a great hurry.

pisar
Perdone que le haya pisado.

caerse
Pedro se ha caído y se ha hecho
daño.
levantarse
¿A qué hora se levanta?
sentarse
¡Siéntese!
estar sentado, a
acostarse
Ana se acuesta tarde.
dormir
Los sábados duermo hasta las
once.

step on someone
Please excuse me for stepping on
your foot.
fall down; tumble
Pedro fell down and hurt
himself.
rise; get up
What time do you get up?
sit down
Sit down!
sit
go to bed; lie down
Ana goes to bed late.
sleep
On Saturday I sleep until
11 o'clock.

cansado, a
Estoy cansada de planchar.
despierto, a
Juan, ¿estás despierto?
soñar
He soñado anoche **con** Claudia.

el **sueño**
El niño **tiene sueño.**
Tú eres mi sueño.

tired
I'm tired of ironing
awake
Juan, are you awake?
dream, to
I dreamed about Claudia last
night.
dream; sleep
The child is sleepy.
You are my dream.

tomar
Toma este paquete y dáselo a tu
tío.
tirar
¿Quién tiró este papel?
dar
Déme un kilo de peras.
poner
Cecilia pone la mesa.
usar
No uso cinturón.
emplear
entregar

take
Take this package and give it to
your uncle.
throw
Who threw this paper?
give
Give me a kilo of pears.
put; set; lay
Cecilia sets the table.
use, to; wear, to
I don't wear a belt.
use, to; employ, to
hand over; deliver

abrir	open
¡Abra la maleta!	Open the suitcase!
cerrar	close
Por favor, cierre la ventana.	Please close the window.
meter	put in(to); insert
He metido las maletas en el coche.	I put the suitcases in the car.
echar	throw; put in(to)
¿Has echado las cartas al buzón?	Did you put the letters in the mailbox?
sacar	take out; remove
Raúl quiere sacar la moto del garaje.	Raúl wants to take the motorcycle out of the garage.

traer	bring
llevar	take

---

i **traer – llevar**

Note the various translations of *bring* and *take*:

Traigo los libros para Inés.	*I'm bringing the books for Inés.*
Trae el periódico cuando vuelvas.	*Bring the newspaper when you come back.*
Lucía me **ha traído** flores.	*Lucía has brought me flowers.*
Ana **lleva** los niños al colegio.	*Ana takes the children to school.*
Voy a **llevar** el tractor al mecánico.	*I'll take the tractor to the mechanic.*

---

llevarse	take along
Me llevo el diccionario a la clase de español.	I'm taking the dictionary along to Spanish class.
dejar	leave (behind)
He dejado los guantes en el coche.	I left the gloves in the car.
quitar	take away; put away; take off
¡No me quites el plato, que todavía no he terminado!	Don't take my plate away, I'm not finished yet!

encender	turn on; light
Han encendido las luces.	They've turned on the light.
apagar	turn off; extinguish
¡Apague el cigarrillo!	Put out the cigarette!
romper	break; smash; tear
Rafael ha roto la computadora.	Rafael has broken the computer.

apretar
¡Aprieta el interruptor de la luz!
agitar
¡Agítese antes de usarlo!

press; push
Press the light switch!
shake
Shake before use!

rascarse
Me pica la espalda pero no me puedo rascar.
chupar
Eres muy mayor para chuparte el dedo.
tragar
Me duele la garganta **al tragar**.

scratch oneself
My back itches, but I can't scratch myself.
suck
You're too old to be sucking your thumb.
swallow
My throat hurts when I swallow.

la **caída**
agacharse
Paco se ata los zapatos sin agacharse.
apoyarse
Por favor, no se apoye en la pared.
echarse
Ricardo se ha echado un rato.

fall
bend over
Paco ties his shoes without bending over.
lean (on or against)
Please don't lean on the wall.
lie down
Ricardo is lying down for a while.

la **siesta**
Todos los días duermo la siesta.

despertar
Baja la música, que vas a despertar al niño.
despertarse
madrugar
bostezar
Julio bosteza porque tiene sueño.
dormirse
Por fin se durmió la niña.
Se me ha dormido un pie.
descansar
¡Que descanse!
relajarse
Relájate para tranquilizarte.

afternoon nap, siesta
I take an afternoon nap every day.
wake up; arouse
Turn down the music, you're going to wake up the child.
wake up (oneself)
get up early
yawn
Julio yawns because he is tired.

go to sleep
At last the little girl fell asleep.
My foot has gone to sleep.
rest; take a rest
Sleep well!
relax
Relax so that you can calm down.

el **cansancio**	tiredness, fatigue
Por las mañanas noto mucho cansancio.	In the morning I feel very tired.
cansar	weary, tire
cansarse	become weary or tired
Me canso cuando subo escaleras.	I get tired when I climb stairs.
la **pesadilla**	nightmare

volverse	turn around
La gente se volvió al oír la sirena.	The people turned around when they heard the siren.
caminar	go; journey; walk
el **paso**	step
Paso a paso vamos caminando hacia casa.	Step by step we are walking home.
pararse	stop, halt
En Hispanoamérica *pararse* significa *ponerse de pie.*	In Spanish America, *pararse* means "stand up."
quieto, a	quiet
Juanito, ¡quédate quieto de una vez!	Juanito, be quiet for once!
temblar	tremble, shake
El niño **está temblando de miedo.**	The child is trembling with fear.

el **uso**	use; usage
buscar	seek; search for
hallar	find, discover
Quien busca, halla.	He who seeks will find.
encontrar	find, come across; meet
esconder	hide
¿Dónde has escondido las llaves del coche?	Where did you hide the car keys?
guardar	store; keep in a safe place
¡Guárdame el sitio!	Save the seat for me!
recoger	pick up; collect; clean out
¿A qué hora recogen el buzón?	When is the mail picked up?
señalar	stamp; mark; point out; indicate

fijar	fix; fasten; post; determine
Prohibido fijar carteles.	Post no bills!
mover	move
No muevas los muebles, por favor.	Please don't move the furniture.
atar	tie, fasten, bind
Si no te atas los zapatos, te caerás.	If you don't tie your shoes, you'll fall down.

soltar — untie; turn loose
¡No suelte al perro! — Don't let the dog off its leash!

levantar — raise, lift
colgar — hang up
¿Dónde cuelgo este cuadro? — Where should I hang this picture?
colocar — arrange; put in order; place; put up
¿Dónde habrán colocado el cartel? — Where have they put up the sign?
envolver — wrap
¿Has envuelto el regalo? — Have you wrapped the gift?
cubrir — cover
Los pintores han cubierto los muebles antes de pintar. — The painters covered the furniture before painting.
mojar — dampen, wet
llenar — fill
Tenemos que llenar el depósito de gasolina. — We have to fill the gas tank.

tirar — pull; throw away
En Hispanoamérica en las puertas a veces ponen *tirar* y a veces *halar*. — In Spanish America they sometimes put *halar* (pull) and sometimes *tirar* (pull) on doors.
empujar — push, shove
¡No empujen! — Please don't shove!
retener — retain; keep; withhold
aplicar — apply, put on
¿Cómo se aplica esto? — How is this used?
pinchar — pierce, puncture

2.6 Appearance

alto, a — tall; big
Carolina está muy alta para su edad. — Carolina is very tall for her age.
bajo, a — short; small
Don Isidro es bajito y gordo. — Don Isidro is short and fat.
gordo, a — fat
Felipe está cada día más gordo. — Felipe gets fatter every day.
delgado, a — slim, slender
Eres alta y delgada. — You're tall and slender.

fuerte
Pepe está delgado pero es muy fuerte.

strong
Pepe is slender, but he's very strong.

la **belleza**

beauty

guapo, a
Las valencianas son muy guapas.

pretty
The women of Valencia are very pretty.

feo, a
Jorge es feo pero muy simpático.

ugly
Jorge is ugly but very nice.

rubio, a

blond

pelirrojo, a
Lucía tiene el pelo rubio como su madre pero Ángel es pelirrojo como su abuelo.

red-headed, red-haired
Lucia has blond hair like her mother, but Ángel is a redhead like her father.

castaño, a
Muchos canarios **tienen el pelo castaño.**

hazel, brown, auburn
Many Canary Islanders have brown hair.

moreno, a
¡Qué **moreno te has puesto!**
Carmen es morena, como muchas españolas.

brown; tanned, dark; brunette
How tanned you've gotten!
Carmen is a brunette like many Spanish women.

negro, a

dark-skinned; black

blanco, a
Estás muy blanca.

light-skinned; white
You're very pale.

pálido, a

pale

la **arruga**

wrinkle

colorado, a
El niño **se puso colorado** cuando lo miraron.

red, reddish
The boy blushed when they looked at him.

rizado, a
Marisa tiene el pelo muy rizado.

curly, wavy
Marisa has very curly hair.

adelgazar
Pepa ha adelgazado doce kilos.

take off, lose (weight)
Pepa has lost 12 kilos.

engordar
Los dulces engordan mucho.

put on (weight); fatten
Sweets make you fat.

juvenil
Con ese vestido pareces muy juvenil.

youthful
In that dress you look very youthful.

atractivo, a
Tu primo es muy atractivo.

attractive
Your cousin is very attractive.

el **tipo**	figure
María tiene buen tipo.	María has a good figure.
parecerse	resemble
Julián se parece a su padre.	Julián resembles his father.
femenino, a	feminine
Tu prima es muy femenina.	Your cousin is very feminine.
masculino, a	masculine
María tiene una voz muy masculina.	María has a very masculine voice.
el **bigote**	mustache
la **barba**	beard
Oriol **se ha dejado barba**.	Oriol has grown a beard.
calvo, a	bald

2.7 Cosmetics and Personal Grooming

lavarse
Antes de comer me lavo las manos.

bañarse
Vamos a bañarnos.

ducharse
Clara se ducha a diario.

el **jabón**
Me gusta el jabón español.

limpio, a

sucio, a
¿Tienes las manos limpias?
– No, las tengo sucias.

mancharse
Me he manchado de tinta el pantalón.

secarse
Isabel se seca las manos.

la **toalla**
Necesito toallas porque me voy a duchar.

limpiarse los dientes
Me limpio los dientes tres veces al día.

wash (oneself)
Before eating I wash my hands.

take a bath
We're going to take a bath.

take a shower
Clara showers every day.

soap
I like Spanish soap.

clean

dirty
Are your hands clean?
– No, they're dirty.

get oneself dirty
I got an ink stain on my trousers.

dry oneself
Isabel dries her hands.

towel
I need towels because I'm going to take a shower.

brush one's teeth
I brush my teeth three times a day.

lavarse la cabeza — wash one's hair
Aquí hay que lavarse la cabeza todos los días. — Here you have to wash your hair every day.

el **champú** — shampoo
Quisiera un **champú para niños**. — I'd like a children's shampoo.

el **peine** — comb
Quiero un peine de bolsillo. — I'd like a pocket comb.

peinarse — comb one's hair
Prefiero cepillarme el pelo a peinármelo. — I'd rather brush my hair than comb it.

afeitarse — shave oneself
la **máquina de afeitar** — electric shaver
la **cuchilla de afeitar** — safety razor
Como se me ha roto la máquina de afeitar, **me afeito con cuchilla**. — Since my electric shaver is broken, I have to use a safety razor.

la **brocha** — shaving brush
la **crema** — cream
Déme **crema para el sol**. — Please give me some suntan cream.

el **aseo personal** — personal grooming
dejarse — neglect oneself, let oneself go
Desde que vive solo se ha dejado mucho. — Since he's been living alone, he has really let himself go.

el **cepillo de dientes** — toothbrush
la **pasta dentífrica** — toothpaste
Quiero un cepillo de dientes y un tubo de pasta dentífrica. — I'd like a toothbrush and a tube of toothpaste.

el **cepillo** — brush
¿Tiene **cepillos para el pelo?** — Do you carry hairbrushes?
cepillarse — brush one's hair
mojado, a — wet
Dame una toalla, que estoy mojado y tengo frío. — Give me a towel. I'm wet and cold.

el **secador** — hairdryer
Este secador es muy lento. — This hairdryer is very slow.

el **peinado** — hairdo
¿Quién te ha hecho ese peinado? — Who did your hair for you?
– Yo misma. — – I did it myself.

la **peluquería** — hairdresser; barbershop
¿Cuándo **tienes hora en la peluquería?** – A las cuatro. — When is your appointment at the hairdresser's? – At 4 o'clock.

teñirse el pelo	dye one's hair
el **corte de pelo**	haircut

maquillarse
Algunas mujeres se maquillan mucho.
put on makeup
Many women wear a lot of makeup.

pintarse
Los niños se han pintado las camisetas.
put on paint
The children painted their T-shirts.

la **sombra de ojos**
eye shadow

el **rímel**
A mi hermana le he comprado sombra de ojos y rímel.
mascara
I bought eye shadow and mascara for my sister.

el **lápiz de labios**
Emilia siempre lleva un lápiz de labios en el bolso.
lipstick
Emilia always carries a lipstick in her purse.

la **laca**
nail polish; hairspray

la **permanente**
Te queda muy bien la permanente.
permanent (wave)
The perm looks good on you.

las **pinzas**
¿Me puedes dejar tus pinzas?
tweezers
Can you lend me your tweezers?

la **lima**
nail file

el **perfume**
Marta usa un perfume suave.
perfume
Marta uses a light perfume.

perfumarse
No te perfumes demasiado.
put on perfume
Don't put on too much perfume.

higiénico, a
hygienic, sanitary

el **papel higiénico**
toilet paper

la **compresa higiénica**
sanitary napkin

el **tampón**
tampon

la **droguería**
drugstore

False Friends 👍 👎

Spanish Word	Thematic Meaning(s)	False Friend	Spanish Equivalent(s)
la frente	forehead	front	el frente
la brocha	brush	brooch	el broche

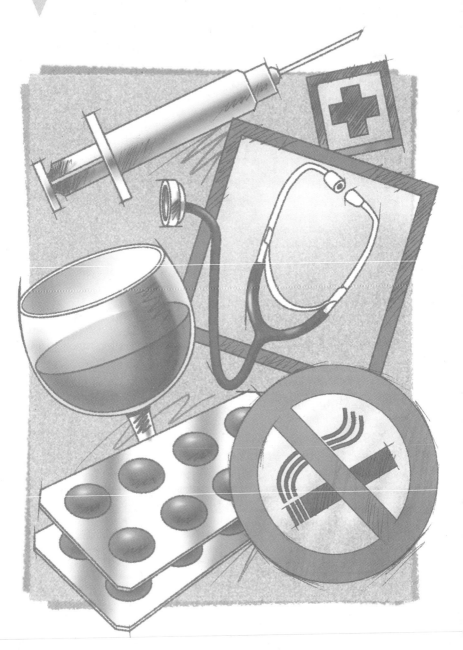

3.1 General State of Health

encontrarse	feel; be; find oneself
¿Cómo se encuentra hoy?	How are you today? – Much
– Mucho mejor que la semana	better than last week.
pasada.	
¿Qué tal? – Muy bien.	How are you? – Fine.
regular	fairly good; so-so
¿Cómo estás? – Pues regular.	How are you? – Oh, all right.
¡Que se mejore!	I wish you a speedy recovery!
la **salud**	health
¿Cómo están tus padres de salud?	How is your parents' health?
– Muy bien. ¿Y los tuyos?	– Fine, and your parents'?
sano, a	healthy
Es muy sano hacer deporte.	Playing sports is very healthy.
enfermo, a	sick
La televisión me pone enfermo.	Television makes me sick.

el **dolor**	pain
doler	hurt, be painful
Me duele la garganta y tengo	I have a sore throat and a
dolor de cabeza.	headache.
débil	weak
Me encuentro muy débil.	I feel very weak.

el **aspecto**	appearance
Marisa tiene mal aspecto hoy.	Marisa looks awful today. Is she
¿Está enferma?	ill?
sentirse	feel
De pronto Luis se sintió mal.	Suddenly Luís felt ill.
el **malestar**	indisposition; slight illness
Siento malestar.	I don't feel well.
enfermar	become ill
En las noticias dijeron que el	They said on the news that the
presidente enfermó de gravedad.	president had fallen seriously ill.
consciente	conscious
Estuve consciente todo el	I was conscious the entire time.
tiempo.	

3.2 Medical Care

el **médico**, la **médica**	doctor, physician
Aquí cerca hay un médico.	There is a doctor near here.
el **médico de cabecera**	family doctor

el, la **especialista**	specialist
la **homeopatía**	homeopathy
el, la **homeópata**	homeopath
el, la **dentista**	dentist
¿Para cuándo te ha dado hora el dentista?	When do you have an appointment with the dentist?
el **empaste**	filling
Se me ha caído un empaste.	I've lost a filling.
la **consulta**	office hours
El doctor López no tiene consulta los lunes.	Doctor López doesn't have office hours on Mondays.
el **consultorio**	medical practice
Enfrente de la farmacia está el consultorio de mi amigo.	Across from the pharmacy is my friend's medical practice.

el **hospital**	hospital
Los hospitales son estatales.	The hospitals are public.
el **enfermero**, la **enfermera**	nurse
Hay muy pocos enfermeros.	There are very few male nurses.
la **radiografía**	X-ray
Necesito una radiografía de la rodilla.	I need an X-ray of my knee.
la **inyección**	injection, shot
La enfermera le pondrá las inyecciones.	The nurse will give you the shots.
la **operación**	operation
la **ambulancia**	ambulance
¡Llame a una ambulancia!	Call an ambulance!

la **farmacia**	pharmacy
¿Abren las farmacias los domingos? – Sólo las farmacias de guardia.	Are the pharmacies open on Sundays? – Only those on emergency duty.
la **receta**	prescription
Para la aspirina no **hace falta receta**.	No prescription is required for aspirin.
el **medicamento**	medication
Prefiero medicamentos naturales.	I prefer natural medications.
la **medicina**	medicine
Es mejor no tomar muchas medicinas.	It's better not to take too many medicines.
la **pastilla**	tablet, pill
Tome una pastilla después de comer.	Take one tablet after meals.

la **aspirina** Si **te duele la cabeza** tómate una aspirina.	aspirin If you have a headache, take an aspirin.
las **gotas** Estas gotas son inofensivas.	drops These drops are harmless.
la **venda** ¿Tiene vendas elásticas?	bandage Do you have elastic bandages?
las **gafas** Antonio ha olvidado las gafas en casa.	(eye)glasses Antonio left his glasses at home.

la **clínica** Luis está en una clínica particular.	clinic; doctor's office Luis is in a private clinic.
Urgencias ¿Dónde encuentro un **médico de urgencias?**	emergency room, ER Where can I find an emergency room physician?
la **urgencia** ¡Llame a un médico! Es un **caso de urgencia.**	emergency Call a doctor! It's an emergency.
los **primeros auxilios** En la Cruz Roja le dieron los primeros auxilios.	first aid First aid was provided at the Red Cross.
el **ambulatorio** En el ambulatorio faltan enfermeras.	outpatient clinic There are not enough nurses in the outpatient clinic.
la **UVI (Unidad de Vigilancia Intensiva)**	intensive care unit, ICU

la **cirugía** La cirugía ha avanzado mucho.	surgery Great advances have been made in surgery.
el, la **cirujano, a**	surgeon
el **quirófano** En el quirófano todo está preparado para la operación.	operating room, OR In the operating room, everything is ready for the operation.
la **anestesia** La anestesia **hizo efecto** enseguida.	anesthesia The anesthesia took effect immediately.

la **tomografía computarizada**	computerized tomography (CT)
la **resonancia magnética**	magnetic resonance imaging (MRI)
trasplantar	transplant
la **donación de órganos**	organ donation
clonar	clone

la **tirita**	band-aid
Déme un paquete de tiritas.	Please give me a package of band-aids.
el **esparadrapo**	adhesive tape

el **seguro de enfermedad**	health insurance
la **Seguridad Social**	social security (Spanish public health insurance)
Esta operación no la paga la Seguridad Social.	This operation is not covered by social security.
la **casa de socorro**	emergency hospital
En la casa de socorro sólo atienden urgencias y primeros auxilios.	At the emergency hospital, only emergencies are treated and first aid is provided.

3.3 Diseases and Treatment

la **enfermedad**	disease, illness
Sigue habiendo muchas enfermedades incurables.	There continue to be many incurable diseases.
sufrir	suffer
Mi tía **sufre de** reuma.	My aunt suffers from rheumatism.
prevenir	prevent
Más vale prevenir que curar.	Prevention is better than a cure.
tratar	treat
¿Qué médico le trata?	Which doctor is treating you?
curar	cure, heal
La herida ya se ha curado del todo.	The wound is already completely healed.
el **enfermo**, la **enferma**	patient
la **herida**	injury; wound
No es grave, es una herida poco profunda.	It's not bad; it's not a deep wound.
el **herido**, la **herida**	injured person
Llevaron al herido al hospital.	They took the injured man to the hospital.
herido, a	injured
Se llevaron al policía herido en una ambulancia.	They took the injured policeman away in an ambulance.
hacerse daño	injure oneself
¿Te has hecho daño? – No, no ha pasado nada.	Have you hurt yourself? – No, nothing happened.
cortarse	cut oneself
Te vas a cortar con la navaja.	You're going to cut yourself with that pocketknife.

la **fiebre**
Debo tener fiebre.

fever
I must have a fever.

sudar
Lo mejor contra ese resfriado es que te acuestes y sudes.

sweat
The best way to fight that cold is for you to go to bed and sweat it out.

mareado, a vomitar
Cuando estoy mareado tengo que vomitar.

seasick; dizzy; nauseated
When I'm seasick I have to throw up.

el **resfriado**
Carmen tiene un resfriado.

cold
Carmen has a cold.

resfriado, a
Yo también estoy resfriado.

afflicted with a cold
I have a cold too.

resfriarse
Cuando me resfrío toso mucho.

catch cold
When I catch cold, I cough a lot.

la **gripe**
Creo que tienes la gripe.

flu
I think you have the flu.

la **tos**
¿Tiene algo contra la tos?

cough
Do you have something for a cough?

toser
Estoy tosiendo toda la noche.

cough, to
I've been coughing all night long.

el **cáncer**
Hoy se puede curar a veces el cáncer.

cancer
Today cancer is sometimes curable.

loco, a
¿Estás loco?

crazy, insane
Are you crazy?

ciego, a
A consecuencia del accidente **me quedé ciego de un ojo.**

blind
As a result of the accident I became blind in one eye.

el **ciego**, la **ciega**
La **organización de los ciegos** en España se llama la ONCE.

blind person
The organization for the blind in Spain is called ONCE.

sordo, a
¿Estás sordo o es que no me quieres escuchar?

deaf
Are you deaf, or don't you want to listen to me?

mudo, a
Se ha quedado muda.

dumb, mute
She was left mute.

el **estrés**
el **ataque**
el **infarto de corazón**

stress
attack
cardiac infarct(ion)

El clima del Mediterráneo es bueno para enfermos de infarto.	The Mediterranean climate is good for people with a cardiac infarct.
grave	serious, grave
Juan está grave.	Juan is seriously ill.
leve	slight
En el accidente sólo hubo heridos leves.	Only slight injuries were incurred in the accident.
incurable	incurable
La diabetes es incurable.	Diabetes is incurable.
mejorar	get well, recover from a disease
En casa mejorará más deprisa.	He will recover more quickly at home.

¡Ay!	Ow!
¡Ay! !Qué daño me he hecho!	Ow! I hurt myself!
doloroso, a	painful
la **picadura**	sting; bite
Las picaduras de mosquito son dolorosas.	Mosquito bites are painful.
la **cicatriz**	scar
quemarse	burn oneself
Alejandro se quemó la espalda. Ahora tiene una cicatriz.	Alejandro burned his back. Now he has a scar.
el **dolor de cabeza**	headache
Me duele la cabeza.	I have a headache.
el **calmante**	painkiller, analgesic
Toma un calmante.	Take a pain pill.
calmar	alleviate
La aspirina calma dolores.	Aspirin alleviates pain.
el **comprimido**	tablet
el **remedio**	remedy

sangrar	bleed
El chico sangraba **por la nariz** cuando lo llevaron al médico.	The boy was bleeding from the nose when they brought him to the doctor.
marearse	become dizzy; become seasick
Cuando voy en barco me mareo.	I get seasick on voyages.
el **mareo**	nausea; seasickness
Cuando no como **me dan mareos**.	When I don't eat, I feel queasy.
desmayarse	faint
caer desmayado, a	fall unconscious
El enfermo cayó desmayado.	The sick man lost consciousness.
dañar	harm, damage
El tabaco le ha dañado los pulmones.	Tobacco has damaged his lungs.

el **tratamiento**
Estoy en tratamiento médico.

treatment
I am under medical treatment.

el **reconocimiento**
Le voy a **hacer un reconocimiento.**

examination
I'm going to examine you.

reconocer
Desnúdese para que la reconozca.

examine
Please undress, so that I can examine you.

el **análisis de sangre**
Tengo que hacerle un análisis de sangre.

blood test, blood analysis
I have to give you a blood test.

la **tensión**
Tiene la tensión alta.

blood pressure; tension
You have high blood pressure (hypertension).

recetar
¿Me puede recetar algo contra la diarrea?

prescribe
Can you prescribe something for my diarrhea?

el **contagio**
Evita contagios lavándote las manos.

contagion; infection
Avoid contagion by washing your hands.

contagiarse
No quiero que te contagies.

be infected; catch (a disease)
I don't want you to become infected.

el **hongo**
la **infección**
Tiene una infección **en** el dedo.

fungus
infection
He has an infection on his toe.

infectarse
Se ha infectado la herida.

infect
The wound got infected.

el **pus**
Hay que abrir la herida para que salga el pus.

pus
The wound has to be opened to let the pus come out.

hinchado, a
la **inflamación**
El hielo te calmará la inflamación.

swollen
swelling; inflammation
The ice will alleviate your inflammation.

inflamarse
Se me ha inflamado el tobillo.

swell; become inflamed
My ankle is swollen.

la **pomada**
frotar
Frótese la pomada en el hombro.

salve, ointment
rub
Rub this ointment on your shoulder.

torcerse
la **fractura**
La **fractura de cadera** es complicada.

sprain; twist
fracture; break
Pelvic fractures are complicated.

complicado, a	complicated
vendar	bandage (apply a)
Le voy a vendar el tobillo.	I'm going to bandage your ankle.
operar	operate
Me han operado **de** apendicitis.	I was operated on for appendicitis.

la **apendicitis**	appendicitis
la **diarrea**	diarrhea
el **reuma, reúma**	rheumatism
el **sarampión**	measles
El sarampión es peligroso para adultos.	Measles are dangerous for adults.
la **pulmonía**	pneumonia
Si no te vistes, vas a coger una pulmonía.	If you don't get dressed, you're going to catch pneumonia.
el **cólera**	cholera
el **tifus**	typhus
la **malaria**	malaria
el **paludismo**	marsh fever (malaria)
la **diabetes**	diabetes
el **sida**	AIDS
Mi amiga tiene el sida.	My girlfriend has AIDS.
la **anorexia**	anorexia
la **bulimia**	bulimia

inyectar	inject
No sé inyectar en la vena.	I don't know how to inject intravenously.
la **vacunación**	vaccination
Los médicos recomiendan la vacunación de bebés.	Doctors recommend that babies be vaccinated.
la **vacuna**	vaccine
Muchas vacunas pueden evitar el contagio con enfermedades.	Many vaccines can prevent contagious diseases.

el **minusválido**, la **minusválida**	handicapped
Este aparcamiento está reservado para minusválidos.	This parking place is reserved for the handicapped.
el **sordomudo**, la **sordomuda**	deaf mute
Algunos sordomudos aprenden a hablar.	Some deaf mutes learn to speak.
cojo, a	lame
¿Por qué andas cojo?	Why do you limp?

cruzar la vista	be cross-eyed
Los que cruzan la vista necesitan gafas.	People who are cross-eyed need glasses.
miope	myopic, nearsighted
Mi hermana es miope.	My sister is nearsighted.
la **vista cansada**	presbyopic, farsighted
Con los años se tiene la vista cansada.	With age, one becomes farsighted.

el **régimen**	diet
el **masaje**	massage
¿**Me das masajes** en la espalda?	Will you massage my back?
el, la **masajista**	masseur, masseuse
Como tenemos **dolor de espalda** vamos al masajista.	Since we have back pain, we go to a masseur.

3.4 Drugs, Tobacco, Alcohol

la **droga**	drug
El consumo de drogas aumenta.	Drug use is on the rise.
drogarse	use drugs
¿Con qué se droga?	What drug does he use?
el **alcohol**	alcohol
El alcohol al volante es un peligro.	Drinking and driving is dangerous.
el **tabaco**	tobacco; cigarettes
¿Tienes tabaco?	Do you have any cigarettes?
el **tabaco rubio**	light tobacco; cigarettes
En España el tabaco rubio es más caro que el negro.	Light tobacco is cheaper in Spain than dark tobacco.

fumar	smoke
Prohibido fumar.	No smoking.
el **fumador**, la **fumadora**	smoker
el **cigarrillo**	cigarette
¿Me das un cigarrillo?	Will you give me a cigarette?
el **cigarro**	cigar; cigarette
Me fumo diez cigarros al día.	I smoke ten cigarettes a day.
la **cerilla**	match
Déme una caja de cerillas, por favor.	Give me a box of matches, please.
el **mechero**	cigarette lighter
Quiero un mechero de gas.	I would like a gas lighter.

el **cenicero**	ashtray
El cenicero está lleno.	The ashtray is full.
la **ceniza**	ash
¡Cuidado con la ceniza!	Be careful with the ash!

el **alcohólico**, la **alcohólica**	alcoholic
el **trago**	gulp, swallow; drink
¡Dame un trago!	Give me a swallow!
estar alegre	be tipsy
borracho, a	drunk
Está borracho pero no es un alcohólico.	He's drunk, but he's not an alcoholic.
bebido, a	tipsy
Estáis un poco bebidos.	You are a little tipsy.
emborracharse	get drunk
En la fiesta Paco se emborrachó.	Paco got drunk at the party.

el **puro**	cigar
Los puros habanos son los mejores.	Havana cigars are the best.
la **pipa**	pipe
Mi abuelo fumaba pipa.	My grandfather smoked a pipe.
el **filtro**	filter
cigarrillos con filtro	filter cigarettes

el **drogadicto**, la **drogadicta**	drug addict
Hay muchos jóvenes drogadictos.	There are many young drug addicts.
el **hachís**	hash(ish)
El hachís es droga blanda como la marihuana.	Hashish, like marijuana, is a soft drug.
el **chocolate** *pop*	hashish
la **marihuana**	marijuana
el **porro** *pop*	joint
El porro es un cigarrillo de hachís o marihuana.	A joint is a cigarette containing hashish or marijuana.
la **heroína**	heroin
La heroína es tan peligrosa como la cocaína.	Heroin is just as dangerous as cocaine.

For another meaning of **heroína**, see page 235.

chutarse *pop*	shoot up
estar con el mono *pop*	suffer from withdrawal symptoms

el **caballo** pop	heroin, "horse"
la **cocaína**	cocaine
el **perico** pop	cocaine, "coke"
El perico es una droga peligrosa.	Coke is a dangerous drug.
el **éxtasis**	Ecstasy
colocarse pop	get high
la **raya** pop	line (of cocaine)
la **metadona**	methadone
el **síndrome de abstinencia**	withdrawal syndrome

el, la **narcotraficante**	drug dealer
El narcotraficante es un delincuente.	Drug dealers are criminals.
el **camello** pop	(drug) dealer
Hay camellos adictos que vendiendo drogas financian su adicción.	There are drug-addicted dealers who finance their addiction by dealing drugs.
seropositivo	HIV-positive
Muchos drogadictos son seropositivos.	Many drug addicts are HIV-positive.

False Friends

Spanish Word	Thematic Meaning(s)	False Friend	Spanish Equivalent(s)
las gotas	drops	goats	las cabras

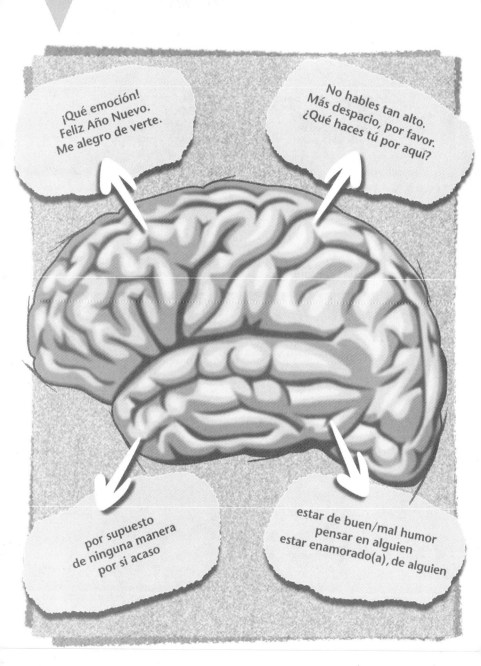

4.1 Feelings

el **sentimiento**
Mis sentimientos hacia ti no han cambiado.
sentir
Siento que no puedas venir.
la **sensación**
Tengo la sensación de que va a cambiar el tiempo.
la **emoción**
¡Qué emoción!

feeling
My feelings toward you have not changed.
feel; regret
I'm sorry that you can't come.
sensation, feeling
I have the feeling that the weather is going to change.
emotion; thrill
How thrilling!

feliz
Los novios son felices.
Feliz Año Nuevo.
la **alegría**
Me has dado una gran alegría.
alegrarse
Me alegro de verte.
alegrar

happy
The bride and groom are happy.
Happy New Year.
joy; merriment
You have given me great joy.
be glad; be happy
I'm glad to see you.
make glad; make happy

Subjunctive (I)

After verbs that **express emotion**, use the **subjunctive** in the subordinate clause if the main clause and the subordinate clause have **different subjects**.

Me alegra que estés bien.   *I'm glad that you're well.*
But:
Me alegro de volver a verte.   *I'm glad to see you again.*

Other verbs that convey emotion are, for example, **gustar** (pp. 32, 58, 92, 94), **enfadarse** (p. 58), **interesar** (p. 69), **preocuparse** (p. 69), **molestar(se)** (pp. 150, 155).

---

contento, a
¿Estás contenta de estar en Sevilla?
transquilo, a
¡Usted tranquila!
la **simpatía**

content; happy
Are you happy to be in Seville?
calm, tranquil
Don't worry!
sympathy; liking; friendly feeling; charm

querer
Te quiero.
el **amor**

love; want; like
I love you.
love

el **cariño**
Te tengo mucho **cariño**
(estar) enamorado, a (de alguien)
apreciado, a
Su abuelo era muy apreciado como ingeniero.
gustar
Me gustas.
tener ganas
Tengo ganas de volver a Venezuela.
loco, a
Estoy **loco por** ti.

fondness, affection; love
I am very fond of you.
(be) in love (with someone)
respected; esteemed, valued
His grandfather was a highly esteemed engineer.
be pleasing
I like you.
desire; wish to
I wish to return to Venezuela.

crazy
I'm crazy about you.

---

triste
No estés triste.
la **tristeza**
La lluvia me **da tristeza**.
llorar
Tengo ganas de **llorar**.
la **lágrima**
la **vergüenza**
Me da vergüenza hablar del pasado de mi familia.

sad
Don't be sad.
sadness
Rain makes me sad.
cry
I feel like crying.
tear
shame
I'm ashamed to talk about my family's past.

---

aburrirse
Me aburro viendo la tele.
preocupado, a
Estoy preocupado por lo que tarda Carolina en volver.
nervioso, a
La impuntualidad me **pone nerviosa**.
el **miedo**
No **tengo miedo a** la oscuridad.
temer
Temo que me estás mintiendo.

be bored
I get bored watching TV.
worried; preoccupied
I'm worried because Carolina is so late in returning.
nervous
Tardiness upsets me.
fear
I'm not afraid of the dark.
fear, to
I fear that you're lying to me.

---

enfadarse
Vicente **se ha enfadado contigo**.
enfadado, a
María está enfadada porque he roto el jarrón de su tía.

become angry; become furious
Vicente is furious with you.
angry, furious
Maria is angry because I broke her aunt's vase.

la **envidia**	envy
El jefe **se ha puesto verde de envidia.**	The boss turned green with envy.
envidioso, a	envious
Lucas **está envidioso de** su hermanita.	Lucas is envious of his little sister.

el **odio**	hatred, hate
odiar	hate
Odio las guerras.	I hate wars.
envidiar	envy, to
Te envidio la suerte que tienes.	I envy you your happiness.
desconfiar	mistrust; doubt
¡**Desconfía de** los malos amigos!	Beware of false friends!
decepcionar	disappoint
Nos decepcionó el concierto.	We were disappointed in the concert.

afectuoso, a	affectionate; cordial; fond
Afectuosos saludos de tu amiga Irene.	Kind regards from your friend Irene.
cordial	cordial; friendly
Nuestras relaciones son muy cordiales.	Our relationship is very cordial
la **felicidad**	happiness
Muchas **felicidades por** tu cumpleaños.	Happy birthday.
el **placer**	pleasure
Ha sido un placer conocerte.	It was a pleasure to meet you.
alegrar	please; make happy
El buen tiempo primaveral alegra a la gente.	The good spring weather makes people happy.

la **confianza**	trust, confidence.
Ten confianza en mí.	Trust me.
confiar	trust, to; have confidence, to
Confío poco en los médicos.	I have little confidence in doctors.
la **esperanza**	hope
La esperanza es lo último que se pierde.	Hope is the last thing to be lost.
la **ilusión**	eagerness; illusion; hopefulness
Me hace ilusión ir a cenar contigo.	I look forward to going out to dinner with you.

tranquilizarse	calm down
¡Tranquilízate! No ha pasado nada.	Calm yourself! Nothing happened.
impresionar	impress; affect
Granada me ha impresionado mucho.	Granada impressed me greatly.
la **impresión**	impression
Tengo la impresión de que me engañas.	I have the impression that you're deceiving me.
atraer	attract
La música atrajo al público.	The music attracted an audience.
la **atracción**	attraction
Marta **siente atracción por** los gatos.	Maria has an attraction to cats.
el **estímulo**	stimulus; inducement
Este premio será el estímulo para seguir trabajando tan bien.	This prize will be an inducement to continue the good work.
la **satisfacción**	satisfaction
Terminar un trabajo bien es una satisfacción.	It is satisfying to finish a job well.
encantar	enchant, delight
Me encanta pasear por la playa.	I adore walking on the beach.
entusiasmar	enrapture
A Andrea le entusiasma el teatro.	Andrea is enraptured by the theater.
entusiasmarse	become enthusiastic
Mi mujer **se entusiasma con** el fútbol.	My wife gets enthusiastic about soccer.
emocionarse	be moved; be touched
Mi primo se emociona cuando oye tangos.	My cousin is moved when he hears tangos.
emocionante	exciting, thrilling
Es una película muy emocionante.	The film is very exciting.
apasionarse	become impassioned
¿Cuántos jóvenes no **se apasionan por** la política?	How many young people don't get passionate about politics?
la **pasión**	passion
Los toros son la pasión de mi suegro.	Bullfights are my father-in-law's passion.
asustarse	be frightened
Los precios de este verano nos han asustado.	The prices this summer frightened us.
el **susto**	fright, scare, shock
¡Vaya susto!	Oh, what a fright!

intranquilo, a
Los candidatos están intranquilos porque todavía no conocen los resultados del examen.
uneasy, restless
The candidates are uneasy because they don't know the exam results yet.

la **angustia**
Las familias de los heridos esperaban noticias **con angustia.**
fear; anxiety
The families of the injured waited anxiously for news.

el **disgusto**

Pepa tuvo un disgusto con su primo.
quarrel; unpleasantness; annoyance
Pepa had a quarrel with her cousin.

soportar
No soporto los gritos.
bear, put up with
I can't bear screaming.

la **preocupación**
Las preocupaciones enferman.
worry, concern
Worry makes you ill.

el **suspiro**
Juan **dio un suspiro** al encontrar la cartera.
sigh
Juan sighed when he found his wallet again.

desesperado, a
Malena está desesperada porque no encuentra trabajo.
desperate, despairing; hopeless
Malena is desperate because she can't find a job.

desilusionado, a
Estoy desilusionado por el resultado del trabajo.
disappointed
I was disappointed in the result of the work.

desilusionarse
experience a disappointment; become disillusioned

fastidiar
¿No te fastidia?
annoy, displease
Isn't that enough to annoy you?

la **rabia**
Me **da rabia** perder el tiempo.
rage
It enrages me to waste time.

el **rencor**
Margarita no **guarda rencor.**
rancor, animosity, grudge
Margarita doesn't carry a grudge.

tener celos
Tengo celos de mi mujer.
be jealous
I am jealous of my wife.

tener mal genio
be ill-tempered

quejarse
¡No te quejes tanto!
complain, grumble
Don't complain so much!

en ningún caso
En ningún caso se devolverá el importe del pasaje.
in no case
In no case will travel costs be refunded.

¡Basta!
¡Basta ya de bromas!
That's enough!, Enough!, Stop that!
Now that's enough joking!

al **contrario**
¡Qué va!
Habrá sido muy caro el regalo,
¿no? – ¡Qué va!

on the contrary
Nonsense!, Not true!
The gift was probably quite
expensive, wasn't it? – Nonsense!

rogar
Le ruego que baje un poco la tele
porque no me deja dormir.
el **deseo**
Jorge tiene **el deseo de** viajar a la
luna.
enhorabuena
Enhorabuena por tu éxito en los
exámenes.
la **felicitación**
Mi más cordial felicitación **por** su
matrimonio.
solicitar
Solicité el permiso de obras hace
meses pero todavía no me han
contestado.
la **petición**
Hemos presentado una petición
al alcalde.
¡Anda!
¡Anda! ¿Qué haces tú por aquí?

¡Socorro!

request; beg; entreat
I beg you to turn down your TV
because it is keeping me awake.
wish, desire
Jorge has a desire to go to the
moon.
congratulation
Congratulations on passing your
exams.
congratulation; felicitation
Congratulations on your
marriage.
solicit; apply for; woo
I applied for a building permit
months ago, but they haven't
answered yet.
petition; request
We presented a petition to the
mayor.
Look at that!, Well, I never!
Well, I never! What are you
doing here?
Help!

preciso, a
exigir
Exija siempre el certificado de
garantía.
conviene
Conviene que estudies más para
ese examen.
pretender
la **afirmación**
Esa afirmación **está por**
demostrar.
afirmar
Afirmaron su inocencia.
revelar
Angeles me reveló un secreto.

necessary
demand; require
Always ask for a certificate of
guarantee.
it is advisable
It is advisable for you to study
more for that exam.
require; (lay) claim
affirmation, assertion
The assertion is yet to be proved.

affirm, assert
They affirmed their innocence.
reveal, divulge
Angeles divulged a secret to
me.

seducir
No me dejo **seducir por** los anuncios.

seduce
I don't allow myself to be seduced by advertising.

la **confirmación**
Necesitamos una confirmación de su pedido.

confirmation
We need a confirmation of your order.

garantizar
Me garantizaron que terminarían el trabajo hasta marzo.

guarantee, vouch for, assure
They assured me that they would finish the work by March.

¡Ya lo creo!
¿Son buenas las pistas de esquí de Guadarrama? – Ya lo creo.

Of course!, You bet!
Are the Guadarrama ski trails good? – You bet!

la **regla**
la **excepción**
La excepción confirma la regla.

rule
exception
The exception confirms the rule.

reservado, a
Reservado para minusválidos.

reserved; restricted
Reserved for the handicapped.

por si acaso
Siempre llevo el dinero en el bolsillo del pantalón por si acaso.

just in case
Just in case, I always carry money in my pants pocket.

total

in short, to sum up

¿Y qué?
Total, que te quieres casar con él. – ¿Y qué?

Well?, So what?, What of it?
In short, you want to marry him! – What of it?

¡Ahí va!
¡Ahí va! **Nos olvidamos de** las llaves del coche. O sea, que tendremos que tomar un taxi.

Good Lord!, Oh!, Damn!
Damn! We forgot the car keys. So we'll have to take a taxi.

¡Cielos!
¡Caramba!

Heavens!
Wow!, Great guns!

4.2 Thoughts

pensar
pensar en alguien
Piensa irse mañana.

think
think about someone
He is thinking of leaving tomorrow.

saber
Ayer supe que venías.

know; learn; be able (can)
Yesterday I learned that you were coming.

No sé ruso.
¿Sabes dónde está Inés?

I don't know Russian.
Do you know where Inés is?

saber – poder

To describe *abilities* or *things that have been learned*, use the verb **saber**.

Sé tocar la guitarra.   *I can play the guitar.*

To describe a *possibility* or request *permission* to do something, use the verb **poder.**

¿Puedes venir a la fiesta?   *Can you come to the party?*

creer	believe; think
Creo que no me ha compren-dido, ¿qué crees?	I think he didn't understand me, what do you think?

Subjunctive (II)

Verbs that *express an opinion* are followed by the *indicative* in a subordinate clause introduced by **que.**

Creo que los niños aprenden mejor un idioma.   *I think that it's better for children to learn a foreign language.*

However, if the verb expressing opinion is negated, the *subjunctive* must be used in the subordinate clause. The same is true for expressions of *probability.*

No creo que los niños aprendan mejor un idioma.   *I don't think that it's better for children to learn a foreign language.*

Other verbs that express an opinion are, for example, **pensar** (pp. 63, 146) and **suponer** (p. 66).

fiarse	trust; depend
¿Es que no **te fías de** nosotros?	Don't you trust us?
entender	understand
No entiendes a tu mujer.	You don't understand your wife.
comprender	comprehend
No he comprendido su explicación.	I didn't comprehend her explanation.
darse cuenta	realize
No **se ha dado cuenta de** que soy extranjera.	He didn't realize that I am a foreigner.
la **razón**	reason; right
Tiene usted razón.	You're right.
reconocer	recognize
No la reconozco.	I don't recognize her.

decidir	decide
Hemos decidido comprar la casa.	We've decided to buy the house.

resolver
Miguel prefiere resolver sus problemas solo.

solve; resolve
Miguel prefers to solve his problems himself.

imaginarse
Imagínese lo que **ha subido** el autobús.

imagine
Just imagine how expensive riding the bus has become.

inventar
¿Qué inventó Juan de la Cierva?

invent
What did Juan de la Cierva invent?

recordar
No recuerdo el título del libro.

remember
I don't remember the title of the book.

acordarse
No **me acuerdo de** su nombre.

recall
I don't recall her name.

olvidar
He olvidado la cartera.

forget
I forgot my wallet.

olvidarse
Carmen **acabará olvidándose de** ti.

forget (reflexive v.)
Carmen will forget you in the end.

dudar

doubt

Subjunctive (III)

If the main clause contains a verb or expression of *possibility*, *uncertainty*, or *doubt*, use the *subjunctive* in the subordinate clause.

Dudo que venga.
¿Dudas que vengan a tiempo?

I doubt that he/she is coming.
Do you doubt that they will come on time?

---

la **duda**
No cabe la menor duda de que fue una equivocación.

doubt
There is not the slightest doubt that it was an error.

equivocarse
Se ha equivocado de número.

be mistaken; make a mistake
You've dialed the wrong number.

reflexionar
Tengo que reflexionar sobre esto.

reflect, think
I have to think about it.

analizar

analyze

el **pensamiento**
No se me va del pensamiento.

thought, idea; mind
I can't get it out of my mind.

la **lógica**
Lo que dices no **tiene lógica.**

logic
What you say has no logic.

lógico, a
¡Lógico! ¡Claro que sí!

logical
It's logical! Of course it is!

opinar
El ministro opina que hay que ahorrar más.

be of the opinion; think
The minister is of the opinion that we need to save more.

el **punto de vista**
Desde tu punto de vista parece ser razonable.

point of view, standpoint
From your point of view, it seems to be reasonable.

suponer
Supongo que me escribirás algún día, ¿no?

assume; suppose
I suppose you'll write to me someday, won't you?

comparar
¿Has comparado la copia con el original?

compare
Have you compared the copy with the original?

la **comparación**
Toda comparación es odiosa.

comparison
All comparisons are odious.

---

la **previsión**
¿Has oído la previsión del tiempo para mañana?

prediction, forecast; foresight
Have you heard the weather forecast for tomorrow?

el **invento**
El invento de Juan de la Cierva fue el autogiro.

invention
Juan de la Cierva's invention was the autogiro, an aircraft with helicopter features.

la **idea**
No puedes hacerte ni idea de lo bien que he pasado las vacaciones.

Idea
You have no idea how great my vacation was.

la **imaginación**
Paco tiene poca imaginación.

imagination
Paco has little imagination.

confundirse
Disculpe, **me he confundido de** habitación.

be mixed up; be wrong
Excuse me, I got the rooms mixed up.

la **equivocación**

mistake, error; blunder

4.3 Character, Behavior

el **carácter**
Tiene un carácter muy fuerte.

character; personality
He has a very strong character.

bueno, a
Es una buena muchacha.

good
She is a good girl.

malo, a
Jaimito es muy malo.

bad, ill-behaved
Jaimito is very naughty.

bueno – malo

Bueno and malo drop the **o** before masculine singular nouns:

el buen libro	the good book
el mal día	the bad day

But:

el libro bueno	the good book
el día malo	the bad day

The word **santo (San Pablo)** behaves similarly, with the exceptions of **Santo Tomás** and **Santo Domingo.**

simpático, a	nice; friendly
¡Qué simpática!	Oh, how nice!
amable	kind; amiable, affable
Fueron bastante amables en el banco.	They were rather kind at the bank.
la **amabilidad**	kindness; amiability
sensible	sensitive
Luis es un chico sensible.	Luis is a sensitive boy.
cariñoso, a	affectionate; tender; loving
Tengo una novia muy cariñosa.	I have a very affectionate girlfriend.

alegre	happy; cheerful
En verano estoy más alegre que en invierno.	I'm more cheerful in summer than in winter.
divertido, a	entertaining
La señora Florentino es una persona muy divertida.	Mrs. Florentino is a very entertaining person.
el **humor**	humor
Paco **tiene sentido del humor.**	Paco has a sense of humor.
gracioso, a	witty, funny; graceful
la **gracia**	wit; grace; witticism
La chica baila **con gracia.**	The girl dances gracefully.
Este chiste **no tiene ninguna gracia.**	This joke has no wit at all.
aburrido, a	boring
Tu marido es muy aburrido.	Your husband is quite boring.
curioso, a	curious
Mi vecina es demasiado curiosa.	My neighbor is too curious.
la **curiosidad**	curiosity
Tengo curiosidad por aprender más francés.	I'm curious to learn more French.

ser listo, a	be clever
Eres un tío muy listo.	You're a very clever guy.

tonto, a
¡No seas tonto!
la **tontería**
Has hecho una tontería vendiendo la moto tan barata.
tímido, a
Jorge es muy tímido.
serio, a
¿Por qué estás tan seria?
correcto, a
La señora Galíndez es muy correcta.
puntual
Sé puntual.

stupid, silly, foolish
Don't be foolish!
foolishness, silliness, nonsense
You were foolish to sell the motorcycle so cheaply.
shy, timid
Jorge is very shy.
serious; trustworthy, reliable
Why are you so serious?
polite; correct
Mrs. Galíndez is very polite.

punctual
Be punctual.

---

activo, a
perezoso, a
A veces soy tan perezoso que no hago ni las cosas más simples.
bruto, a
¡Qué bruto!
furioso, a
Estoy **furiosa con** los vecinos.
amenazar
El ladrón nos amenazó con un cuchillo.
violento, a
Como Mario es un poco violento, **nos dejó en ridículo.**
cruel
Fue un asesinato cruel.

active; lively
lazy
Sometimes I'm so lazy that I can't do the simplest things.
gross; crude; unpolished
How crude!
furious
I am furious with the neighbors.
threaten
The thief threatened us with a knife.
violent; impetuous; desperate
Since Mario is a bit impetuous, he made us look ridiculous.
cruel, remorseless
It was a cruel murder.

---

el **comportamiento**
Su comportamiento es irresponsable.
comportarse
Alfonso se comportó como un verdadero señor.
la **costumbre**
Es una buena costumbre.
acostumbrarse
Nos **acostumbramos al** ruido.

behavior
You behavior is irresponsible.
behave
Alfonso behaved like a real gentleman.
custom, habit
That is a good habit.
become accustomed
We got used to the noise.

---

intentar
Ana intenta conseguir trabajo.

try, attempt; intend
Ana is trying to get a job.

la **intención**
Ha sido **sin mala intención**.

realizar
Todavía no han realizado el pro-
yecto de inversiones.

conseguir
Conseguimos un vuelo económico.
Al final has conseguido romper
con la tradición familiar.
Conseguí que me devolvieran el
dinero.

esperar
Espero que vengas pronto.

crear
Dalí creó una obra singular.

el **interés**
Pablo **tiene interés en** hablar con
Luis.

interesarse
Me interesa la pintura moderna.

interesar

mantener
¡Mantenga su palabra!

intention
There was no ill intention.

realize; carry out
They have not yet carried out
the investment project.

attain; get; obtain; succeed in
We got a cheap flight.
Finally you've succeeded in
breaking with family tradition.
I got them to refund my money.

hope; wait
I hope you're coming soon.

create
Dalí created a unique body of
work.

interest
Pablo is interested in talking
with Luís.

be interested; take an interest
I'm interested in modern art

interest, to

support; maintain; keep up
Keep your word!

reaccionar
¿Cómo reaccionasteis al oír la
noticia?

demostrar
Demuestras poco interés.

el **éxito**
La artista tuvo mucho éxito.

respetar
Respete las reglas de juego.

la **atención**
Preste atención a las señales de
tráfico.

insistir
Insista en la llamada, por favor.

preocuparse
Nos preocupamos del asunto.

react
How did you react when you
heard the news?

demonstrate, show; prove
You show little interest.

success
The artist had a lot of success.

respect
Respect the rules of the game.

attention
Pay attention to the traffic signs.

insist; persist
Please call back later.

worry
We're worried about the
matter.

¡No se preocupe, ya vendrá!
responsable
Usted **se hace responsable de** lo que pase.
evitar
Hay que evitar discusiones que no conducen a nada.

Don't worry, he'll come yet!
responsible
You are responsible for what may happen.
avoid
One has to avoid discussions that lead to nothing.

---

el **defecto**
Los amigos saben comprender los defectos.
hacer faltas
Cuando hablo deprisa hago faltas.

defect, flaw
Friends can understand flaws.
make mistakes
When I talk fast, I make mistakes.

fracasar
Si preparas bien el examen no fracasarás.
estropear
Con tu comentario has estropeado todo.

fail
If you prepare well for the exam, you won't fail.
damage, spoil
You've spoiled everything with your comments.

---

ofender
Me siento ofendida.
burlar
El ladrón burló la vigilancia.

offend, insult
I feel offended.
deceive; ridicule
The thief deceived the watchmen.

burlarse
¿Te estás **burlando de** mí?
vengarse
Juan se vengó por el asesinato de su hermano.
abusar
El alcalde **abusa de** su autoridad.
aprovecharse

make fun of
Are you making fun of me?
take revenge
Juan avenged himself for his brother's murder.
abuse, take undue advantage of
The mayor abuses his authority.
take advantage of; make the most of

¡No **te aproveches de** los amigos!
irresponsable
Es irresponsable que mueran tantos niños de hambre.
oponerse
Los mineros **se opusieron al** cierre de la mina.

Don't take advantage of your friends!
irresponsible
It is irresponsible that so many children die of hunger.
oppose
The miners opposed the closing of the mine.

---

abandonar
el **crimen**

give up; abandon
crime

Es un crimen que se abandonen animales cuando ya no se quieren.

cometer
El crimen se cometió entre las 2 y las 5 de la mañana.

el **ladrón**, la **ladrona**
El ladrón entró por la ventana.

el **robo**
robar
El verano pasado nos robaron el coche mientras estábamos en la playa.

asaltar
el **asalto**
¿Has leído las noticias sobre el asalto a la Caja de Ahorros?

matar
Durante la guerra mataron a mucha gente.

el **contrabando**
Actualmente se está haciendo mucho contrabando de drogas.

clandestino, a
xenófobo
la **xenofobia**

It's a crime that animals are abandoned when they are no longer wanted.

commit
The crime was committed between 2 and 5 in the morning.

thief
The thief entered through the window.

theft, robbery
steal
Last summer our car was stolen while we were at the beach.

assault, to
assault; attack
Did you read the news about the assault on the savings bank?

kill
During the war many people were killed.

contraband
Right now there is a lot of drug smuggling.

clandestine, secret
xenophobic
xenophobia

---

la **característica**
El humor es una característica positiva.

característico, a
la **personalidad**
Marta tiene personalidad.

individual
la **mentalidad**
la **bondad**
Tenga la bondad de rellenar la ficha.

la **malicia**
El delicuente ha actuado **con malicia.**

characteristic, feature
Humor is a positive characteristic.

characteristic, typical
personality
María has personality.

individual, personal
mentality
goodness, kindness
Be so kind as to fill out the form.

malice
The criminal acted with malice.

---

educado, a
Es un chico muy bien educado.

well-bred, polite
He is a very polite boy.

honesto, a	honest; decent
honrado, a	honorable, honest, reputable
justo, a	just, fair
sincero, a	sincere; honest
Si te soy sincero, no me gusta tu perfume.	To be honest, I don't like your perfume.
atento, a	attentive; polite, courteous
Eres un chico muy atento.	You are a very courteous boy.

prudente	prudent, careful; wise
María es una conductora prudente.	María is a careful driver.
la **atención**	attention
Tiene muchas atenciones conmigo.	She is very attentive to me.
cuidadoso, a	careful
Alberto es muy cuidadoso.	Alberto is very careful.
ambicioso, a	ambitious

valiente	brave, valiant
La madre fue muy valiente salvando a su hijo.	The mother was very brave when she rescued her child.
callado, a	quiet, calm
Rosa es muy callada.	Rosa is very quiet.
romántico, a	romantic
orgulloso, a	proud
Estoy orgulloso de ti.	I am proud of you.
optimista	optimistic
pesimista	pessimistic
realista	realistic
inteligente	intelligent
severo, a	severe; strict

agresivo, a	aggressive, hostile
La gente **se vuelve agresiva** al volante.	Many people become aggressive behind the wheel.
arrogante	arrogant
avaro, a	greedy
insoportable	insupportable, intolerable
La burocracia es insoportable.	Bureaucracy is intolerable.
el, la **sinvergüenza**	scoundrel; brazen or shameless person
Algunos camareros de este hotel son unos sinvergüenzas.	Some waiters in this hotel are scoundrels.
fresco, a	fresh, impertinent, insolent
¡Ese tío es un fresco!	That fellow is insolent!

terco, a
Mi padre es muy terco.
vulgar
Antonia, ¡no seas vulgar!
vengativo, a
No hay que ser vengativo.
el, la **cobarde**
cobarde
¡Qué cobardes son!

stubborn
My father is very stubborn.
coarse, vulgar
Antonia, don't be vulgar!
vengeful
There's no need to be vengeful.
coward
cowardly
What cowards you are!

confiado, a
Rafa es demasiado confiado.
informal
Me fastidia la gente informal.
despistado, a
vago, a
¡Mira que eres vago!
abandonado, a
Juan es muy abandonado.
desordenado, a
Eres muy desordenado.

trusting; unsuspecting
Rafa is too trusting.
unreliable; informal
Unreliable people annoy me.
absent-minded
lazy; idle; vague
How lazy you are!
careless, sloppy; abandoned
Juan is very sloppy.
disorderly; messy
You are very messy.

la **conducta**
El preso **fue puesto en libertad**
por buena conducta.
la **actitud**
La actitud de Miguel es muy
extraña.
portarse
Antonio **se portó** muy bien **con**
nosotros.
la **reacción**
No entiendo su reacción.

conduct, behavior
The prisoner was released for
good behavior.
attitude
Miguel's attitude is very strange.

behave; conduct oneself
Antonio behaved very nicely
toward us.
reaction; behavior
I don't understand his behavior.

la **calma**
indiferente
Me es indiferente si te pones el
vestido rojo o el negro.
espontáneo, a
fijarse
¿**Te has fijado en** el sombrero que
lleva la señora?
imitar
Roberto sabe imitar el canto de
los pájaros.

calm, quiet
indifferent
I don't care whether you wear
the red dress or the black one.
spontaneous
take notice (of), pay attention (to)
Did you notice the hat the
woman is wearing?
imitate
Roberto can imitate birdcalls.

confundir
Casimiro confundió la marcha atrás con la primera.

confuse
Casimiro confused reverse with first gear.

aprovechar
Tiene que aprovechar mejor el tiempo.
Juan aprovecha todo a fondo.

utilize; make good use of
You have to make better use of time.
Juan puts everything to good use.

la **oportunidad**
interesado, a
Luisa **está interesada en** comprar el piso.
Es un tipo muy interesado. Sólo quiere ganar dinero.
interesar

opportunity
interested; mercenary; selfish
Luisa is interested in buying the apartment.
He is a very mercenary type. He only wants to earn money.
interest

la **voluntad**
¿Lo has hecho **por tu propia voluntad?**

will
Did you do it of your own free will?

el **propósito**
Me he hecho el propósito de estudiar inglés.

intention, purpose, aim
I have made up my mind to study English.

esforzarse
Juan **se esfuerza por** aprender portugués.

exert oneself, try hard
Juan is trying hard to learn Portuguese.

el **empeño**
empeñarse
Rosa **se empeña en** que compremos un vídeo.

earnest desire; effort
insist
Rosa insists that we buy a VCR.

procurar
Procuramos **estar bien con** todo el mundo.

try
We try to get along well with everyone.

lograr
¿Logró hablar por teléfono con su jefe?

obtain; succeed
Did you succeed in reaching your boss by phone?

el **fracaso**
El negocio de tu hermano es un fracaso.

fiasco, failure
Your brother's business is a failure.

la **responsabilidad**
No cargo con la responsabilidad.
la **fidelidad**
obedecer
Obedezcan siempre las leyes del tráfico.

responsibility
I accept no responsibility.
faithfulness; honesty; constancy
obey
Always obey the traffic regulations.

el **pretexto**	pretext
Marisa no vino a la boda **con el pretexto de** estar enferma.	Marisa did not attend the wedding on the pretext of being ill.
el **provecho**	advantage; gain, profit
Sólo piensa en su propio provecho, es un egoísta.	He thinks only of his own profit; he is an egotist.
salvar	save, rescue
Los bomberos **salvaron** a la gente **de** las llamas.	The firemen saved the people from the flames.
la **moral**	morals, morality; morale
Tenemos que **levantar la moral** de Malena.	We have to raise Malena's morale.

provocar	provoke, irritate
Me está provocando con sus palabras.	You're provoking me with your words.
insultar	insult
Perdone, no le he querido insultar.	Excuse me, I didn't mean to insult you.
la **ofensa**	offense; insult
la **amenaza**	threat
Subrayó su amenaza sacando la pistola del bolso.	She emphasized her threat by pulling the pistol out of her handbag.
la **venganza**	revenge, vengeance
La venganza será terrible.	The revenge will be terrible.
el **abuso**	misuse, abuse
Se **acusa** al ministro **de** abuso de poder.	The minister is accused of abusing his authority.
abusar (de)	abuse; rape
el **abandono**	sloppiness, messiness

ilegal	illegal
el, la **delincuente**	criminal, delinquent
el **delito**	crime
la **violencia**	violence
asesinar	kill, murder; assassinate
García Lorca fue asesinado.	García Lorca was murdered.
el **asesino**, la **asesina**	murderer, killer, assassin
El asesino fue el jardinero.	The murderer was the gardener.
el **asesinato**	murder
Ha sido un **robo con asesinato**.	It was murder with robbery.
el **homicidio**	homicide
El conductor cometió un homicidio.	The driver committed homicide.
el **ratero**, la **ratera**	pickpocket
el **atracador**, la **atracadora**	bank robber; gangster

estafar	swindle
el **estafador**, la **estafadora**	swindler
el **chantaje**	blackmail
el **atentado**	assassination
El atentado fracasó.	The assassination attempt failed.

violar	rape
espantoso, a	frightful, awful
¡Qué **espantoso!**	How frightful!
el **horror**	horror
Me **da horror** el aumento de los crímenes.	I am horrified by the increase in crime.

4.4 Human Abilities and Communication

poder	be able; can; may
¿No puede darnos más información?	Can you give us more information?

For the difference between **poder** and **saber**, see the information on p. 64.

la **competencia**	competence, aptitude; jurisdiction
Este asunto no **es de su competencia.**	This matter is not within her jurisdiction.
inteligente	intelligent
Eres una chica inteligente pero has hecho una tontería enorme.	You're an intelligent girl, but you've done something enormously foolish.
capaz de	capable of
Corín es capaz de nadar dos horas **sin parar.**	Corín is capable of swimming for two hours without stopping.
hábil	skillful; capable; gifted
diplomático, a	diplomatic
Hay que ser un poco diplomático con el jefe.	You need to be a little diplomatic with the boss.
planear	plan
¿Ya han planeado las vacaciones?	Have you planned your vacation yet?

ordenado, a	orderly, tidy
dinámico, a	dynamic
Los agentes de Bolsa son muy dinámicos.	Stockbrokers are very dynamic.

formal
Carlos es un comerciante formal.

reliable; serious
Carlos is a serious businessman.

franco, a
Para ser franco, no sé cómo **me he olvidado de** tu santo.

open, frank
To be frank, I don't know how I could have forgotten your name day.

---

impedir
Miguel no pudo impedir que el almacén se quemara.

prevent
Miguel couldn't keep the warehouse from burning down.

decidirse
Me he decidido a estudiar Medicina.

decide; determine
I've decided to study medicine.

decidido, a
Marta es una artista muy decidida.

determined
Marta is a very determined actress.

indeciso, a
Cuando tengo que elegir un regalo soy muy indeciso.

indecisive
I'm very indecisive when I have to pick out a gift.

considerado, a
Tu comportamiento me parece poco considerado.

considerate; prudent; thoughtful
Your behavior doesn't seem very prudent to me.

comprensivo, a
Ayer encontramos un policía comprensivo.

capable of understanding
Yesterday we met an understanding police officer.

---

objetivo, a
imparcial
Los jueces deberían ser objetivos e imparciales.

objective
impartial
Judges ought to be objective and impartial.

generoso, a
convencer
Tus argumentos no me convencen.

generous
convince
Your arguments don't convince me.

convencido, a
Miguel **está convencido de** que tiene razón.

convinced
Miguel is convinced that he's right.

---

hablar
¿Puedo hablar con el director de la empresa?

talk, speak
Can I speak to the manager of the firm?

decir
¿Qué dice?

say
What is he saying?

la **palabra**
Muchas palabras españolas son parecidas en otros idiomas.

word
Many Spanish words are similar in other languages.

repetir
¿Puede repetir su pregunta más despacio?

repeat
Can you repeat your question more slowly?

expresar
Honorio expresó su malestar.

express
Honorio expressed his discomfort.

charlar
Ayer estuve charlando con Ángel sobre mi viaje.

chat
Yesterday I chatted with Ángel about my trip.

la **conversación**
Carlos y Mayte **estuvieron de conversación** durante toda la hora de clase.

conversation
Carlos and Mayte were in conversation during the entire class.

---

llamar
Te está llamando tu madre.

call
Your mother is calling you.

gritar
¡No me grite!

shout; scream
Don't shout at me!

el **grito**
Esmeralda **habla a gritos**.

shout, cry
Esmeralda talks at the top of her voice.

la **voz**
Rafael tiene una voz agradable.

voice
Rafael has a pleasant voice.

alto, a
No **hables tan alto**, te oigo muy bien.

loud
Don't talk so loud, I hear you quite well.

bajo, a
Hablen más bajo, que los niños están durmiendo.

low
Talk in a lower voice, the children are sleeping.

la **noticia**
reciente
Acabo de recibir noticias recientes de Colombia.

news
recent
I have just received recent news from Colombia.

---

informar
Les informaremos cuando tengamos más noticias.

inform
We will inform you when we have more news.

informarse
Quiero informarme sobre las excursiones a Toledo.

inquire (into); find out (about)
I'd like to ask about flights to Toledo.

la **información**
No puedo darle más informaciones.

information
I can't give you any more information.

el **asunto**
proponer
¿Qué nos propone para resolver este asunto?

matter
propose, suggest
What do you propose to us in order to resolve this matter?

el **caso**
El caso es que mañana no tengo tiempo.
es decir
Es decir, que no vienen.

case; matter; point
The point is that I don't have time tomorrow.
that is; that is to say
That is, you're not coming along.

anunciar
Ya están anunciando la salida del vuelo.
indicar
¿Me puede indicar la combinación más rápida a Sevilla?
avisar

Por favor, avíseme cuando lleguemos a la Plaza de Catalunya.
Nos avisaron que van a quitar la luz.

announce
The flight is already being announced.
indicate; show; tell
Can you tell me the quickest connection to Seville?
inform; announce; warn; advise; give notice of
Please tell me when we get to the Plaza de Catalunya.
They warned us that the electricity would be turned off.

recomendar
¿Qué restaurante me puede recomendar?
explicar
Llegamos tarde porque nos explicaron mal el camino.

recommend
Which restaurant can you recommend to me?
explain
We're arriving late because they explained the way to us poorly.

la **explicación**
No tengo que darte ninguna explicación.
describir
Tu cuñada es tal como me la habías descrito.
el **comentario**
El comentario del gobierno sobre los estudiantes provocó las manifestaciones violentas.
comentar
La prensa comenta las últimas publicaciones literarias.

explanation
I don't owe you any explanation.
describe
Your sister-in-law is just as you described her to me.
comments, commentary
The government's comments about the students provoked the violent demonstrations.
comment; expound
The press comments on the latest literary arrivals.

la **pregunta**	question
No entiendo tu pregunta.	I don't understand your question.
preguntar	ask
¿Puedo preguntarle una cosa?	May I ask you something?
la **respuesta**	answer
No tengo ninguna respuesta a tales preguntas.	I have no answer to such questions.
responder	answer
¿Por qué no me respondes?	Why don't you answer me?

disculpar	excuse
Disculpe, ¿está libre este asiento?	Excuse me, is this seat free?
disculparse	apologize
Hugo no se quiso disculpar por lo que había hecho.	Hugo didn't want to apologize for what he had done.
perdonar	pardon
Perdone que le haya pisado.	Pardon me for stepping on your foot.
sentir	feel; regret; be sorry
Lo siento mucho.	I'm very sorry.
lamentar	regret
Lamentamos mucho tener que cerrar el restaurante los domingos.	We regret having to close the restaurant on Sundays.
desgraciadamente	unfortunately
consolar	console
consolarse	console oneself; comfort oneself
El niño se consoló con un caramelo.	The boy consoled himself with a piece of candy.
la **lástima**	pity
¡Qué lástima!	What a pity!
¡Qué lástima que vivas tan lejos!	What a pity that you live so far away!

sí	yes
¿Fumas? – Yo sí, pero mi hermana no.	Do you smoke? – Yes, I do, but my sister doesn't.
estar de acuerdo	agree; be in agreement
No estamos de acuerdo con la política del gobierno.	We are not in agreement with the government's policy.
¿De acuerdo?	Do we agree?
aceptar	accept
Aquí no aceptan tarjetas de crédito.	Credit cards are not accepted here.

está bien
Está bien que suban los precios, pero no tanto.

fine; (it's) all right; okay
It's all right that prices are rising, but not so much.

¡Vale!
¿Vamos al cine esta noche?
– Sí, ¡vale!

All right!, Okay!, Agreed!
Shall we go to a movie tonight?
– Yes, okay!

por supuesto
¿Me acompañas a casa?
– Por supuesto.

naturally, of course
Will you take me home? – Of course.

claro
¿Te vienes con nosotros? – Claro que voy. ¿Están de acuerdo?
– ¡Claro que no!

of course; certainly
Are you coming with us? – Of course I'm coming. Are you in agreement? – Certainly not!

¡Venga!

Okay!, All right!

---

no
rechazar
nada
¿Desea algo más? – No, nada más.
Es todo.

no, not
reject; repel; resist
nothing
Would you like something more? – No, nothing more.
That's all.

de ninguna manera
De ninguna manera quiso darme la razón.

in no way; not at all; by no means
In no way did he want to admit that I was right.

al revés
Te has puesto el jersey al revés.

in the wrong way; wrong side out
You put the sweater on wrong side out.

---

prohibir
Te prohíbo que fumes en mi coche.

forbid, prohibit
I forbid you to smoke in my car.

prohibido, a
Está prohibido que los perros se bañen en las playas.

forbidden, prohibited
No dogs are allowed in the water at the beach.

en contra de
Todos decidieron en contra de tu propuesta.

against
Everyone voted against your proposal.

renunciar
Los autores renunciaron a seguir discutiendo con el editor.

refuse; decline; renounce
The authors refused to continue arguing with the publisher.

permitir
¿Me permite pasar?

allow, permit, let
Will you let me through?

permitido, a
En esta casa están permitidas las visitas después de las doce de la noche.

allowed, permitted
In this building, visits after midnight are allowed.

el **permiso**	permission
Con su permiso.	With your permission!
dejar	leave; let
¡Déjame en paz!	Leave me in peace!
necesitar	need, require
Necesito tu ayuda.	I need your help.

pedir	ask for, request, beg
Me ha pedido que vuelva pronto.	He requested that I come back early.
deber	have to, must, ought, should
Debimos llamar a tu madre para decirle que ya es abuela.	We should have called your mother to tell her that she's a grandmother now.
no deber	must not, ought not, should not
Manuel no debe tomar dulces porque se lo ha prohibido el médico.	Manuel shouldn't eat sweets because the doctor told him not to.
¡Vamos!, ¡Vámonos!	Come on!, Let's go!
¡Vámonos a la playa!	Let's go to the beach!
¡Fuera!	Out!
¡Fuera! ¡Salga inmediatamente de aquí!	Out! Get out of here right now!
¡Cuidado!	Look out!
¡Cuidado! ¡No **te quemes con** la vela!	Look out! Don't burn yourself on the candle!
¡Ojo!	Look out!, Pay attention!
¡Ojo con los bolsos! En esta calle hay muchos rateros.	Keep an eye on your handbags! There are a lot of pickpockets on this street.

querer	want, wish; desire
¿Qué quieres?	What do you want?

Subjunctive (IV)

After verbs that express a *wish* or a *demand*, the verb in the subordinate clause must be in the *subjunctive*. However, this applies only if the main clause and the subordinate clause have **different subjects**; otherwise, use the *infinitive*.

María quiere que vayamos a visitarla.   *María wants us to visit her.*

But:

María quiere visitarnos.   *María wants to visit us.*

Other verbs that express a *wish* or a *demand* are, for example, **exigir** (p. 62), **pedir** (p. 82), **insistir** (p. 69), **desear** (pp. 83, 92), **ordenar** (p. 234), **mandar** (p. 254).

desear
Le deseo mucha suerte.

(las) **felicidades**
Te deseo muchas **felicidades por**
tu cumpleaños.

felicitar
Clara no me ha felicitado todavía.

wish
I wish him lots of luck.

congratulations, felicitations
I wish you much happiness on
your birthday.

congratulate
Clara has not congratulated me
yet.

---

confirmar
Quiero confirmar mi vuelo de
regreso.

exacto, a
Exacto, aquí está su reserva de
asiento.

cierto, a
Te aseguro que todo lo que te he
dicho es cierto.

asegurar
El mecánico les aseguró que arre-
glaría el camión para el lunes.

¡Así es!
Cada vez creo menos en los
políticos. – ¡Así es!

desde luego
Hay excepciones, desde luego.

¡Eso es!
Así que nos veremos mañana.
– Eso es.

de todos modos

confirm
I'd like to confirm my return
flight.

exact; right; correct
Right, here is your seat
reservation.

true; certain; sure
I assure you that everything I've
told you is true.

assure
The mechanic assured you that he
would repair the truck by Monday.

That's true!, Right!, Same here!
I believe the politicians less and
less. – Same here!

of course; naturally
Naturally there are exceptions.

That's right!, Exactly!, Right!
So we'll see each other tomor-
row. – That's right.

at any rate, anyway

¿verdad?
Me has comprendido, ¿verdad?
– ¡Claro que sí!

quizá(s)
Quizás voy al cine hoy.
Quizás venga Rafael pronto del
trabajo.

ojalá
Ojalá tengas buen tiempo en
Bilbao. Allí llueve mucho.

por cierto
Por cierto, ¿qué tal te ha ido por
Venezuela?

a propósito
A propósito, ¿cuándo nos vemos?

Isn't it?, Isn't that so?
You understood me, didn't you?
– Of course!

perhaps; maybe
Maybe I'll go to the movies today.
Maybe Rafael will come from
work soon.

I wish; I hope
I hope you have good weather
in Bilbao. It rains a lot there.

by the way
By the way, how did things go
for you in Venezuela?

by the way, incidentally
By the way, when will we see
each other again?

a ver
A ver, ¿quién ha cogido mi cartera?
De todos modos nunca **llevo dinero.**

let's see; so
So, who took my wallet? There's never any money in it anyway.

igual
¿Quieres café o té?
– **Me es igual.**

equal; unvarying
Do you want coffee or tea?
– It's all the same to me.

es que
en fin
En fin, ya veremos cómo encontramos un piso. Es que han subido mucho los alquileres.
¡Vaya!
¡Vaya! **¡Qué mala suerte** tienes!

you know; for; you see
finally; in short; well
Well, we'll see about finding an apartment. The rents have increased greatly, you know.
Well!, Indeed!
Well! What bad luck you have!

¡Qué lío!
por decirlo así
Asturias es, por decirlo así, la Suiza española. – Pues a mí **no me lo parece.**
o sea

What a mess!
so to speak; as it were
Asturias is the Spanish Switzerland, as it were. – Well, I don't think so.
that is (to say); in other words; then

pues
¿Has terminado el trabajo? ¡Pues vámonos!
entonces
Entonces no conocen el Norte de Argentina.

well; then; since; because
Have you finished work? Then let's go!
then
Then they aren't familiar with northern Argentina.

la **inteligencia**
No es cuestión de inteligencia.

intelligence
It's not a question of intelligence.

intelectual
El trabajo intelectual cansa tanto como el corporal.
razonable
Parece ser un chico razonable.
el **genio**
No sé si Dalí fue un genio.

intellectual
Intellectual work is just as exhausting as physical work.
reasonable; sensible
He seems to be a sensible boy.
genius
I don't know whether Dalí was a genius.

sabio, a
culto, a
Amalia se cree muy sabia y culta.

wise; learned
cultivated; cultured
Amalia considers herself very intelligent and cultivated.

la **habilidad**	ability; skill
Pedro **tiene mucha habilidad** **para** el arte.	Pedro has great artistic ability.
la **capacidad**	capacity; ability
Jesús **tiene** gran **capacidad para** las lenguas.	Jesús has great talent for languages.
competente	competent; able; qualified
Esta profesora no me parece muy competente.	This teacher doesn't seem very competent to me.
la **facultad**	faculty; power; gift
la **decisión**	decision
Tenemos que tomar una decisión para que no se repitan estos sucesos.	We have to make a decision, so that these events are not repeated.
procurar	endeavor; try; procure
atreverse	dare
No **me atrevo a** decirte lo que he oído.	I don't dare tell you what I heard.
la **paciencia**	patience
Las enfermeras tienen que tener mucha paciencia con algunos enfermos.	Nurses need lots of patience with some patients.
la **impaciencia**	impatience
Tu impaciencia no nos **ayuda a** resolver este problema.	Your impatience isn't helping us solve this problem.

el **organizador**, la **organizadora**	organizer
¿Quién es el organizador de vuestra gira?	Who is the organizer of your tour?
planificar	plan, design
La urbanización está bastante bien planificada.	The development is fairly well planned.

resistir	resist; bear; endure
Estoy segura de que Pablo resistirá mientras pueda.	I'm sure that Pablo will bear it as long as he can.
luchador(a)	combative
Analisa **se abrirá paso** porque es muy luchadora.	Analisa will get her way because she is very combative.
astuto, a	astute; sly, sneaky, crafty
Este muchacho es astuto como un zorro.	This boy is as sly as a fox.
distraído, a	distracted; absent-minded
Estás muy distraído hoy, ¿qué te pasa?	What's wrong with you? You're very absent-minded today.

espléndido, a
Teresa siempre ha sido muy **espléndida conmigo.**

generous; splendid
Teresa has always been very generous to me.

tacaño, a
Su cuñado es muy tacaño a pesar de ser muy rico.

stingy
Your brother-in-law is very stingy, although he is quite rich.

la **ignorancia**
Tu ignorancia es enorme.

ignorance
Your ignorance is enormous.

ignorante
¡Hombre! ¡No seas tan ignorante!

ignorant; dumb
Man! Don't act so dumb!

---

conversar
Estábamos conversando cuando sonó el teléfono.

converse; talk; chat
We were chatting when the phone rang.

la **charla**
Las charlas en la televisión me aburren.

chat
The talk shows on TV bore me.

pronunciar
¿Sabes pronunciar Popocatépetl?

pronounce; deliver (a speech)
Can you pronounce Popocatépetl?

el **discurso**
La directora pronunció un discurso interesante.

speech
The manager gave an interesting speech.

la **discusión**
No permito más discusiones.

discussion; argument
I do not permit any further discussion.

discutir
Estoy tan gordo porque nunca discuto.

discuss; argue
I'm so fat because I never argue.

---

el **acento**
Alejandra no tiene un acento muy marcado.

accent
Alejandra has only a slight accent.

el **lenguaje**
En el lenguaje juvenil muchas expresiones tienen otro sentido que en el lenguaje culto.

language; way of speaking
In the language of young people, many expressions have a different meaning than in educated speech.

la **expresión**
¿Me puede explicar esa expresión?

expression
Can you explain that expression to me?

el **término**
Antonia emplea siempre muchos términos técnicos.

term; expression
Antonia always uses a lot of technical terms.

referirse a
Los alumnos no saben **a** qué **se**
está refiriendo usted.
callarse
¡Cállese, que no **tiene razón!**

refer to
The students don't know what
you're referring to.
be quiet
Be quiet, you're in the wrong!

chillar
¡Deja de chillar de una vez!
maldecir
¡**Maldita sea!**
justificar
A **ver** cómo justifica usted estos
gastos.

scream, screech
Stop screaming for once!
curse; damn
Damn it!
justify
Let's see how you justify these
expenses.

declarar
El ministro declaró que su viaje
fue un éxito.
la **declaración**
El testigo confirmó sus declaracio-
nes anteriores.
aclarar
el **dato**
¿Puede añadir algún dato más?

etcétera

declare; state
The minister declared that his
trip was a success.
declaration; statement
The witness confirmed his
previous statements.
explain, make clear
datum, piece of information
Can you add any more
information?
etcetera, etc.

el **informe**
En el informe interno de la
empresa sólo hay buenas noticias.

la **novedad**
¿Conoces las últimas novedades
de Internet?
comunicar
Me han comunicado que hay
huelga de taxistas.
el **mensaje**
Asunción me envió un mensaje
por correo electrónnico.
el **aviso**
¿Cuándo ha llegado el aviso de
correos?
enterarse
el **detalle**
Me **enteré** tarde **de** los detalles
del accidente.

report
In the internal report of the
company there is only good
news.
news
Do you know the latest news off
the Internet?
inform
I have been informed that the
taxi drivers are on strike.
message, news
Asunción sent me an e-mail
message.
notification, notice
When did the postal notice
arrive?
learn; find out about
detail
I learned the details of the
accident too late.

la **cuestión**	question; problem
La cuestión es que no hay dinero.	The problem is that there's no money.

aconsejar	advise, counsel
¿Qué me aconsejan?	What do you advise me?
el **consejo**	advice, counsel
Deberías seguir mi consejo.	You should follow my advice.
la **recomendación**	recommendation
¿Me puede dar una carta de recomendación?	Can you give me a letter of recommendation?
consultar	consult
Consulta esa cuestión con tu abogado.	On this matter you should consult with your lawyer.
contestar	answer
Tengo que contestar esta carta hoy mismo.	I have to answer this letter today.

(el) **perdón**	pardon, forgiveness
Le **pido perdón por** las molestias.	Forgive me for disturbing you.
la **disculpa**	apology
No me vengas con disculpas.	Don't come to me with apologies.
la **excusa**	excuse
Siempre tienes excusas para llegar tarde.	You always have excuses for coming late.
¡Qué pena!	Too bad!, What a pity!
¡Qué pena que no puedas venir a la fiesta!	What a pity that you can't come to the party!
¡Qué lástima!	What a pity!
el **consuelo**	consolation
Es un consuelo que no llevaras dinero cuando te robaron.	It is a consolation that you weren't carrying any money on you when you were robbed.

conforme	in agreement with; resigned; acceptable
¿Estás conforme con mis planes?	Are you in agreement with my plans?
la **aprobación**	approval
aprobar	approve
Don Marcelino no aprueba la conducta de sus hijas.	Don Marcelino does not approve of his daughters' conduct.
tolerar	tolerate
No tolero que me traten como a un niño.	I won't tolerate being treated like a child.

reconocer
Reconocemos que tenían razón, aunque poca.

recognize; admit; acknowledge
We admit that they were right, but only a little.

consistir
¿En qué **consiste** el problema?

consist
What does the problem consist of?

evidente
Es evidente que cada vez llueve menos en Chile.

evident, obvious
It is evident that it rains less and less in Chile.

legalizar

legalize

negar
El presidente negó su culpa.

deny
The president denied his guilt.

negarse
Me **niego** a creer esa historia.

refuse
I refuse to believe that story.

hacer reproches
No le hagas reproches; él es así.

reproach; criticize
Don't reproach him. That's how he is.

ni siquiera
Ni siquiera ha venido a visitarme una sola vez.

not even
He has not visited me even once.

la **prohibición**
Con prohibiciones no se resuelven los problemas.

prohibition
Problems are not solved with prohibitions.

contradecir
No me contradigas porque sabes que tengo razón.

contradict
Don't contradict me, because you know that I'm right.

False Friends

Spanish Word	Thematic Meaning(s)	False Friend	Spanish Equivalent(s)
contestar	answer	contest	disputar
gritar	shout; scream	greet	saludar

5.1 Shopping

ir de compras
Nos vamos de compras al centro comercial.
go shopping
We're going shopping at the shopping center.

comprar
Compro en el supermercado.
buy
I shop at the supermarket.

vender
¿Vende pescado?
sell
Do you sell fish?

pagar
Pago **al contado**.
pay
I'm paying in cash.

la **caja**
cash register

el **precio**
Si me hace un buen precio me llevo toda la caja de naranjas.
price
If you give me a good price, I'll take the whole crate of oranges.

Los precios **están por las nubes**.
The prices are sky high.

¿cuánto?
¿Cuánto es?
how much?
How much is it?

caro, a
Para muchos bolivianos la vida **se ha vuelto** muy cara.
expensive
For many Bolivians life has become very expensive.

barato, a
¿A cuánto están las gambas?
– Hoy están muy **baratas**.
cheap
How much do the shrimp cost?
– They're very cheap today.

abierto, a
Los bancos no están abiertos por las tardes en verano.
open
Banks are not open in the afternoon in summer.

cerrado, a
¿Ya está cerrado?
closed
Is it already closed?

el **supermercado**
Este supermercado no cierra al mediodía.
supermarket
This supermarket does not close at midday.

el **hipermercado**
cut-rate supermarket, warehouse store

la **tienda**
En España muchas tiendas abren de nueve a dos y de cinco a ocho de la tarde.
store, shop
In Spain many stores are open from 9 to 2 o'clock and from 5 to 8 o'clock.

el **mercado**
Voy al mercado a comprar la verdura.
market
I'm going to the market to buy vegetables.

la **panadería**
Las panaderías abren los domingos.
bakery
Bakeries are open on Sunday.

la **carnicería**
Aquí hay una carnicería muy buena.

butcher's shop, meat market
There's a good butcher's shop here.

la **verdulería**

greengrocer, fruit, and vegetable market

La verdulería de la esquina es muy económica.

The greengrocer at the corner is very cheap.

la **pescadería**
Las pescaderías cierran los lunes.

fish market
Fish markets are closed on Monday.

el **estanco**
En los estancos de España hay también sellos.

tobacco shop, tobacconist
Stamps are also available in Spanish tobacco shops.

los **(grandes) almacenes**

department store

la **zapatería**

shoe store

el **escaparate**
¿Me muestra los zapatos azules que he visto en el escaparate?

display window
Please show me the blue shoes that I saw in the display window.

la **botella**
La botella de tres cuartos es más económica que la **de medio litro**.

bottle
The $3/4$-liter bottle is cheaper than the $1/2$-liter bottle.

el **paquete**
¿Cuánto cuesta el paquete de galletas?

package
What does the package of cookies cost?

la **tableta de chocolate**

chocolate bar

la **caja**
Luis me regaló una caja de ron cubano.

box, crate
Luis gave me a crate of Cuban rum.

desear
¿Qué desea usted?

desire, wish
What are you looking for?

el, la **cliente**

customer

costar
¿Cuánto cuestan estas medias?

cost
How much do these nylon stockings cost?

atender
¿Ya le atienden?

wait on; take care of
Are you being helped?

probarse
¿Quiere probárselo?

try on
Would you like to try it on?

verse bien/mal

look good/bad

quedar bien/mal
El vestido rojo te queda bien.

be becoming/unbecoming
The red dress looks good on you.

gustar
No **me gusta** nada la camisa que llevas.

be pleasing
I don't like the shirt you're wearing at all.

largo, a
El pantalón me está largo.
corto, a
La falda te viene corta.
estrecho, a
Julián lleva pantalones muy
estrechos.
ancho, a
bonito, a
Ofelia me ha traído un pañuelo
muy bonito de China.
demasiado, a
El pijama de seda es demasiado
caro.
Me gustas demasiado.

long
The pants are too long for me.
short
The skirt is too short for you.
tight, narrow; small
Julián wears very tight trousers.

wide; big
pretty
Ofelia brought me a very pretty
handkerchief from China.
too; too much
The silk pajamas are too
expensive.
I like you too much.

la **compra**
¿Ya has hecho tus compras?

la **sección**
el **turno**
¿Le toca el turno a usted? – Sí, es
mi turno.
el **autoservicio**
el **carrito**
Mi hija se sube al carrito.

la **cesta**

purchase
Have you already done your
shopping?
department
turn
Is it your turn? – Yes, I'm next.

self-service
shopping cart
My daughter climbs into the
shopping cart.
basket

la **variedad**
Hay gran variedad de vinos de
Rioja.
la **bodega**
En la bodega el vino es más
barato.

variety
There are many varieties of Rioja
wines.
wine store, wine shop
Wine is cheaper in the wine
store.

la **conserva**
el **bote**
la **lata**
Un bote de café y una lata de
atún. – No queda atún.
– ¡Que lata!

canned food
can, jar
tin can
A can of coffee and a can of
tuna fish. – We're out of tuna.
– What a nuisance!

estar a disposición
la **talla**
¿Cuál es su talla?

be available
size
What is your size?

el **probador**
Me he dejado el bolso en el probador.

dressing room
I left my purse in the dressing room.

caber
No quepo en estos pantalones. Son muy estrechos.

fit into
These slacks don't fit me. They're quite tight.

sentar bien/mal
La boina roja te sienta muy bien.

fit; become; suit
The red beret suits you very well.

---

el **cuello**
¿Qué ancho de cuello tiene?

collar
What is your collar size?

la **manga**
En verano no llevo camisas de manga larga.

sleeve
In summer I don't wear long-sleeved shirts.

calzar
Pepito calza el mismo número que José.

put on/wear (shoes)
Pepito wears the same size shoe as José.

el **calzado**
Aquí hay calzado de calidad.

footwear
High-quality footwear is available here.

el **tacón**
Se me ha roto el tacón otra vez.

heel
My heel has broken again.

5.2 Eating and Drinking

comer
¿Quiere comer algo?

eat
Would you like to eat something?

gustar
Me gusta la tortilla de pimiento.

be pleasing
I like omelets with sweet peppers.

el **hambre** f
Tengo mucha hambre.

hunger
I'm very hungry.

el **desayuno**
El desayuno español a veces es sólo un café.

breakfast
The Spanish breakfast sometimes consists only of coffee.

desayunar
Sólo beben café de desayuno.

eat breakfast
They drink only coffee for breakfast.

almorzar
¿A qué hora almuerzas?

eat lunch; eat the second breakfast
What time do you eat lunch?

el **almuerzo**
Hoy tenemos un almuerzo en la oficina.

lunch
Today we're having a working lunch in the office.

la **comida**
En casa la comida es a las dos.

meal; food; lunch; dinner
At home we eat lunch at 2 o'clock.

Según el país, el almuerzo es la comida o el segundo desayuno.

Depending on the country, *almuerzo* is lunch or the second breakfast.

la **cena**
¿Te preparo la cena?

dinner; supper; evening meal
Shall I fix supper for you?

cenar
¿Qué hay para cenar?

eat dinner, eat supper
What's for dinner?

---

el **mantel**
la **servilleta**
El mantel y las servilletas están en el aparador.

tablecloth
napkin
The tablecloth and napkins are in the sideboard.

el **vaso**
Póngame un vaso de vino, por favor.

glass
Give me a glass of wine, please.

la **taza**
¿Quieres el café en vaso o en taza?

cup
Would you like the coffee in a glass or in a cup?

el **plato**
el **plato llano**
el **plato hondo**

plate
shallow plate
deep plate

---

el **cubierto**

place for one at table; cover; *(set of)* knife, fork, and spoon

¡Camarero! Estos cubiertos están sucios.

Waiter, this flatware is dirty.

el **cuchillo**
El cuchillo no corta.

knife
The knife won't cut.

el **tenedor**
Pincha las aceitunas con el tenedor.

fork
Pierce the olives with the fork.

la **cuchara**
La paella típica se come con cuchara de madera.

spoon
The typical paella is eaten with a wooden spoon.

la **cucharilla**
Colecciono cucharillas de plata.

teaspoon
I collect silver teaspoons.

---

beber
¿Qué quieres beber?

drink
What would you like to drink?

la **sed**
Estoy muerta de sed.

thirst
I'm dying of thirst.

la **bebida** Las bebidas están en la nevera.	drink, beverage The drinks are in the refrigerator.
el **agua mineral** *f* Tráiganos un agua mineral con gas y otra sin gas.	mineral water Bring us one carbonated mineral water and one non-carbonated.
el **zumo** ¿Tiene zumo de naranja natural?	juice (Spain) Do you have fresh-squeezed orange juice?
el **jugo** En Hispanoamérica el zumo se llama *jugo*.	juice (Latin America) In Spanish America, the word for juice is *jugo*.

el **café** Déme un **café con leche**.	coffee; espresso Give me a coffee with milk.
el **cortado** Póngame un cortado.	espresso with milk Make me an espresso with milk.
el **té** En España se toma poco té.	tea Little tea is drunk in Spain.
la **leche** ¡**A ver si** te tomas la leche de una vez!	milk I hope you're finally going to finish your milk!
el **chocolate** **Me gusta** el chocolate.	hot chocolate; chocolate I like chocolate.

> **i** In addition to its usual meaning of *chocolate*, **chocolate** in colloquial speech can also mean hashish; see p. 54.
>
> **Pedro no come chocolate, pero lo fuma.**   *Pedro doesn't eat "chocolate," but he smokes it.*

la **copa** ¿**Vamos de copas**?	drink (of liquor) Shall we go bar-hopping?
la **cerveza** La cerveza española es muy ligera.	beer Spanish beer is very light.
el **vino** En La Rioja se cultivan vinos blancos y tintos.	wine In La Rioja, red and white wines are cultivated.
el **jerez** **suave** El jerez suave se llama fino.	sherry mild; mellow Pale, mild sherry is called *fino*.
seco, a	dry

semiseco, a
El cava seco es mejor que el semiseco.
Este tinto semiseco no es muy bueno.

semidry, demisec (of wines)
Dry sparkling wine is better than semidry.
This semidry red wine is not very good.

tomar(se)
En Hispanoamérica se usa *tomar* en vez de *beber*.
comer(se)
Carpanta se comió el bocadillo.
masticar
Tú no masticas, sólo tragas.

drink; eat; consume
In Spanish America, *tomar* rather than *beber* is used.
eat; eat up
Carpanta ate the sandwich.
chew
You're not chewing, you're only swallowing.

el **palillo de dientes**
toothpick

el **alimento**
El pescado tiene **mucho alimento.**
alimentarse
Mucha gente se alimenta mal.

food; nourishment
Fish has great nutritional value.
eat; nourish oneself
Many people eat an improper diet.

hambriento, a
Siempre estás hambriento.
sediento, a
Si como paella estoy sediento todo el día.
el **apetito**
Clara no tiene apetito.

hungry
You're always hungry.
thirsty
When I eat paella, I'm thirsty all day long.
appetite
Clara has no appetite.

descafeinado, a
Mi abuela sólo debe tomar café descafeinado.
la **infusión**
¿Quieres que te prepare una infusión?
el **refresco**
¿Tiene refrescos de limón y piña?

decaffeinated
My grandmother is supposed to drink only decaffeinated coffee.
herbal tea
Do you want me to make you some herbal tea?
refreshment; cold drink
Do you have lemon- and pineapple-flavored drinks?

refrescante
la **naranjada**
¿Cuánto cuesta la naranjada?

refreshing
orangeade, orange-flavored soda
How much does the orangeade cost?

la **limonada**
¿Tiene azúcar la limonada?

lemonade, lemon-flavored soda
Does the lemon soda contain sugar?

la **gaseosa**	soda water
La gaseosa con vino tinto es agradable en verano.	Soda water with red wine is very refreshing in the summer.
la **horchata**	drink made of nuts, sugar, and water (typical drink of Valencia)
La horchata se hace principalmente de chufa.	*Horchata* is made mainly from *chufa,* ground almonds.
la **merienda**	snack (afternoon)
Hemos preparado la merienda a los niños.	We fixed the children's snack.

el **brandy**	brandy, cognac
El brandy tiene mucho alcohol.	Brandy contains a great deal of alcohol.
el **licor**	liqueur
¿Prefiere usted un licor a un jerez? – No, gracias.	Would you prefer a liqueur to a sherry? – No, thank you.
el **cava**	sparkling wine
El cava catalán **es riquísimo.**	Catalonian sparkling wine is delicious.
la **caña**	glass of beer; draft beer
Déme una caña.	Give me a draft beer.
el **carajillo**	espresso with spirits (cognac, for example)
la **sangría**	sangria (Spanish red wine punch)
¿Cómo se prepara una sangría?	How do you make sangria?
el **ron**	rum
El ron cubano **está riquísimo.**	Cuban rum is delicious.

> **Superlative**
>
> The highest degree of a property or quality can be expressed in various ways: with **muy + an adjective** or with the *ending* -**ísimo** (**muy listo, listísimo** = *very clever, extremely clever*).
> Adjectives that end in -**ble**, -**co**, -**go**, -**guo** undergo orthographic changes: **amabilísimo** (**amable**), **riquísimo** (**rico**), **amarguísimo** (**amargo**), **antiquísimo** (**antiguo**).

5.3 Groceries and Cooking

el **pan**	bread
Me gusta el pan **recién hecho.**	I like fresh bread.
el **pan de molde**	toast bread

la **barra de pan**	baguette
el **pan integral**	coarse-grained whole-meal bread
Prefiero el pan integral.	I prefer whole-wheat bread.
la **harina**	flour
la **harina de trigo**	wheat flour
la **mantequilla**	butter
Sólo uso mantequilla para desayunar.	I only eat butter at breakfast.
la **mermelada**	jam, marmalade
Me gusta el queso con mermelada.	I like cheese with jam.

el **huevo**	egg
¿Quieres un **huevo duro**?	Would you like a hard-boiled
– No, lo quiero **pasado por agua**.	egg? – No, I want it soft-boiled.
el **queso**	cheese
Uvas con queso **saben a beso**. loc	Grapes with cheese taste delicious.
el **embutido**	sausage
el **jamón**	ham
El **jamón serrano** es más caro que el **jamón york**.	Cured ham is more expensive than cooked ham.

la **carne**	meat
¿Cómo se prepara la carne de ternera? – No lo sé.	How do you prepare veal? – I don't know.
el **bistec**	steak
Dos bistecs de ternera, por favor.	Two veal steaks, please.
el **filete**	filet
Los filetes de magro son buenos.	The lean filets are good.
el **pollo**	chicken
Quiero medio pollo para hacer caldo.	I'd like half a chicken to make soup.

el **pescado**	fish
Prefiero el pescado **a** la carne.	I prefer fish to meat.
el **atún**	tuna fish
Déme una lata de atún.	Give me a can of tuna.
la **sardina**	sardine
La sardina fresca **es muy rica**.	Fresh sardines are very tasty.
el **marisco**	seafood
El marisco es carísimo.	Seafood is very expensive.
la **zarzuela de mariscos**	Dish including several types of seafood
la **gamba**	large shrimp, prawn

Me gustan las **gambas a la plancha.**
I like grilled shrimp.

fresco, a
fresh; cool

¿Está fresco el pescado? – Sí.
Is the fish fresh? – Yes.

la **verdura**
vegetables

En casa comemos mucha verdura.
At home we eat lots of vegetables.

el **tomate**
tomato

¿**Te preparo** una ensalada de tomate?
Shall I make you a tomato salad?

la **ensalada**
salad

Aún no le **he puesto** aceite y vinagre a la ensalada.
I haven't put oil and vinegar on the salad yet.

la **patata**
potato (Spain)

las **patatas fritas**
French fries

Elena y Lucas sólo comen patatas fritas.
Elena and Lucas eat nothing but French fries.

la **papa**
potato (Latin America)

Las patatas se llaman en Andalucía, Canarias e Hispanoamérica *papas*.
In Andalusia, on the Canary Islands, and in Spanish America, potatoes are called *papas*.

el **arroz**
rice

El arroz es la base de la paella.
Rice is the basis of paella.

el **azúcar**
sugar

El **azúcar moreno** se toma **con** el té.
Brown rock candy is good in tea.

la **sal**
salt

¿Tiene **sal de mar?**
Do you have sea salt?

el **aceite**
oil

El aceite de oliva prensado en frío es sano.
Cold-pressed olive oil is healthful.

el **pastel**
pie; pastry

Una docena de **pasteles de nata.**
A dozen cream pastries, please.

el **caramelo**
candy

Le gustan los caramelos de limón.
She likes lemon candies.

el **helado**
ice cream

Póngame un helado de chocolate con nata.
Give me some chocolate ice cream with whipped cream.

la **fruta**
fruit

Como poca fruta.
I don't eat much fruit.

el **limón**
lemon

El pescado se come con limón.
Fish is eaten with lemon.

la **naranja**
orange

La naranja valenciana es famosa.
Valencia oranges are famous.

la **manzana**
¿Les gusta el pastel de manzana?
pelar
Puedes comerte la manzana **sin** **pelar**.
la **pera**
La **pera de agua** está muy madura.
el **melocotón**
Hay que pelar los melocotones.
la **uva**
Me gusta más **la uva blanca** que la **negra**.
el **melón**
El melón con jamón me encanta.

el **plátano**
El plátano canario es dulce como el guineo americano.

la **ciruela**
el **albaricoque**
la **cereza**
la **fresa**
Las fresas son muy apreciadas en América.
la **sandía**
La sandía es refrescante.

apple
Do you like apple pie?
peel
You can eat the apple unpeeled.

pear
The juicy pear is very ripe.
peach
Peaches have to be peeled.
grape
I like white grapes better than black ones.
melon
I am very fond of melon with ham.
banana
The Canary Island banana is as sweet as the American Guinean banana.
plum
apricot
cherry
strawberry
Strawberries are liked very much in America.
watermelon
Watermelons are refreshing.

---

cocinar
Marta cocina fatal.
echar
Hay que **echar** más aceite en la sartén.
preparar
¿Preparamos la comida?
guisar
Paco guisa muy bien.
freír
Fríe las patatas **con** mucho aceite de oliva.
frito, a
mezclar
Para hacer la pasta hay que mezclar harina con huevos.
cortar

cook
Marta is a horrible cook.
throw; put in(to); add
You need to add more oil to the pan.
prepare
Shall we prepare dinner?
cook
Paco is a very good cook.
fry
Fry the potatoes in plenty of olive oil.
fried
mix
To make the dough, you have to mix flour and eggs.
cut

la **rebanada**	slice (of bread)
cortar el pan en rebanadas	slice the bread
la **raja**	slice
la **loncha**	slice (of sausage)
La **loncha** de jamón con una **raja** de melón es algo exquisito.	A slice of ham with a slice of melon is something delicious.
probar	try; taste
Voy a probar la salsa.	I'm going to taste the sauce.

el **fuego**	fire
La paella se prepara **a fuego lento**.	Paella is cooked over low heat.
calentar	heat; warm (up)
Virginia calienta el pan en el horno.	Virginia is warming the bread in the oven.
caliente	warm; hot
Oiga, el agua está caliente y el café frío.	Listen, the water is warm and the coffee is cold.

la **receta**	recipe
La receta para empanadas se puede variar de muchas maneras.	The recipe for *empanadas* can be varied in many ways.
la **sopa**	soup
Esto es sopa de sobre.	It's a soup from a package.
el **gazpacho**	*gazpacho* (cold vegetable soup)
El gazpacho se toma en verano.	Gazpacho is eaten in the summer.
la **tortilla**	omelet
típico, a	typical
La tortilla de patata es típica de la cocina española.	The potato omelet is typical of Spanish cuisine.
la **paella**	paella
Esta mañana he encargado una paella para doce personas porque **tarda mucho en** hacerse.	This morning I ordered a paella for 12 people, because it takes a long time to make.
el **bocadillo**	sandwich
¿Quieres un bocadillo de queso?	Would you like a cheese sandwich?
la **mayonesa**	mayonnaise
La mayonesa de ajo se llama *alioli*.	Mayonnaise with garlic is called *alioli*.
la **ensaladilla rusa**	Russian salad (with peas, carrots, hard-boiled eggs, and mayonnaise)
En verano es mejor comerse la ensaladilla rusa que guardarla.	In summer it's better to eat all the Russian salad rather than keep the leftovers.

cocer
¿Hay que cocer las patatas?
– No, las voy a freír.

cook; boil
Do the potatoes have to be
boiled? – No, I'll fry them in
olive oil.

el **cocido**
Manolo hace un **cocido madrileño**
estupendo.

Spanish stew with garbanzos
Manolo makes a wonderful
Madrid-style stew.

hervir
El agua para el té ya está hirviendo.

boil
The water for the tea is already
boiling.

batir
Bate bien los huevos.

beat
Beat the eggs well.

remover
Mientras remuevo la sopa, exprime
dos limones.

stir
While I stir the soup, you
squeeze two lemons.

pegarse
Si no pones más aceite, **se
pegarán** las patatas.

stick
If you don't use more oil, the
potatoes will stick to the pan.

quemar
A fuego lento no **se quemará** la
comida.

burn; stick
On low heat the food will not
burn.

el **salchichón**
No me gusta el salchichón con
mucha grasa.

hard sausage, salami
I don't like salami with a lot of
fat.

la **salchicha**
Los latinoamericanos aprecian las
salchichas con puré de patatas.

frankfurters
Latin Americans love frank-
furters with mashed potatoes.

la **rodaja**
el **chorizo**
Déme **medio kilo de** chorizo.

slice (of sausage)
chorizo; spicy sausage
Give me 500 grams of chorizo.

la **carne picada**
Déme **medio kilo de** carne
picada.

ground meat
Give me half a kilo of ground
meat.

la **chuleta**
Ayer comimos unas chuletas con
alioli.

cutlet; chop
Yesterday we ate cutlets with
garlic mayonnaise.

asar
El **cochinillo asado** de Cuba es
famoso.

roast
The roasted suckling pig of Cuba
is famous.

asar a la parrilla
Hoy hay chuletas a la parrilla.

grill
Today we have grilled chops.

a la plancha

oven-grilled

el **asado**	roast
muy hecho, a	well done
A Tomás **le gusta** el asado muy hecho.	Tomás likes the roast well done.
poco hecho, a	rare
medio hecho, a	medium well done
¿Cómo desean los bistecs? – Para mi marido muy hecho, para la niña medio y el mío lo quiero poco hecho.	How would you like the steaks? – For my husband, well done, for my daughter, medium well done, and for me, rare.
crudo, a	raw
Este pollo está todavía crudo.	This chicken is still raw.
tierno, a	tender
Este cordero es muy tierno.	This lamb is very tender.
magro, a	lean
el **caldo**	(beef) broth
la **salsa**	sauce; gravy
Se ha quemado la salsa de la carne.	The meat gravy burned.
el **horno**	oven
Hace una hora que he metido el pavo en el horno y todavía no está hecho.	I put the turkey in the oven an hour ago, and it's still not done.

el **salmón**	salmon
¿Tiene salmón?	Do you carry salmon?
el **lenguado**	sole
En Caracas comimos un lenguado muy bueno.	In Caracas we ate an excellent sole.
el **mejillón**	mussel
Los mejillones se cocinan sin agua.	Mussels are cooked without water.
la **merluza**	hake
A mi tío **le encanta** la merluza.	My uncle is very fond of hake.
el **calamar**	squid
¿Tiene calamares **a la romana**?	Do you have deep-fried squid?
la **cigala**	crawfish
Estas cigalas están muy frescas.	These crawfish are very fresh.
la **langosta**	lobster
el **langostino**	giant prawn (shrimp)
Ya no hay muchos langostinos en el Mediterráneo.	There are no longer many giant prawns in the Mediterranean.

la **pimienta**	pepper
¡**No eches** tanta pimienta!	Don't put so much pepper on it!

el **pimentón**	paprika
el **vinagre**	vinegar
¿Le pongo vinagre a la ensalada?	Shall I put vinegar on the salad?
la **mostaza**	mustard
Esta mostaza **pica**.	This mustard is hot.
el **azafrán**	saffron
El arroz de la paella se prepara con azafrán.	The rice for paella is prepared with saffron.

soso, a	dull; insipid
sabroso, a	tasty
La salsa picante es muy sabrosa.	The spicy sauce is very tasty.
rico, a	delicious
Las patatas asadas con alioli **están muy ricas**.	Roasted potatoes with garlic mayonnaise are quite delicious.
picante	spicy; highly seasoned
La comida mexicana es picante.	Mexican cooking is spicy.

el **panecillo**	roll
¿Tiene panecillos de leche? – No, pero en la panadería de la plaza hay.	Do you have French rolls? – No, but the bakery on the plaza does.
el **emparedado**	sandwich
la **tostada**	toast
duro, a	hard, tough
El pan ya está duro.	The bread is already hard.

los **pasteles**	pastry
¿Quiere unos pasteles con el café?	Would you like pastry with the coffee?
la **miel**	honey
Me gusta la leche con miel.	I like milk with honey.
la **galleta**	cookie
¿Quieres una galleta?	Would you like a cookie?
el **bombón**	chocolate candy; bonbon
Te hemos traído unos bombones de Suiza.	We brought you chocolates from Switzerland.
la **avellana**	hazelnut
el **flan**	flan, crème caramel
De postre voy a tomar un flan.	For dessert I'm going to have flan.
el **polo**	ice cream on a stick
¡Déme un polo de fresa, por favor!	Give me strawberry ice cream (on a stick), please.

la **nata**	cream
la **nata montada**	whipped cream
Nunca tomo el café con nata montada.	I never drink coffee with whipped cream.
la **sacarina**	saccharine, artificial sweetener
el **churro**	pastry fried in olive oil; fritter
A veces desayunamos chocolate con churros.	Sometimes we have hot chocolate and *churros* for breakfast.

maduro, a	ripe
La fruta ya está madura.	The fruit is already ripe.
verde	unripe, green
Estos plátanos están todavía verdes.	These bananas are still green.
exprimir	squeeze
Exprimí tres naranjas para hacerme un zumo.	I squeezed three oranges to make juice for myself.
la **piña**	pineapple

las **judías** *pl*	beans
A Cecilia nunca le han gustado las judías verdes.	Cecilia has never liked green beans.
el **haba** *f*	broad bean
Las habas fritas están muy ricas.	Fried beans are quite delicious.
el **espárrago**	asparagus
De primero hay sopa de espárragos.	The first course is asparagus soup.
el **guisante**	pea
el **garbanzo**	garbanzo, chickpea
Muchas sopas hispanas **llevan** garbanzos.	Many Hispanic soups contain garbanzos.
el **maíz**	corn
La tortilla mexicana se hace con harina de maíz.	Mexican tortillas are made with corn flour.
la **zanahoria**	carrot
El zumo de zanahoria es sano.	Carrot juice is good for your health.
el **pimiento**	pepper (vegetable)
El pimiento frito es mi plato favorito.	Fried peppers are my favorite food.
el **pepino**	cucumber
¿Tiene **pepinos naturales**?	Do you have fresh cucumbers?
la **lechuga**	lettuce
Hay que lavar la lechuga antes de comerla.	Lettuce has to be washed before it is eaten.

la **alcachofa**	artichoke
las **espinacas** *pl*	spinach
Las espinacas no se deben calentar otra vez después de cocinarlas.	Spinach should not be reheated after it is cooked.
la **col**	cabbage
¿Necesita la col mucha agua?	Does cabbage need a lot of water?
la **coliflor**	cauliflower
Antes de cocinar la coliflor hay que lavarla muy bien.	Before cooking cauliflower, you need to wash it well.
la **cebolla**	onion
Lloro cuando pelo cebollas.	I cry whenever I peel onions.
la **aceituna**	olive (Latin America)
la **oliva**	olive (Spain)
¿Tiene aceitunas rellenas?	Do you have stuffed olives?
el **ajo**	garlic
He **puesto** tres dientes de ajo.	I put in three cloves of garlic.
el **perejil**	parsley
las **legumbres** *pl*	vegetables
transgénico	genetically modified
Muchas personas rechazan los alimentos transgénicos.	Many people refuse to eat foods that have been genetically modified.

5.4 Eating Out

el **restaurante**	restaurant
el **bar**	bar, bar-restaurant
Tomás desayuna todos los días en el bar.	Tomás eats breakfast at the bar-restaurant every day.
el **camarero**, la **camarera**	waiter, waitress
la **carta**	menu
¡Camarero! La carta, por favor.	Waiter, the menu, please.
la **lista de precios**	price list
A la puerta del restaurante está la lista de precios.	The price list is displayed at the door of the restaurant.
¡**Que aproveche**!	Bon appétit!
servir	serve
¿Quién sirve esta mesa?	Who is serving this table?
tomar	take; drink; eat
¿Qué va a tomar?	What will you have?
pedir	order
No sé **qué** pedir.	I don't know what to order.

¿Qué te pido?	What shall I order for you?
traer	bring; serve
Tráiganos cuatro cervezas y unas aceitunas.	Bring us four beers and some olives, please.
la **cuenta**	bill, check
La cuenta, por favor.	The bill, please.

el **menú**	complete meal; menu
¿Tienen menú del día?	Do you have a daily special?
el **plato**	dish; course
¿Qué desean de **primer plato**?	What would you like as a first course? – A vegetable soup.
– Una sopa de verduras.	
la **tapa**	tapa (small snack, appetizer) (Spain)
Déme una cerveza y una tapa de jamón.	Give me a beer and a ham appetizer.
la **ración**	portion, serving
Una ración de calamares, por favor.	One serving of squid, please.
el **postre**	dessert
Hay fruta **de postre**.	There is fruit for dessert.
otro, a	another

No indefinite article (**un, una**) is used before **otro, a.**

¿Quieres otro café?	*Would you like another coffee?*
¿Me trae otro cuchillo, por favor?	*Please bring me another knife.*
– **¿Otro cuchillo? Enseguida, señor.**	*– Another knife? Right away, sir.*

---

incluido, a	included
El servicio está incluido.	Service is included.

la **cafetería**	cafeteria
la **barra**	bar; counter
el **barman**	barkeeper
la **jarra**	pitcher; earthen jug; carafe
Traiga otra jarra de cerveza.	Bring another pitcher of beer.
el **taburete**	stool; barstool
la **bandeja**	tray

favorito, a	favorite
Mi plato favorito es gambas **a la plancha**.	My favorite dish is grilled shrimp.
escoger	select, choose
¿Has escogido ya?	Have you made your selection yet?
el **aperitivo**	aperitif
¿Quieren un jerez **de aperitivo**?	Would you like sherry as an aperitif?

¿Qué tal el pescado?	How is the fish?
la **especialidad**	specialty
¿Qué especialidad tienen hoy?	What specialty do you have today?
la **propina**	tip, gratuity

5.5 Articles of Clothing

la **moda**
El verde **está de moda**.
fashion
Green is in fashion.

la **ropa**
En rebajas se puede comprar ropa barata de caballero y señora.
clothing, clothes
You can buy men's and women's clothing cheaply during the sales.

la **calidad**
La ropa de calidad sienta mejor.
quality
High-quality clothing fits better.

llevar
Llevas un traje muy elegante.
wear
You're wearing a very elegant suit.

ponerse
Te has puesto dos calcetines distintos.
put on
You've put on two different socks.

vestirse
El niño ya se viste solo.
dress, get dressed
The boy can already dress himself.

desnudarse
Cuando estuve en el médico, me tuve que desnudar.
undress, get undressed
When I was at the doctor's office, I had to undress.

quitarse
cambiarse
Normalmente **nos cambiamos de ropa** todos los días.
undress, get undressed
change clothes
As a rule we change clothes every day.

la **camisa**
Busco una **camisa de manga corta**.
shirt
I'm looking for a short-sleeved shirt.

la **blusa**
Has perdido un botón de la blusa.
blouse
You've lost a button off your blouse.

el **jersey**
Tengo dos jerseys nuevos: uno sueco y otro inglés.
pullover, sweater
I have two new pullovers: one is Swedish and the other English.

el **pantalón**
En verano **vamos en pantalón corto.**

pants
In summer we wear short pants.

los **tejanos**
Los tejanos son cómodos.

jeans
Jeans are comfortable

la **falda**
Está de moda la **falda-pantalón.**

skirt
Divided skirts are in fashion.

el **pijama**
Me gusta dormir sin pijama.

pajamas
I like to sleep without pajamas.

el **bañador**
Joaquín usa bañadores bermuda.

bathing suit; bathing trunks
Joaquín wears Bermuda-length bathing trunks.

---

el **vestido**
Margarita lleva un vestido bonito.

dress
Margarita is wearing a pretty dress.

la **chaqueta**
Tengo una **chaqueta de punto.**

jacket
I have a knitted jacket.

la **americana**
el **abrigo**
Fernando se ha comprado un **abrigo de piel.**

jacket
coat
Fernando has bought himself a leather coat.

el **traje**
Te sienta bien el traje.

suit
The suit looks good on you.

el **pañuelo**
Si estás resfriado, tienes que llevar pañuelos.

handkerchief; scarf
If you have a cold, you need to carry some handkerchiefs.

el **sombrero**
Hoy los españoles **usan poco el sombrero.**

hat
These days Spaniards seldom wear a hat.

el **guante**
¿Tiene **guantes de piel?**

glove
Do you carry leather gloves?

---

el **calcetín**
Llevo calcetines de lana.

sock; stocking
I wear wool socks.

la **media**
Las medias **no duran** nada.

nylon stocking
Nylon stockings don't last long.

el **zapato**
En Venezuela hay muchas fábricas de zapatos.

shoe
There are many shoe factories in Venezuela.

la **bota**
Estas botas son para montar a caballo.

boot
These boots are for riding.

la **zapatilla**
Mi suegro usa **zapatillas a cuadros.**

houseshoe; slipper
My father-in-law wears checkered slippers.

la **sandalia** Las sandalias con calcetines son horribles.	sandal Sandals with socks are horrible.
descalzo, a Siempre íbamos descalzos por la playa.	barefoot We always go barefoot at the beach.

la **gorra** El guardia lleva una gorra.	cap The policeman wears a cap.
la **boina** Mi abuelo llevaba siempre boina.	beret My grandfather always wore a beret.
la **bufanda** **Se ha dejado** la bufanda en el teatro.	wool scarf He left the wool scarf in the theater.
la **corbata** Siempre lleva **corbatas a flores.**	tie He always wears flowered ties.
el **suéter** Este suéter es de lana.	sweater, pullover This sweater is made of wool.

el **impermeable** la **gabardina** Como está lloviendo me pongo la gabardina.	raincoat trenchcoat Since it's raining, I'm putting on my trenchcoat.
el **anorak** el **uniforme** Llevas un anorak que es parecido al de mi uniforme.	parka, anorak uniform You're wearing a parka similar to the one for my uniform.

el **calzoncillo** Mi abuelo usaba calzoncillos largos.	underwear; men's undershorts My grandfather wore long underwear.
la **braga**, las **bragas** A Clara le gustan las **bragas de seda.**	panties Clara likes silk panties.
el **sujetador**	bra
el **tirante**	suspenders, braces
el **camisón**	nightshirt; nightgown
la **camiseta** Los futbolistas intercambiaron las camisetas.	undershirt; sports shirt; T-shirt The soccer players exchanged their shirts.
el **albornoz**, la **bata** **Ponte** el albornoz cuando salgas del baño para no resfriarte.	bathrobe Put on the bathrobe when you leave the bathroom, so that you don't catch cold.

5.6 Cleaning and Care

la **lavandería**	laundry
Voy a llevar la ropa a la lavandería.	I'm going to take the clothes to the laundry.
la **tintorería**	dry cleaning shop
El traje lo limpian en la tintorería.	The suit is being cleaned at the dry cleaner's.
la **mancha**	spot
Esa mancha **no se quita.**	That spot won't come out.
lavar	wash
la **lavadora**	washing machine
Se ha salido la lavadora.	The washing machine has overflowed.
Como se ha roto la lavadora tengo que **lavar a mano.**	Since the washing machine broke down, I have to do the wash by hand.
planchar	iron
A Isabel **no le gusta** planchar.	Isabel does not like to iron.

la **percha**	coat hanger
Cuelga el pantalón en la percha para que no lo tenga que planchar otra vez.	Hang the pants on the coat hanger, so that I don't have to iron them again.
coser	sew
el **botón**	button
¿Te coso el botón de la camisa?	Shall I sew on your shirt button?
el **sastre**, la **sastresa**	tailor, seamstress
Me he hecho un **traje sastre.**	I made a suit for myself.

teñir	dye
lavable	washable
el **detergente**	detergent
No ponga tanto detergente.	Don't put in so much detergent.
tender	hang out the laundry (to dry)
colgar la ropa	
Carmela cuelga la ropa en el balcón.	Carmela hangs out the wash to dry on the balcony.
la **secadora**	clothes dryer
la **pinza de la ropa**	clothespin
Cuando cuelgues la ropa, **ponle** suficientes pinzas para que no se vuele.	When you hang out the laundry, use enough clothespins to keep the clothes from blowing away.

la **plancha**	iron
Me he quemado con la plancha.	I burned myself on the iron.
la **máquina de coser**	sewing machine
remendar	mend
¿Te remiendo el pantalón?	Shall I mend your pants?
– No, no merece la pena.	– No, it's not worth it.
acortar	shorten
Acórteme la falda diez	Shorten the skirt by 10
centímetros.	centimeters.
el **hilo**	thread
la **aguja**	needle
el **imperdible**	safety pin
Cuando viajo llevo hilo, aguja e	When I travel, I carry a needle,
imperdibles.	thread, and safety pins with me.
el **alfiler**	pin
pincharse	to stick oneself; to prick oneself
Cuidado, no te pinches **con** los	Be careful! Don't stick yourself
alfileres.	with the pins.
la **cremallera**	zipper
Necesito una cremallera negra.	I need a black zipper.
la **sastrería**	tailor's shop
el **modisto**, la **modista**	ladies' tailor
hacer vestidos/ropa	make clothing/clothes
el **betún**	shoe polish
el **cordón**	shoelace
Necesito betún negro y unos	I need black shoe polish and
cordones, también negros.	black shoelaces too.
la **suela**	sole (shoe)
Póngame **medias suelas** y	Put on new soles and heels,
tacones.	please.

5.7 Materials and Properties

la **tela**	material, fabric
Compré tela para hacerme una	I bought some material to make
blusa.	myself a blouse.
el **algodón**	cotton
la **lana**	wool
la **bufanda de lana**	wool scarf

Me gusta llevar ropa de lana o algodón.
I like to wear clothing made of wool or cotton.

la **seda**
silk

La seda y el terciopelo son muy **difíciles de limpiar.**
Silk and velvet are very difficult to clean.

auténtico, a
genuine

Marisa tiene una blusa de seda china auténtica.
Marisa has a blouse made of real Chinese silk.

sintético, a
synthetic

Esta chaqueta es de **fibra sintética.**
This jacket is made of synthetic fibers.

el **cuero**
leather

Juan se ha comprado una **chaqueta de cuero.**
Juan has bought himself a leather jacket.

la **piel**
leather; fur

Este bolso no es de piel.
This handbag is not made of leather.

elástico, a
elastic

La tela del bañador es elástica.
The bathing suit fabric is elastic.

---

el **tejido**
textile, fabric

la **fibra**
fiber

el **ante**
suede; buckskin; doeskin

¿**Tienen** chaquetas de ante negras?
Do you carry black buckskin jackets?

la **franela**
flannel

el **traje de franela**
flannel suit

el **terciopelo**
velvet

el **vestido de terciopelo**
velvet dress

el **nylón/nailon**
nylon

Carmen no puede llevar medias de nylón.
Carmen can't wear nylon stockings.

---

grueso, a
thick; bulky

Ese pantalón es demasiado grueso para la temperatura de hoy.
These pants are too bulky for today's temperature.

transparente
transparent

La blusa es fina y casi transparente.
The blouse is thin and almost transparent.

delicado, a
delicate

Los zapatos de ante son muy delicados.
Suede gloves are very delicate.

---

a rayas
striped

Con el **vestido a rayas** pareces más delgada.
You look thinner in the striped dress.

de lunares
dotted

a cuadros Estoy buscando una camisa a cuadros.	checked, checkered I'm looking for a checked dress.
liso, a	plain; solid-colored
de colores	colored

5.8 Jewelry and Accessories

la **cadena**
Para su bautizo le regalamos una cadena de oro.

chain
We gave her a gold chain for her baptism.

el **collar**

necklace

el **reloj**

watch, clock

la **pulsera**

bracelet

el **reloj de pulsera**

wristwatch

valioso, a
La pulsera es valiosa.
Tu cuñada tiene muchos collares de perlas pero ninguno es valioso.

valuable
The bracelet is valuable.
Your sister-in-law has many pearl necklaces, but not one of them is valuable.

el **pendiente**
Sólo **llevo** un pendiente.

earring
I wear only one earring.

el **anillo**
el **anillo de boda**
Siempre se me olvida **ponerme** el anillo de boda después de lavarme las manos.

ring
wedding ring
I always forget to put my wedding ring on after washing my hands.

el **broche**
Este broche me lo regaló mi madre.

brooch
My mother gave me this brooch.

precioso, a
Llevas unos pendientes preciosos.

precious; beautiful
You wear beautiful earrings.

la **perla**
¿Son **perlas naturales** o **cultivadas?**

pearl
Are those genuine pearls or cultivated ones?

artificial

artificial

el **diamante**
¿Hay diamantes artificiales?
El cristal se corta con un diamante.

diamond
Are there artificial diamonds?
Glass is cut with a diamond.

la **piedra**
¡No **tires piedras a** los perros!

stone, rock
Don't throw rocks at the dogs!

el **oro**

gold

la **plata**

silver

He cambiado la cadena de oro por una de plata.	I exchanged the gold chain for a silver one.

las **gafas de sol**	sunglasses
el **bolso**	handbag, purse
¡Me han robado el bolso!	My purse has been stolen!
el **bolsillo**	purse
la **cartera**	wallet
Tomás no sabe dónde **se dejó** la cartera.	Tomás doesn't know where he left his wallet.
el **monedero**	coin purse
Me parece que me han robado el monedero.	I think my coin purse has been stolen.
el **cinturón**	belt
Quiero un cinturón de cuero.	I'd like a leather belt.
el **paraguas**	umbrella

los **accesorios**	accessories
la **joya**	jewel, gem; piece of jewelry
¿Dónde deposito las joyas?	Where can I deposit the jewelry?
la **joyería**	jewelry shop
la **relojería**	watchmaker's shop
He llevado el reloj a la relojería porque se paraba.	I took the watch to the watchmaker's shop because it stopped.
el **bastón**	walking stick, cane
Mi tío tiene un bastón **de caña de bambú.**	My uncle has a walking stick made of bamboo.

el **marfil**	ivory
Se han matado muchos elefantes por causa del marfil.	Many elephants have been killed for ivory.
la **esmeralda**	emerald
Me gustaría regalarte un collar de esmeraldas, pero es demasiado caro.	I'd like to give you an emerald necklace, but it's too expensive.
el **brillante**	diamond; brilliant; sparkler
Este brillante es un diamante de mucho valor.	This sparkler is a very valuable diamond.
plateado, a	silver-plated
¿Te gusta aquel reloj plateado?	Do you like that silver-plated watch?
dorado, a	gilt, golden

False Friends			
Spanish Word	Thematic Meaning(s)	False Friend	Spanish Equivalent(s)
el vaso	glass	vase	el jarrón, el florero
la joya	jewel, gem	joy	la alegría
la ropa	clothes, clothing	rope	la cuerda

Alonso R.

Martín A.

Rodríguez S.

6.1 Housing and Construction

construir
Están construyendo mucho.
el **arquitecto**, la **arquitecta**
el **plano**
el **plano de construcción**
el **cemento**
la **arena**
Para construir una casa se
necesita, entre otras cosas,
cemento, hormigón, arena, grava,
mármol y madera.

build, construct
There is a lot of construction.
architect
plan
construction plan
cement
sand
To build a house you need,
among other things, cement,
concrete, sand, gravel, marble,
and wood.

el **edificio**
Es un edificio de ocho pisos.
la **casa**
¿Está tu prima en casa?
la **planta**, el **piso**
En **la planta baja** se oye mucho
ruido.

building
It is an eight-story building.
house
Is your cousin at home?
floor
It's very noisy on the ground
floor.

la **entrada**
En la entrada están los buzones.
la **salida**
Te espero en la salida.
la **escalera**
el **escalón**
Hasta mi apartamento hay
cincuenta escalones.
el **ascensor**
El ascensor no funciona. Hay que
subir por la escalera.
arriba
Los vecinos de arriba hacen
mucho ruido.
abajo
En el **piso de abajo** vive mi tío.

subir
bajar
Me gusta subir y bajar andando.

entrance
The mailboxes are at the
entrance.
exit
I'll wait for you at the exit.
staircase; stairs; ladder
step of a stairway
It's 50 steps up to my apartment.

elevator
The elevator is out of order. You
have to climb the stairs.
up, above; upstairs
The neighbors upstairs make a
lot of noise.
below; downstairs
My uncle lives in the apartment
below.
go up, climb
go down, descend
I like going up and down on
foot.

la **ventana**
El marco de la ventana es de madera.
window
The window frame is made of wood.

el **vidrio**
El **limpiavidrios** viene los miércoles.
windowpane; glass
The window cleaner comes on Wednesdays.

el **balcón**
En verano comemos en el balcón.
balcony
In summer we eat on the balcony.

la **terraza**
Felisa está **tomando el sol** en la terraza.
terrace
Felisa is getting some sun on the terrace.

el **patio**
El patio es muy fresco.
yard, patio, courtyard
The courtyard is very cool.

el **jardín**
En este barrio se están haciendo muchos jardines nuevos.
garden
Many new gardens are being created in this neighborhood.

el **garaje**
El garaje es colectivo.
garage
It's a shared garage.

el **fontanero**, la **fontanera**
Es difícil conseguir un fontanero.
plumber
It's hard to get a plumber.

el **grifo**
El grifo no cierra bien.
water faucet
The water faucet is dripping.

el **clavo**
Estos clavos no sirven porque son demasiado largos.
nail
These nails won't work because they're too long.

el **martillo**
Déme un martillo pequeño.
hammer
Give me a small hammer.

el **tornillo**
el **destornillador**
las **tenazas** *pl*
screw
screwdriver
pliers

el, la **electricista**
¿Puede venir el electricista?
electrician
Can the electrician come?

la **electricidad**
No tenemos electricidad.
electricity, current
We have no electricity.

la **luz**
Se ha ido la luz.
light; current
The lights have gone out.

el **enchufe**
Los aparatos eléctricos norteame-
ricanos requieren un transfor-
mador y un adaptador para el
enchufe en España y América
Latina.

plug (electric)
U.S. electric appliances require a
transformer and a plug adapter
for Spain and Latin America.

la **bombilla**
fundirse
Se han fundido las bombillas.

light bulb
burn out
The bulbs have burned out.

la **pintura**
Usamos pintura plástica porque
dura más.
el **pintor**, la **pintora**
Busco un pintor.
pintar
Vamos a pintar la casa.

paint
We use acrylic paint because it
lasts longer.
painter
I'm looking for a painter.
paint, to
We're going to paint the house.

la **finca**
Esta finca es muy acogedora.

la **hacienda**

Mi padre trabaja en una
hacienda.
la **manzana**
Vamos a **dar una vuelta a la
manzana.**
el **hogar**
Me he criado **en el hogar de** mis
padres.
el **chalé**, el **chalet**
Tenemos un chalé en la playa.

la **chabola**, la **casucha**
Muchos habitantes de Hispano-
américa viven en chabolas.

country estate, farmhouse, farm
This country house is very
welcoming.
landed property; ranch; estate;
farm
My father works on a farm.

block (of houses)
We're going to go around the
block.
home; hearth
I grew up in my parents'
home.
vacation house; bungalow
We have a bungalow at the
beach.
hut; slum housing
Many inhabitants of Spanish
America live in slum housing.

el **tejado**
la **chimenea**
La chimenea tira bien.
el **pararrayos**
la **fachada**
Las fachadas de Gaudí son típicas
de Barcelona.
el **muro**
El muro del jardín se está cayendo.

roof
chimney; fireplace
The chimney draws well.
lightning rod
façade
Gaudí's facades are typical of
Barcelona.
wall
The garden wall is falling down.

la **valla**	fence
Tengo que pintar la valla.	I have to paint the fence.

el **portal**	gate; main entrance; portico
No tengo **llave del portal**.	I don't have a key for the main entrance.
el **sótano**	cellar, basement
En el sótano tenemos los garajes.	We have our garages in the basement.
el **ático**	attic apartment
Los áticos tienen casi siempre terraza.	The attic apartments almost always have a terrace.
el **marco**	frame (of window, door, or picture)
No **te apoyes en** el marco de la puerta, que está recién pintado.	Don't lean on the doorframe; it's just been painted.
la **barandilla**	balustrade; railing
No **te apoyes en** la barandilla, que está suelta.	Don't lean on the railing; it's loose.

la **arquitectura**	architecture
Mi nieto estudia arquitectura.	My grandson is studying architecture.
reformar	renovate; improve
Han reformado el piso.	They have renovated the apartment.
la **construcción**	building; construction
Los gastos de construcción suben día a día.	Construction costs continue to rise.
el **solar**	lot; plot of ground
En este solar **se va a** construir un hospital.	A hospital is going to be built on this lot.

el **albañil**	mason
Pico y pala son herramientas importantes para los albañiles.	Picks and shovels are important tools for masons.
enlucido	plaster(ing), plaster work
El **enlucido con yeso** dura poco.	Gypsum plaster does not last long.
el **ladrillo**	brick
Nos hemos hecho una pared de ladrillo.	We built a brick wall.
la **piedra**	stone
el muro de piedra	stone wall
la **madera**	wood
De madera se hacen muchas cosas como por ejemplo papel.	Many things, such as paper, are made from wood.
el **hormigón**	concrete
Este hormigón tiene más arena que cemento.	This concrete has more sand than cement in it.

el **yeso**	gypsum; plaster
Tape los agujeros con yeso.	Fill the holes with plaster.
la **grava**	gravel

la **teja**	roof tile
Su casa tiene las tejas rojas.	Your house has red roof tiles.
la **viga**	beam, girder
Esa casa tiene vigas de madera.	This house has wooden beams.
el **pilar**	pillar, column, post
Los pilares son de hormigón.	The posts are made of concrete.
el **arco**	arch
En esta iglesia hay unos arcos románicos.	This church has Romanesque arches.
la **columna**	column, pillar
la **cúpula**	cupola

la **grúa**	crane
la **pala**	shovel; bulldozer
La pala limpia la playa.	The bulldozer is cleaning the beach.
el **azulejo**	tile
Los azulejos son una herencia árabe.	Tiles are an Arab legacy.
el **mármol**	marble
El baño es de mármol.	The bathroom is made of marble.
recto, a	straight
Esta pared no está recta.	This wall is not straight.
torcido, a	crooked
llano, a	flat, level

la **tubería**	piping; pipes
picar	break open; chop
El fontanero tiene que picar la pared para cambiar la tubería.	The plumber has to break open the wall to replace the pipes.
salirse	leak; overflow
Se sale la tubería.	The pipes leak.
el **tubo**	pipe
El tubo del gas está roto.	The gas pipe is broken.

el **carpintero**	carpenter
El carpintero le arregla las persianas.	The carpenter is repairing your shutters.
la **carpintería**	carpenter's shop
la **sierra**	saw
Se ha roto la hoja de la sierra.	The saw is broken.

el **corcho**	cork
la **madera**	wood

el **cable**	cable; circuit line
la **tensión**	tension
¡Cuidado! ¡Alta tensión!	Caution! High tension!
el **fusible**	fuse
Ha saltado el fusible.	The fuse popped out.
el **cortocircuito**	short circuit
Fue un cortocircuito.	It was a short circuit.
el **interruptor**	light switch
instalar	install
El interruptor está mal instalado.	The light switch is improperly installed.
Nos vamos a instalar una calefacción en el chalé.	We're going to install heating in the bungalow.

pintado, a	painted
recién	freshly (painted)
El armario está recién pintado.	The armoire is freshly painted.
el **papel pintado**	wallpaper
Pablo ha comprado el papel pintado para el dormitorio.	Pablo bought the wallpaper for the bedroom.
el **pincel**	brush
la **brocha**	wall brush
Quiero un pincel fino y una brocha.	I'd like a narrow brush and a wall brush.
el **aguarrás**	turpentine
¡Quita la pintura con aguarrás!	Remove the paint with turpentine!
la **laca**	lacquer; shellac
La laca y el plástico son productos químicos.	Lacquer and plastic are chemical products.

6.2 Buying, Renting, and Inhabitants

el **dueño**, la **dueña**	owner; landlord, landlady
Quisiera hablar con el dueño.	I'd like to speak with the owner.
la **venta**	sale
¿Se vende este piso?	Is this apartment for sale?
– No, no **está a la venta**.	– No, it's not for sale.
alquilar	rent
Se alquilan apartamentos.	Vacation apartments for rent.

el **alquiler**
Hoy he firmado el contrato de alquiler.

rent
Today I signed the rental contract.

mudarse

move, change one's place of residence

Me mudo de casa todos los años.
trasladarse
Nos trasladaremos a la Gran Vía.
la **mudanza**
Las mudanzas son caras.

I move every year.
move; transfer
We're moving to the Gran Vía.
move
Moves are expensive.

el **vecino**, la **vecina**
El vecino **de al lado** es muy amable.
el **portero**, la **portera**

neighbor
The neighbor next door is very friendly.
gatekeeper, porter; superintendent, janitor

El portero es la persona más importante de la casa.
la **portería**
privado, a
Por aquí no puede pasar. Es un camino privado.

The superintendent is the most important person in the building.
porter's lodge or box; janitor's quarters
private
You can't drive through here. It's a private road.

la **vivienda**
el **inquilino**, la **inquilina**
Somos los inquilinos del chalé.

dwelling; housing; apartment
tenant; renter; lessee
We are the tenants of the vacation house.

prolongar
Queremos prolongar el contrato de alquiler.
la **prolongación**
el **propietario**, la **propietaria**
El propietario no aceptó una prolongación del contrato.
El propietario no vive aquí.
la **propiedad**
Es de propiedad privada.
el **administrador**, la **administradora**
el **corredor**, la **corredora**
¡No **te fies de** los corredores!

extend; lengthen
We want to extend the rental contract.
extension
owner
The owner did not agree to an extension of the contract.
The owner does not live here.
property
It is private property.
manager

broker
Never trust a broker!

la **fianza**
la **escritura notarial**
Sólo es válida la escritura notarial.

security deposit
notarized purchase agreement
Only a notarized purchase agreement is valid.

el **Registro de la Propiedad**	Land Registry Office
Con la escritura notarial vaya al Registro de la Propiedad para inscribirse como propietario.	Go to the Land Registry Office with the notarized purchase agreement to register as the owner of the property.

6.3 Apartments and Furnishings

el **piso**	apartment (Spain)
Tenemos un **piso en propiedad.**	We own our apartment.
el **apartamento**	apartment (Latin America)
Esa agencia alquila unos apartamentos en la playa.	This agency rents apartments on the beach.

la **puerta**	door
el **cierre**	lock
Hace falta un cierre de seguridad en la puerta.	We need a safety lock on the door.
la **llave**	key
Conviene **cerrar con llave.**	It's advisable to lock it with the key.
el **pasillo**	corridor, passage
El pasillo es muy largo.	The corridor is very long.

la **habitación**	room
la **sala**	living room
El piso tiene tres habitaciones y una sala.	The apartment has three rooms and a living room.
La sala es tan grande que **sirve** también **de** comedor y despacho.	The living room is so big that it also serves as a dining room and a study.
el **comedor**	dining room
el **dormitorio**	bedroom
El dormitorio más grande es el de los niños.	The largest bedroom is the children's.

la **cocina**	kitchen; kitchen stove
La cocina tiene unos azulejos muy bonitos.	There are some very pretty tiles in the kitchen.
el **refrigerador**	refrigerator (Latin America)
la **nevera**	refrigerator (Spain)
Necesitamos una nevera nueva.	We need a new refrigerator.

el **gas**
La cocina de gas es a veces mejor para cocinar.

el **baño**
el **lavabo**

¿Puedo pasar al lavabo?
la **ducha**
El baño tiene dos lavabos y una ducha.
Se ha roto la ducha. No sale ni gota de agua.

gas
A gas stove is sometimes better for cooking.
bathroom; bath; bathtub
sink, washbasin; lavatory; washroom; toilet
May I use the toilet?
shower
There are two sinks and a shower in the bathroom.
The shower is broken. Not a drop of water comes out.

---

el **mueble**
Busco muebles usados.
moderno, a
La mayoría de los pisos modernos son pequeños.
antiguo, a
Las casas antiguas son casi siempre muy acogedoras.

furniture
I'm looking for used furniture.
modern
Most modern apartments are small.
old, ancient
Old houses are almost always very welcoming.

---

el **sillón**
Luisa quiere un **sillón para ver la tele.**
el **sofá**
el **sofá de dos asientos**
cómodo, a
la **butaca**
Me he comprado una butaca muy cómoda.
incómodo, a
Tu sofá es incómodo para **estar** mucho tiempo **sentado**, pero es cómodo para dormir la siesta.
la **silla**
¿Tiene **sillas de comedor?**

la **mesa**
Voy a **poner la mesa.**
la **cama**
Luego haré la cama.
el **armario**
Necesito **perchas de armario.**

armchair; easy chair
Luisa wants an easy chair for watching TV.
sofa, couch
love seat
comfortable
armchair; easy chair
I bought myself a very comfortable armchair.
uncomfortable
Your sofa is uncomfortable to sit on for a long time, but it's comfortable for taking a nap.
chair
Do you have dining room chairs?
table
I'm going to set the table.
bed
Later I'll make the bed.
armoire, wardrobe
I need coat hangers.

la **lámpara**	lamp
la **lámpara de pie**	floor lamp
la **cortina**	curtain
correr las cortinas	close the curtains
el **espejo**	mirror
¿Tiene **espejos para baño?**	Do you have bathroom mirrors?
el **perchero**	clothes rack, clothes tree; wardrobe
¿Dónde pongo el perchero?	Where shall I put the wardrobe?

el **estudio**	studio; attic apartment; atelier
Los estudios en España generalmente solo tienen una habitación.	In Spain, studio apartments usually have only one room.
el **timbre**	doorbell
El timbre suena como una campana.	The doorbell has a ring like a bell.
llamar	ring
Llamé a tu casa pero nadie me abrió.	I rang your doorbell, but nobody opened the door.
la **cerradura**	lock
la **alarma**	alarm system; alarm
Además de la cerradura de seguridad tenemos una alarma.	In addition to the safety lock, we have an alarm system.

el **recibidor**	vestibule; hallway
El recibidor es muy estrecho.	The vestibule is very narrow.
el **despacho**	study
el **salón**	living room; salon, large parlor
la **despensa**	pantry
el **retrete**	toilet
En el retrete hay una ventana.	There is one window in the toilet.
la **bañera**	bathtub
Preferimos la ducha a la bañera.	We prefer the shower to the bathtub.

el **techo**	ceiling
En casa los techos son altos.	The ceilings in our home are high.
la **pared**	wall
Las paredes **están recién pintadas.**	The walls are freshly painted.

el **suelo**	floor
Muchas casas españolas tienen el suelo de **ladrillo**.	Many Spanish homes have tiled floors.
la **calefacción**	heating system
Las calefacciones funcionan en invierno.	The heating systems are turned on in winter.
el **radiador**	radiator
Cada habitación tiene un radiador.	Each room has a radiator.
la **decoración**	interior décor; decoration
He cambiado la decoración.	I've changed the décor.
amueblar	furnish
Quiero un piso **sin amueblar**.	I want an unfurnished apartment.
amueblado, a	furnished
¡**Se alquila** un piso amueblado!	Furnished apartment for rent!
acogedor, a	welcoming; cozy
la **alfombra**	carpet
Teníamos una alfombra china.	We had a Chinese carpet.
la **moqueta**	wall-to-wall carpet
el **parquet**, el **parqué**	parquet
la **persiana**	shutter; blind
bajar/subir la persiana	lower/raise the blind
el **mosquitero**, la **mosquitera**	mosquito netting
el **aparador**	sideboard
Luis ha guardado la vajilla en el aparador.	Luis put the dishes in the sideboard.
la **cómoda**	chest of drawers, bureau
Esta cómoda es muy práctica.	This chest of drawers is very practical.
el **cajón**	drawers
Los tenedores están en el primer cajón.	The forks are in the first drawer.
la **estantería**	shelving, shelves
el **estante**	shelf
el **florero**	flower vase
el **jarrón**	flower vase (large)
Tengo un jarrón de porcelana china.	I have a Chinese vase.
la **vela**	candle
Cenar con luz de velas es romántico.	Dining by candlelight is romantic.

la **mesilla de noche**	bedside table
el **despertador**	alarm clock
Pon el despertador a las 7:30, por favor.	Please set the alarm for 7:30.
la **cuna**	cradle; child's bed
Las cunas pueden tener mecedoras o resortes.	Cradles may have springs or swings.
el **colchón**	mattress
Duermo en un colchón incómodo.	I sleep on an uncomfortable mattress.
la **almohada**	pillow
Paco duerme sin almohada.	Paco sleeps without a pillow.
la **sábana**	sheet
En verano duermo sólo con una sábana.	In summer I sleep with only a sheet.
la **manta**	blanket; bedcover
La manta se llama en Hispanoamérica cobija o frazada.	In Spanish America, a blanket is called *cobija* or *frazada*.
el **congelador**	freezer; ice maker
Este congelador hace mucho hielo.	This ice maker makes a lot of ice.
congelar	freeze
Ayer compramos un pollo congelado.	Yesterday we bought a frozen chicken.
el **lavavajillas** *sg*	dishwasher
El lavavajillas ahorra tiempo.	The dishwasher saves time.
enchufar	turn on
Cuando enchufes la plancha apaga la lavadora para que no haya un cortocircuito.	When you turn on the iron, turn off the washing machine, so that there won't be a short circuit.
el **microondas** *sg*	microwave oven
el **ventilador**	fan
la **hamaca**	hammock
la **sombrilla**	parasol, sunshade
¡Abre la sombrilla!	Open the parasol.
el **toldo**	awning

6.4 Household and Housework

el **ama de casa**, el **amo de casa**	housewife, house husband
Las amas de casa trabajan de la mañana a la noche.	Housewives work from morning to night.
arreglar	clean up; arrange; adjust
Voy a arreglar la casa.	I'm going to straighten up the house.
limpiar	clean
Limpio la casa los jueves.	I clean house on Thursdays.
especial	special
Este producto especial es para limpiar plata.	This is a special product for cleaning silver.
el **polvo**	dust
Los muebles están **llenos de polvo**.	The furniture is covered with dust.
la **escoba**	broom
barrer	sweep
Antes de irte a la playa, barre la casa.	Before you go to the beach, sweep the house.
fregar	wash; scrub
Anoche fregué los platos.	Last night I washed the dishes.
asear	mop, wipe off; cleanse
la **basura**	garbage, trash
La basura generalmente se recoge por la noche.	Garbage usually is collected at night.

el **abrelatas** _sg_	can opener
el **abrebotellas** _sg_	bottle opener
¿Me pasas el abrebotellas?	Can you pass me the bottle opener?
las **tijeras** _pl_	scissors
Estas tijeras no cortan.	These scissors won't cut.
el **sacacorchos** _pl_	corkscrew
Se ha roto el sacacorchos.	The corkscrew is broken.

el **trabajo doméstico**	housework
El trabajo doméstico nunca se acaba.	Housework never ends.
el, la **canguro** _pop_	babysitter
Ayer **hice de canguro** de Elena y Lucas.	Yesterday I babysat for Elena and Lucas.
el **criado**, la **criada**	domestic (servant)

Pocas familias tienen sirvientes hoy.	Few families have servants nowadays.
la **empleada**	domestic servant
el **limpiavidrios** *sg*	window cleaner
¿Cuándo viene el limpiavidrios?	When does the window cleaner come?
la **suciedad**	dirt
la **limpieza**	cleaning
La **mujer de la limpieza** ayuda al ama de casa en la **limpieza a fondo**.	The cleaning woman helps the housewife with large-scale housecleaning.
el **cubo**	pail, bucket
En el cubo grande caben diez litros.	The big bucket holds almost 10 liters.
el **cubo de la basura**	garbage can
Cierre bien el cubo de la basura para que los perros no la saquen.	Close the garbage can tightly, so that the dogs don't take the garbage out of it.
la **papelera**	wastepaper basket
Tira la carta a la papelera y no al suelo.	Throw the letter in the wastepaper basket and not on the floor.
el **trapo**	cloth
Seca los platos con el trapo de cocina.	Dry the dishes with the dishcloth.
la **bayeta**	floor cloth
Pasa la bayeta, por el suelo.	Go over the floor with the floor cloth.
el **aspirador**, la **aspiradora**	vacuum cleaner
Ayer no **pasé la aspiradora**.	I didn't vacuum yesterday.
el **fregadero**	kitchen sink
atascado, a	stopped up, plugged
El fregadero está atascado.	The kitchen sink is stopped up.
la **sartén**	pan
En esta sartén **se pega y se quema** todo.	In this pan everything sticks and burns.
la **cazuela**	casserole
El **conejo a la cazuela** es muy sabroso.	Rabbit prepared in a clay casserole is very tasty.
el **puchero**	pot
Este puchero es para cocina eléctrica.	This pot is only for electric stoves.
la **olla exprés**	pressure cooker
Con la olla exprés se ahorra tiempo y energía.	With a pressure cooker you save time and energy.
la **batidora**	blender
En la batidora se hace el gazpacho.	Gazpacho is prepared in the blender.

ordenar	arrange, put in order
¡Ordena tus cosas!	Put your things in order!
el **desorden**	disorder, mess
Hay un desorden total en el despacho.	The study is in a complete mess.

False Friends

Spanish Word	Thematic Meaning(s)	False Friend	Spanish Equivalent(s)
la arena	sand	(bullfight) arena	la plaza de toros

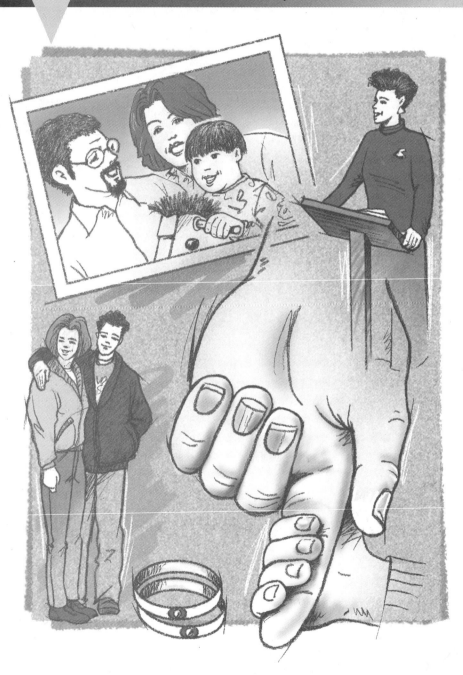

7.1 Individuals, Families

la **familia**	family
Todos los domingos se reúne la familia a comer.	Every Sunday the whole family gets together for a meal.
el **abuelo**, la **abuela**	grandfather, grandmother
Su abuela sabía preparar unas empanadas muy buenas.	His grandmother knew how to make very good empanadas.
los **abuelos**	grandparents; grandfathers
Nuestros abuelos viven en Guatemala.	Our grandparents live in Guatemala.
el **padre**	father
Rubén es padre de tres hijos.	Rubén is the father of three children.
los **padres**	parents; fathers
el **papá**	papa
la **madre**	mother
la **madre** soltera	single mother
la **mamá**	mom
Mi mamá me mima mucho. *loc*	Mom spoils me a lot.
el **marido**	husband
Ignacio es un marido muy atento.	Ignacio is a very attentive husband.
la **esposa**/la **mujer**	wife; woman
En España las mujeres casadas no pierden su apellido de solteras.	In Spain, married women do not lose their maiden names.

casarse	marry, get married
Mis padres se casaron hace treinta años.	My parents got married 30 years ago.
el **matrimonio**	marriage, wedlock, matrimony; married couple
El matrimonio de mis nietos es muy feliz.	My grandchildren are very happily married.
El matrimonio Vallés celebró sus bodas de plata hace diez días.	Mr. and Mrs. Vallés celebrated their silver wedding anniversary ten days ago.
el **novio**, la **novia**	bridegroom, fiancé, boyfriend; bride, fiancée, girlfriend
Francisco tiene novia pero no quiere casarse.	Francisco has a girlfriend, but he doesn't want to get married.
los **novios**	bridal couple

el **hijo**, la **hija**	son, daughter
¿Tu hija ya va a la escuela?	Does your daughter go to school yet?
los **hijos**	children; sons
Tener hijos es más fácil que mantenerlos.	Having children is easier than supporting them.

el, la **mayor**	oldest
el, la **menor**	youngest
el **hermano**, la **hermana**	brother, sister
los **hermanos**	siblings; brothers
Isabel es la mayor y Manuel es el menor de mis hermanos.	Isabel is the oldest and Manuel is the youngest of my siblings.
¿Eres hijo único? – No, tengo dos hermanas y un hermano.	Are you an only child? – No, I have two sisters and a brother.
Mi padre no tiene hermanos.	My father has no siblings.

el **suegro**, la **suegra**	father-in-law, mother-in-law
los **suegros**	parents-in-law
el **yerno**	son-in-law
Voy a ser el padrino del primer hijo de mi yerno.	I'm going to be the godfather of my son-in-law's first child.
la **nuera**	daughter-in-law
Mi nuera no se entiende con mi mujer.	My daughter-in-law doesn't get along with my wife.
el **tío**	uncle
Nuestro tío es pintor y profesor de arte.	Our uncle is a painter and an art teacher.
la **tía**	aunt
Su tía nunca me ha caído bien.	I have never liked his aunt.
los **tíos**	uncle and aunt; uncles
Todos tus tíos van a venir a la boda.	All your uncles and aunts will come to the wedding.

familiar	family; familial
las **relaciones familiares**	family relations
prometerse	get engaged
Carmela y Roberto se han prometido.	Carmela and Roberto have gotten engaged.
la **boda**	wedding
las **bodas de plata/de oro**	silver/golden wedding
separarse	separate
Mayte y Daniel se separaron hace un año.	Mayte and Daniel separated a year ago.
divorciarse	divorce (get a)
Antes no se podía divorciar nadie en países hispanos.	Previously nobody in Hispanic countries could get a divorce.
el **divorcio**	divorce
Mi marido ha pedido el divorcio.	My husband has filed for divorce.

el **padrino**	godfather
los **padrinos**	godparents
la **madrina**	godmother
el **cuñado**, la **cuñada**	brother-in-law, sister-in-law
Tienes una cuñada muy simpática.	You have a nice sister-in-law.
los **cuñados**	brothers- and sisters-in-law
el **nieto**, la **nieta**	grandson, granddaughter
Sus padres están muy felices con su primera nieta.	Your parents are very happy about their first granddaughter.
los **nietos**	grandchildren
La abuela tiene más nietos que hijos.	The grandmother has more grandchildren than children.
el **primo**, la **prima**	cousin
Cuando veas a tu prima **dale recuerdos de mi parte.**	When you see your cousin, give her my regards.
los **primos**	cousins
el **sobrino**, la **sobrina**	nephew, niece
¿Cómo se llamará vuestro sobrino?	What will your nephew be named?
los **sobrinos**	nephews and nieces

los **gemelos**	twins
Antonio y Vicente no son gemelos aunque se parecen mucho.	Antonio and Vicente are not twins, although they look very much alike.
el **huérfano**, la **huérfana**	orphan
el, la **pariente**	relative
¿Cuántos parientes tienes en Bilbao? – Solo mis tíos viven allí.	How many relatives do you have in Bilbao? – Only my aunt and uncle live there.
la **generación**	generation
¿Cuántas generaciones viven en tu casa?	How many generations live in your house?

7.2 Saying Hello and Goodbye

saludar	greet
Discúlpenme, voy a saludar a esos señores.	Excuse me, please, I'd like to say hello to those gentlemen.
¡Hola!	Hello!
¡Hola! ¿Qué tal? – Bien, ¿y tú?	Hello, how are you? – Fine, and you?

¡Buenos días!
Buenos días, ¿cómo está usted? –
Muy bien, gracias, ¿y usted?
¡Buenas tardes!
Buenas tardes, vengo a recoger
los libros.
¡Buenas noches!
¿Cómo? – Buenas noches. – ¡Ah,
sí! Ya **es de noche.**
Buenas noches y que descanses.
¡Adiós!
Adiós, hasta mañana.
¡Hasta luego!
¡Hasta pronto!

Good morning!; Good day!
Good morning, how are you? –
Fine, thank you, and you?
Good afternoon!
Good afternoon, I'm coming to
pick up the books.
Good evening!; Good night!
Excuse me? – Good night. – Oh
yes, it's night now.
Good night, and sleep well.
Goodbye!
Goodbye, see you tomorrow.
So long!; See you later!
See you soon!

¡Adelante!
¡Adelante! ¡Pase y tome asiento!

el, la **siguiente**
¡Que pase el siguiente!
conocer
Me alegro de haberte conocido.
¿Conoces a la novia de José?
presentar
dar la bienvenida
Queremos darle la bienvenida en
nuestra casa.
encantado, a
Le presento a la señora Marco.
– Mucho gusto.
– Encantada.

Come in!
Come in! Come on in and have
a seat!
next
Let the next person come in!
know; meet
I'm glad to have met you.
Do you know José's fiancée?
present, introduce
welcome
We want to welcome you to our
home.
delighted; pleased to meet you
I would like to introduce Mrs.
Marco to you. – It's a pleasure.
– Delighted.

----

estimado, a
Estimado señor Valenti:
Estimados señores:
querido, a
Querida Gabriela:
Queridos amigos:
los **recuerdos**
Recuerdos a tus padres.
un abrazo
Un fuerte abrazo de tu amigo.

abrazar

dear (opening of letter)
Dear Mr. Valenti,
Dear Ladies and Gentlemen,
dear (opening of letter)
Dear Gabriela,
Dear Friends,
greetings; regards
Regards to your parents.
embrace; hug warmly
Warmest regards from your
friend.

embrace

el **saludo**	greeting
un cordial saludo	With best regards (closing of letter)
cordialmente	cordially (closing of letter)

cariño m	love, dear
Charo, cariño mío, ¿me dejas tu coche?	Charo, my dear, will you lend me your car?
mi amor	darling; my love
En Hispanoamérica "mi amor" es una expresión corriente.	In Spanish America, *mi amor* is an everyday expression.
cielo m	darling, angel
¡Eres un cielo! ¡Me has hecho un gran favor!	You're an angel! You've done me a big favor.
guapo, guapa	good-looking or handsome; honey; sweetheart
Anda, guapo, ¿por qué no vas a jugar al jardín?	Sweetheart, why don't you go play in the garden?
majo, maja	sweet, nice (Spain)
¡Qué maja eres! Siempre tienes algún detalle.	Aren't you sweet! You're always so thoughtful.

tutear(se)	use the familiar *tú*
tratar(se) de usted	use the polite *usted*
¡Oye!	Look here!, Now listen!
¡Oye, niño! ¡No toques eso!	Now listen, boy! Don't touch that!
¡Oiga!	Hey!; Look here!
¡Oiga! Por favor, tráiganos dos cafés.	Hello! Bring us two cups of coffee, please.

despedirse	take leave, say goodbye
Me despido de usted esperando volver a verle pronto.	I'm saying goodbye to you in the hope of seeing you again soon.
la **despedida**	farewell, leave-taking
Anoche dimos una fiesta de despedida para José.	Last night we gave a farewell party for José.
hacer señas	wave

de parte de	on behalf of; in the name of; from
¿Está Asunción? – ¿**De parte de quién?** – De Carlos.	Is Asunción there? – Who's calling, please? – This is Carlos.
Muy señor mío:	Dear Sir,
Muy señora mía:	Dear Madam,
excelentísimo, a	most excellent; Excellence
distinguido, a	honored; Dear (opening of letter)

atentamente	yours faithfully; sincerely yours (closing of letter)
En espera de sus noticias, les saludamos atentamente.	Looking forward to your news, we remain yours faithfully.

tesoro	honey; darling; sweetheart
¡Oye, tesoro! Hoy es nuestro aniversario.	Darling! Today is our wedding anniversary.
mono, a	cute
una chica mona	a cute girl

7.3 Youth Scene, Young People

el **chaval**, la **chavala**	dude, guy, boy; girl (Spain)
el, la **pasota**	uninvolved youth, youth with a what-do-I-care attitude (Spain)
la **generación pasota**	what-do-I-care generation (Spain)
el **pasotismo**	what-do-I-care attitude, youthful attitude of indifference (Spain)
la **movida** *pop*	scene
La movida limeña fue conocida en todo el Perú.	The Lima scene was well known all over Perú.
molar *pop*	be cool, be hot (Spain)
Hemos conocido a unos chavales que molan mucho.	We met some boys who are really cool.
fuerte *pop*	awesome; cool
Aprobó todo **con sobresaliente**.	She passed with straight A's.
¡Qué fuerte!	– Awesome!

gilipollas *vulg sg*	idiot, ass, fool (Spain)
¡Venga, no seas gilipollas y ve a currar!	Come on, don't be an ass, and go to work!
joder *vulg*	annoy, pester
¡No me jodas!	Don't give me that crap!
la **hostia** *vulg*	slap, punch

currar *pop*	work (Spain)
el **curro** *pop*	work, job (Spain)
montárselo *pop*	manage something or someone (Spain)
Juanjo ya **está** otra vez **sin curro**.	Juanjo has lost his job again.
Pues **qué mal se lo monta**.	Things went wrong for him.

el **chollo** *pop*
    Encontré un curro que da una
    pasta gansa. ¡Menudo chollo!
hacer de canguro *pop*
la **pasta** *pop*
    Esta noche voy a hacer de
    canguro de mis sobrinos. A ver si
    saco algo de pasta.

(good) luck (Spain)
    I found a job that pays a lot of
    dough. What luck!
babysit (Spain)
dough, money (Spain)
    Tonight I'm going to babysit for
    my nephews and nieces. Let's see
    if I get some dough out of it.

---

estar pirao *pop*
    ¡No le hagas caso, que **está
    pirao!**
quedarse con *pop*
    ¿Te estás quedando conmigo?
la **pijada** *pop*
    ¡Eso son pijadas!
el **rollo** *pop*

    Arturo suelta siempre el mismo
    rollo.
hortera *pop*
la **chupa** *pop*
    ¡Llevas una chupa hortera!
ser un/una carroza *pop*
    El padre de Ana es **un carroza de
    cuidado.**
ser una maruja *pop*
estar al loro *pop*
la **pasma** *vulg*
    ¡Estáte al loro para que no me
    multe la pasma!
el, la **guiri** *pop*
    Mallorca está llena de guiris.

be crazy (Spain)
    Don't pay any attention to him.
    He's completely nuts.
fool, hoodwink (Spain)
    Are you putting me on?
nonsense
    That's total nonsense!
exhausting babble, boring
nonsense
    Arturo always says the same old
    garbage.
terrible, horrible (Spain)
jacket (Spain)
    You're wearing a horrible jacket!
be outmoded (Spain)
    Ana's father is still living in the
    Stone Age.
be a nagging housewife (Spain)
watch out, be alert (Spain)
police, cops, "pigs" (Spain)
    Watch out, don't let the cops
    give me a ticket!
tourist (Spain)
    Mallorca is full of tourists.

---

enrollarse *pop*
    Esta música me enrolla
    muchísimo.
    **Tía, ¡te enrollas como una
    persiana!**
cholar *pop*
    ¡Oye! ¿Qué tal la peli? ¿Mola?
    – Sí, chola mucho.
vacilar *pop*
    ¡No me vaciles, tío!
chachipiruli *pop*

turn on, move (Spain)
    The music really turns me on.

Girl, you talk nonstop!

be awesome (Spain)
    Hey, how's the film? Cool?
    – Yes, totally awesome.
hit on (Spain)
    Don't hit on me, dude!
hot, great (Spain)

guay *pop*
¿Ese tío está guay? – ¡Sí, claro!
¡Está chachipiruli!

awesome, terrific, great (Spain)
Is that guy great? – Yeah, he's
totally hot!

(la) **potra** *pop*
¡Qué potra tienes, tío!
(la) **chorra** *vulg*
En el examen no me pillaron la
chuleta **de chorra**.
chungo, a *pop*
la **caja tonta** *pop*
demasié *pop*
¡Mira que **es chunga** esa serie de
la caja tonta! – Sí, es demasié.

(good) luck (Spain)
Hey, dude, you've got all the luck.
chance; luck (Spain)
I lucked out on the test; they
didn't find my cheat sheet.
difficult, bad (Spain)
TV, boob tube
too much (Spain)
Man, that TV series sucks!
– Yeah, totally.

el **bocata** *pop*
jalar *vulg*
el **cubata** *pop*

Rafa se pasa el día jalando
bocatas y tragando cubatas.

sandwich (Spain)
eat (Spain)
Cuba libre, Coca-Cola with rum
(Spain)
Rafa stuffs himself with sand-
wiches all day and drinks rum
and Coke.

la **litrona** *pop*
engancharse *pop*
Los chavales se enganchan con
unas litronas en la fiesta.
el/la **pinchadiscos**

1-liter bottle of beer (Spain)
get drunk; get high (Spain)
The guys get drunk on several 1-
liter bottles of beer at the party.
disc jockey, DJ (Spain)

7.4 Social Ties, Social Groups

el **amigo**, la **amiga**
Jorge tiene pocos pero buenos
amigos.
la **amistad**
No me gustan tus amistades.
Guardo mi amistad con Tomás
desde nuestra infancia.
el, la **amante**
el **compañero**, la **compañera**

Anoche fuimos con los com-
pañeros de clase a cenar.

friend
Jorge has few friends, but good
ones.
friendship
I don't like your friends.
I've been friends with Tomás
since we were children.
lover
fellow student; colleague; com-
panion; pal
Last night we went out to dinner
with our classmates.

ligar *pop*

Me parece que quieres ligar con Clara.

try to pick up, make a pass, make an impression
It seems to me that you're trying to hook up with Clara.

el, la **colega**
Me entiendo muy bien con mis colegas.

colleague
I get along very well with my colleagues.

el **conocido**, la **conocida**
Cuando estuve en Santiago, me encontré a varios conocidos.

acquaintance
When I was in Santiago I ran into several acquaintances.

común
Daniel y tu prima tienen muchos amigos comunes.

common, joint
Daniel and your cousin have many friends in common.

el **tío** *pop*
la **tía** *pop*
el **tipo**
Ese tipo se parece a un tío que va a mi curso.

guy, dude, fellow (Spain)
gal, girl, chick (Spain)
guy
That guy looks like a dude who's in my course.

---

la **cita**
A las diez **tengo una cita con** mi dentista.

date, appointment
At ten o'clock I have an appointment with my dentist.

quedar
Julián **ha quedado con** Ana para ir al cine.
Hemos quedado con los colegas **en** no trabajar mañana.

agree on; make an arrangement
Juan made a date with Ana to go to the movies.
We agreed with our colleagues that we won't work tomorrow.

visitar
Esta noche visitaremos a los señores Ramírez.

visit, to
This evening we'll visit the Ramírezes.

la **visita**
Voy a tener visita de mis compañeros.

visit
I'm going to be visited by my colleagues.

---

colectivo, a
En México hay **taxis colectivos**.

collective, joint
In Mexico there are collective taxis.

la **gente**
la **humanidad**
el **grupo**
Todos los martes hacemos una **excursión en grupo**.

people
mankind, humanity
group
Every Tuesday we take a group excursion.

encontrar
Esta tarde hemos encontrado a Teobaldo y sus amigos.

meet
This afternoon we met Teobaldo and his friends.

el **encuentro**	meeting
Vamos al encuentro de Julio.	We're going to meet Julio.

la **fiesta**	party
invitar	invite
Roberto nos invitó a su fiesta.	Roberto invited us to his party.
el **invitado**, la **invitada**	guest
Como alcalde serás nuestro invitado de honor.	As mayor you will be our guest of honor.
la **invitación**	invitation
la **recepción**	reception
El cónsul de Guatemala nos ha enviado una invitación para la recepción.	The Guatemalan consul has sent us an invitation to the reception.
la **presencia**	presence
reunirse	get together, gather, meet
El domingo se reúne toda la familia para celebrar el santo de la madre.	On Sunday the whole family is getting together to celebrate the mother's name day.

social	social
la **relación**	relation
el **machismo**	machismo
El machismo es un fenómeno que describe el comportamiento social de algunos hombres.	Machismo is a phenomenon that describes the social behavior of certain men.
el **machista**	macho man
la **emancipación**	emancipation, liberation
Con la democracia llegó la emancipación no sólo de las mujeres a España.	With democracy, liberation – not only of women – came to Spain.
emancipado, a	emancipated, liberated
la **feminista**	feminist
Almudena es una chica emancipada pero no es feminista.	Almudena is a liberated young woman, but she's no feminist.

(el, la) **extranjero, a**	foreign; foreigner
la **emigración**	emigration
la **integración**	integration
La emigración a otro país causa a veces problemas de integración.	Emigration to another country sometimes causes problems of integration.

integrar
Muchos extranjeros están integrados en la sociedad argentina.

integrate
Many foreigners are integrated into Argentinean society.

el **contacto**
Marta **se ha puesto en contacto con** la señora Sánchez para comprar el coche.

get in tonch
Marta got in touch with Mrs. Sánchez to buy the car.

el **enchufe** *pop*
Rafael econtró trabajo **por tu enchufe.**
Su marido **tiene un buen enchufe.**

contact
Rafael found a job, thanks to your contacts.
Her husband has good contacts.

citarse
Me he citado con el jefe a las cuatro.

make an appointment
I have made an appointment with the boss for 4 o'clock.

la **reunión**
Ayer se celebró una **reunión de vecinos** en el ayuntamiento.

meeting
Yesterday there was a civic meeting in town hall.

cercano, a
lejano, a
Paco es un pariente lejano.

near, close
far, distant
Paco is a distant relative.

la **pareja**
Ana y Carmelo **hacen buena pareja.**

couple
Ana and Carmelo make a good couple.

la **intimidad**
Parece simpático pero en la intimidad es insoportable.

intimacy
He seems nice, but in a close relationship he's unbearable.

mimar

spoil

la **compañía**
Nuestro amigo nos **hace** mucha **compañía.**

company
Our friend accompanies us often.

la **comunidad**
Hemos formado una **comunidad de vecinos** para defender nuestros derechos.

community
We've started a citizens' initiative to defend our rights.

la **sociedad**

society

el **individuo**
El señor López es un individuo raro.

individual
Mr. López is a strange individual.

el **club**
el **socio,** la **socia**
Mis nietos son **socios de un club** de golf.

club
member
My grandchildren are members of a golf club.

el **miembro**	member
Los miembros del Parlamento visitarán los países vecinos.	The members of Parliament will visit the neighboring countries.
la **reputación**	reputation
La empresa tiene una reputación excelente.	The firm has an excellent reputation.
el **honor**	honor
Es un honor recibirles en mi casa.	It's an honor to receive you in my home.
la **desigualdad**	inequality
La desigualdad entre los hombres es un problema.	Inequality among human beings is a problem.
discriminar	discriminate
la **soledad**	solitude, loneliness
aislado, a	isolated
vivir aislado	live in isolation
el **chulo**	pimp
la **prostitución**	prostitution
Se dice que la prostitución es el oficio más antiguo.	They say that prostitution is the oldest profession.
los **marginados (sociales)**	(social) marginal groups
el **mendigo**, la **mendiga**	beggar, panhandler
Los marginados, como por ejemplo los mendigos, son auténticos problemas sociales en muchas ciudades.	Marginal groups such as beggars are a real social problem in many cities.
mendigar	beg
los **sin techo**	homeless

7.5 Social Behavior

entenderse	get along
Don José no se entiende con su primo.	Don José does not get along with his cousin.
creer	believe; think
No creo que podamos ayudarles en este asunto.	I don't think we can help you in this matter.
pensar	think
Roberto pensó que **le iban a suspender en el examen.**	Roberto thought he would not pass the exam.

la **opinión**
En mi opinión, se deberían legalizar las drogas. – No **soy de tu opinión**.

opinion, view
In my opinion, drugs should be legalized. – I don't share your view.

opinar

opine, be of the opinion

probable
¿Qué opina usted? – Es probable que no tenga razón.

probable
What is your opinion? – She probably is wrong.

criticar
En Hispanoamérica se critica mucho la corrupción de los políticos.

criticize
In Spanish America the corruption of the politicians is heavily criticized.

crítico, a
Su tío está en una situación muy crítica.

critical
His uncle is in a critical situation.

estar seguro, a
Estoy segura de que tu marido te engaña.

be sure, be certain
I'm sure that your husband is cheating on you.

parecer
¿**Qué le parece** a usted este estudio?

seem; appear
What do you think of this study?

Subjunctive (V)

If you *prohibit* or *allow* something or give someone *advice*, the verb of the subordinate clause is in the *subjunctive*:

Le parece mal que no hayas contestado todavía.

He doesn't think it's good that you haven't answered him yet.

---

considerar
Considero a Dalí un verdadero genio.

consider
I consider Dalí a true genius.

exagerar
¡No exageres! Tan mal no lo has hecho.

exaggerate
Don't exaggerate! You didn't do such a bad job.

valer la pena
¿Vale la pena ver la obra de teatro?

be worthwhile
Is it worthwhile to see the play?

preferir
¿Prefieres ir al cine en lugar de ir a la ópera?
– Como quieras.

prefer
Would you prefer to go to the movies rather than the opera?
– Whatever you want.

conveniente

useful; advantageous; suitable; convenient

Sería conveniente que discutiéramos este problema.

It would be useful to discuss this problem.

agradecer
Agradecemos que estén dispuestos a ayudarnos.

thank; be grateful
We are grateful that you're ready to help us.

dar las gracias
¿Le has dado las gracias a tu primo por el regalo?

thank, say thank you
Did you thank your cousin for the gift?

con mucho gusto
¿Me puede prestar el bolígrafo un momento? – Con mucho gusto.

gladly, with pleasure
Can you lend me the ballpoint pen for a moment? – Gladly.

ayudar
Nadie quiso ayudarme.

help, to
No one wanted to help me.

la **ayuda**
ser una gran ayuda

help
be a big help

contar con
Si tienen algún problema, pueden contar conmigo.

count on, rely on
If you have any problem, you can count on me.

dirigirse a
Si tienen alguna pregunta, diríjanse a nuestra secretaria.

turn to, go to, speak to
If you have any questions, please speak to our secretary.

en cuanto a
En cuanto a su pedido, le enviamos las muestras a vuelta de correo.

as for, as regards
As regards your order, we are sending you the samples by return mail.

acompañar
necesario, a
Si quieres, te acompaño al teatro. – No es necesario.

accompany
necessary
If you like, I'll accompany you to the theater. – It's not necessary.

Subjunctive (VI)

After main clauses containing *impersonal expression,* the verb of the subordinate clause beginning with **que** is in the *subjunctive*:

Es necesario que regresemos antes de las 12.

It's necessary that we return before 12.

The subordinate clause must have its own subject; otherwise the infinitive follows.

---

deber
la **promesa**
cumplir
Deberías **cumplir tu promesa.**
Por hoy **hemos cumplido** y nos podemos ir a casa.

must; ought; should
promise
fulfill, carry out; perform one's duty
You ought to fulfill your promise.
We've done our duty for today and we can go home.

el **favor**
¿Me puedes **hacer el favor de** ir a correos?
devolver un favor

favor
Would you do me the favor of going to the post office?
return a favor

seguro, a
Es seguro que no nos pagarán el trabajo.
Carola está segura de que te llamó el viernes.

sure, certain
It's certain that they won't pay us for the work.
Carola is certain that she called you on Friday.

regalar
¿Qué te han regalado para tu cumpleaños?
el **regalo**
En muchas familias españolas se **dan los regalos** el día de Reyes.
sorprender
Nos sorprendió su comportamiento durante el examen.
la **sorpresa**
Carmelo les **dio una gran sorpresa.**

give as a present
What did they give you for your birthday?
gift, present
In many Spanish families, gifts are given on Epiphany.
surprise
His behavior during the exam surprised us.
surprise
Carmelo gave you a great surprise.

corriente

En España es corriente que jóvenes tuteen a los adultos.

útil
Estos mapas te van a ser muy útiles para el viaje.
inútil
Es inútil que la llames porque no está en casa.
práctico, a

ordinary; common; regular; standard
It Spain it is standard for young people to address adults with the familiar pronoun *tú*.
useful
These maps are going to be very useful for the trip.
useless; senseless
It's useless to call her, because she's not home.
practical

misterioso, a
el **hecho**
posible
Es posible que eso **tenga** una explicación sencilla.
la **posibilidad**
¿Qué posibilidades hay para que haya paz?

mysterious
fact
possible
It's possible that there's a simple explanation.
possibility
What are the chances that there will be peace?

la **culpa**
Se ha roto el ordenador **por tu culpa.**
engañar
Los han engañado con este coche.

fault; guilt; blame
It's your fault the computer broke.
cheat; deceive; fool
They cheated you on this car.

molestarse
bother; put oneself out

¡No se moleste usted!
Don't go to any trouble!

Pepe se ha molestado porque no
Pepe is annoyed because I didn't

le llamé.
call him.

la **molestia**
trouble; annoyance; bother

pegar
hit, strike

el **golpe**
blow; hit

pelearse
scuffle; come to blows

Carmelo y Antonia se pelean
Carmelo and Antonia come to

todos los días.
blows every day.

peligroso, a
dangerous

¡Cuidado con ese tipo! Parece
Watch out with that guy! He

peligroso.
looks dangerous.

---

el **respeto**
respect

No te mereces nuestro respeto.
You don't deserve our respect.

apreciar
appreciate

Clara no supo apreciar el regalo
Clara didn't know how to appre-

de sus padres.
ciate her parents' gift.

estimar
esteem; appreciate

agradable
agreeable; pleasant

Conchita es una mujer muy
Conchita is a very pleasant

agradable.
woman.

---

tener suerte
be lucky

bien adv
well

Me parece muy bien que te
I think it's good that you're

tomes vacaciones.
taking a vacation.

mejor adv
better (adv)

Como tienes fiebre, será mejor
Since you have fever, it will be

que te vayas a la cama.
better if you go to bed.

bueno, a; buen adj
good

¿Me puedes recomendar un buen
Can you recommend a good

libro? – En una librería te aconse-
book to me? – They'll recom-

jarán alguno.
mend one to you at a bookstore.

mejor adj
better (adj)

Este piso es mejor que el mío.
This apartment is better than

mine.

el, la **mejor**
best

Por favor, dénos las mejores
Please give us the best seats you

plazas que tengan.
have.

---

tener mala suerte
have bad luck

mal adv
poorly, badly

Esta casa está mal hecha.
This house is poorly built.

peor *adv*
Bartolo escribe peor que lee.

malo, a *adj*
Lo malo es que ...
peor *adj*
Mis alumnos son peores que los
tuyos.
el, la **peor**
Ya no me acuerdo del peor libro
que leí el año pasado.
pésimo, a
El programa de la tele es pésimo.

worse
Bartolo writes worse than he
reads.
bad
The bad thing is that ...
worse
My students are worse than
yours.
worst
I no longer remember the worst
book I read last year.
extremely bad; very bad
The TV program is extremely bad.

---

excelente
perfecto, a
Tomás es un amigo excelente y
un caballero perfecto.
extraordinario, a
Don Quijote vivió aventuras
extraordinarias.
fantástico, a
El otro día vi una película fantás-
tica de Almodóvar.
estupendo, a
Tuvieron la ocasión de ver un
partido de fútbol estupendo.
maravilloso, a
Ecuador tiene un paisaje
maravilloso.
hermoso, a

excellent
perfect
Tomás is an excellent friend and
a perfect gentleman.
extraordinary
Don Quijote experienced
extraordinary adventures.
fantastic
Recently I saw a fantastic film by
Almodóvar.
great, wonderful
They had the opportunity to see
a wonderful soccer game.
marvelous, wonderful
Ecuador has a marvelous
landscape.
beautiful

---

terrible
Jaimito es un niño terrible.
horrible
Llevas una corbata horrible.
antipático, a
Oye, ¡eres una tía antipática!

imbécil
pesado, a
Su madre es muy pesada.
Siempre **está quejándose.**

terrible
Jaimito is a terrible boy.
horrible, awful, terrible
You're wearing a horrible tie.
disagreeable, uncongenial
Now listen, you're a disagreeable
girl!
imbecilic, idiotic
annoying, bothersome
Your mother is very annoying.
She is always complaining.

raro, a
Tu cuñado es una persona bastante rara.

strange
Your brother-in-law is a strange person.

famoso, a
Guernica es un pueblo vasco y el título del famoso cuadro de Picasso.

interesante
No **te hagas el interesante**.

importante
la **importancia**

famous
Guernica is a Basque village and the title of the famous painting by Picasso.

interesting
Don't be so self-important.

important
importance; significance

increíble
¡Es increíble! ¿Cómo has podido permitir que hagan tal cosa?
¡Por Dios!
¡Por Dios! ¿Cómo has podido comprarte ese abrigo?

incorrecto, a
Es incorrecto que entren en un local los hombres antes que las mujeres.

incredible, unbelievable
It's unbelievable! How could you have let them do such a thing?
For God's sake!, My God!
For God's sake! How could you buy that coat?

wrong; impolite
It is impolite for men to enter a place before women.

el **juicio**
A nuestro juicio, esta película es muy mala.

la **conclusión**
Vicente llegó a la conclusión de que este proyecto no valía la pena.

el **parecer**
Me interesa su parecer sobre la literatura moderna.

el **concepto**
el **criterio**
opuesto, a
Estos criterios **son opuestos a** nuestro concepto.
Sobre la película hay opiniones opuestas.

relativo, a
corresponder
El sueldo no corresponde a su rendimiento.

judgment; thinking
In our judgment, this film is very bad.

conclusion
Vicente came to the conclusion that this project is not worthwhile.

opinion; thinking
I'm interested in your opinion on modern literature.

concept, thought; judgment, opinion
criterion; judgment
opposed; opposing
These criteria are opposed to our thinking.
There are opposing opinions about the film.

relative
correspond
The pay does not correspond to his output.

sorprendente

surprising

la **probabilidad**
positivo, a
El resultado positivo del análisis
fue sorprendente para todos.
verdadero, a
Te has portado como un
verdadero caballero.
indispensable
Es indispensable que vengas
mañana.
esencial
Lo esencial no es la cantidad, sino
la calidad.

probability
positive
The positive result of the analysis was surprising for everyone.
true, genuine
You behaved like a true gentleman.
indispensable, vital
It's vital that you come tomorrow.
essential
The essential thing is not the quantity, but the quality.

alabar
Marisa alaba los tamales que hizo
su marido.
magnífico, a
Ayer pasamos un día magnífico
en El Escorial.
formidable
Tienen un yate formidable.
la **maravilla**
Es una maravilla bañarse en el
Mediterráneo.
singular
Para mí Montevideo es una
ciudad singular.
ideal
Julen, eres un marido ideal.
apreciable
Su actitud es muy apreciable.
cortés
Jacinto es un chico muy cortés.
estar dispuesto, a (a)
Paco está dispuesto a cuidar de
los niños.
tolerante
No todos tus amigos son tan tolerantes como yo.

praise
Marisa praises the tamales that her husband made.
magnificent, splendid
Yesterday we spent a magnificent day in El Escorial.
tremendous, great
You have a great yacht.
miracle, marvel, wonder
It's wonderful to swim in the Mediterranean.
singular; unique; unusual
For me, Montevideo is a unique city.
ideal
Julen, you're an ideal husband.
appreciable; valuable; excellent
His attitude is very praiseworthy.
courteous
Jacinto is a very courteous boy.
be ready, to
Paco is ready to take care of the children.
tolerant
Not all your friends are as tolerant as I.

presentar
Marta, no me has presentado a
tus amigas.

introduce; present
Marta, you haven't introduced me to your friends.

Al día siguiente de tocarle la lotería **no se presentó en** la oficina.	The day after he won the lottery, he didn't appear in the office.
estar relacionado, a	have good connections
Estoy muy bien relacionada.	I'm very well connected.
meterse	interfere
Se está metiendo usted en asuntos que no le importan.	You're interfering in things that don't concern you.
la **influencia**	influence
Don Ramiro tiene mucha influencia política en este pueblo.	Don Ramiro has great political influence in this village.
el **deber**	duty
Pablo **cumple muy bien con** todos sus deberes.	Pablo fulfills all his duties very well.
excusar	excuse
Nos tienen que excusar esta tarde.	You will have to excuse us this afternoon.
prometer	promise
¡Prométeme que no lo volverás a hacer nunca más!	Promise me that you'll never do it again!
la **obligación**	obligation, duty
Hombre, no es una obligación, pero lo haré con mucho gusto.	Man, it's not an obligation, but I'll be glad to do it.
obligar	obligate
No se sienta obligado a ayudarnos.	Don't feel obligated to help us.
el **servicio**	service
Me has hecho un gran servicio trayéndome estos libros.	You've done me a great service by bringing me these books.
servir	serve; be helpful
¿**En qué puedo servirle?**	How can I help you?
hacer falta	be necessary
Hace falta mejor ayuda social para que nadie tenga que mendigar.	Better social assistance is necessary, so that no one has to beg.
la **necesidad**	necessity
No veo la necesidad de explicárselo todo dos veces.	I see no need to explain everything twice to you.
cuidar de	take care of
ocuparse de	attend to; busy oneself with
No se preocupe. Me ocuparé en seguida de su problema.	Don't worry. I'll attend to your problem right away.

el **premio**	prize, award
merecer	earn, deserve
el **mérito**	merit; excellence
Mereces que reconozcan tus méritos.	You deserve to have your merits recognized.
el **valor**	courage, valor
Atahualpa es famoso por su valor.	Atahualpa is famed for his valor.
preferible	preferable
Será preferible terminar este asunto hoy.	It will be preferable to conclude this matter today.
preferido, a	favorite; preferred
¿Cuál es tu **plato preferido?**	What is your favorite dish?
la **ventaja**	advantage
Es una ventaja **saber tantas lenguas.**	It's an advantage to know so many languages.

molestar	bother; annoy; disturb
Espero que no les moleste.	I hope I'm not disturbing you.
el **conflicto**	conflict
No quiero **entrar en conflicto con** su empresa.	I don't want to enter into conflict with your firm.
mentir	lie, to
¡No me mientas!	Don't lie to me!
la **mentira**	lie
¡Eso es mentira!	That's a lie!

intolerante	intolerant
Mucha gente es **intolerante con** las minorías.	Many people are intolerant of minorities.
inmoral	immoral
el **prejuicio**	prejudice
tener prejuicios ante una persona	to be prejudiced against a person
desagradable	unpleasant, disagreeable
un tipo desagradable	an unpleasant sort
la **antipatía**	antipathy
tener antipatía a alguien	feel antipathy to someone
la **desventaja**	disadvantage
La desventaja de este trabajo es que está mal pagado.	The disadvantage of this job is that it pays poorly.

la **desgracia**	bad luck, misfortune
Pablo **no** ha tenido **más que** desgracias.	Pablo has had nothing but misfortunes.
despreciar	despise, scorn
odioso, a	hateful, odious
arbitrario, a	arbitrary
No toleramos decisiones arbitrarias.	We don't tolerate arbitrary decisions.
harto, a	full, complete; sufficient
Estoy harto de que hagas el idiota.	I've had enough of you playing the fool.
tremendo, a	tremendous; excessive
Está haciendo un calor tremendo.	It's tremendously hot.
ridículo, a	ridiculous, laughable
Nos dieron una tortilla ridícula.	They gave us a ridiculously small omelet.
idiota	idiotic
Eres idiota sin remedio.	You're hopelessly idiotic.
incomprensible	incomprehensible
A Pablo le pareció incomprensible el motivo del suicidio.	The motive for the suicide seemed incomprehensible to Pablo.
extraño, a	strange
En esta casa se oyen ruidos extraños.	Strange noises are heard in this house.
confuso, a	confused
Su explicación fue tan confusa que no la entendí.	Her explanation was so confused that I didn't understand it.
absurdo, a	absurd
reclamar	claim, demand; complain about
Llamamos a la fábrica para reclamar unas piezas.	We called the factory to complain about some parts.
Me han reclamado el pago de la factura.	I was sent a reminder to pay the bill.
la **reclamación**	complaint; claim
Aquí hay un error. Mandaré una reclamación al responsable.	There's a mistake here. I will send a complaint to the person in charge.
la **queja**	complaint; grumbling
Estoy harto de oír quejas.	I've had enough of hearing complaints.
la **dificultad**	difficulty

el **error**
Laura ya no comete tantos errores escribiendo.
Disculpe, hay un error en su pedido.
falso, a
Los falsos amigos son más peligrosos que los enemigos.
negativo, a
Siempre estás pensando en los aspectos negativos.
fatal
¿Qué tal las vacaciones?
– Fatal.
monótono, a
Los trabajos monótonos son poco atractivos.

error, mistake
Laura no longer makes so many errors in writing.
Excuse me, there's a mistake in your order.
false, untrue; incorrect
False friends are more dangerous than enemies.
negative
You always think of the negative aspects.
fatal; disastrous
How was the vacation?
– Disastrous.
monotonous
Monotonous jobs are not very appealing.

7.6 Relationships of Possession

tener
Ahora no tengo tiempo.
propio, a
Estos apartamentos tienen una piscina propia.
la **fortuna**
Nos ha costado una fortuna arreglar el coche.
rico, a
pobre
Al final de mes siempre **estoy muy pobre.**
poseer
Don Camilo posee muchas tierras.
disponer
Disponemos de muchas posibilidades para resolver su asunto.

ser de
¿De quién es el libro? – Es mío y la libreta también **es mía.**

have; possess
I don't have time now.
own
These small apartments have their own swimming pool.
fortune
It cost us a fortune to repair the car.
rich
poor
I'm always poor at the end of the month.
possess, own
Don Camilo owns a lot of land.
dispose; have at one's disposal
We have at our disposal many possibilities for clearing up your matter.
belong to
Whose book is it? – It's mine, and the notebook is mine too.

pertenecer
¿A quién pertenecen estas tierras?
belong
To whom do these lands belong?

la **posesión**
La posesión de drogas duras está prohibida en países hispanos.
possession
The possession of hard drugs is prohibited in Hispanic countries.

particular
Miguel tiene una secretaria particular.
private
Miguel has a private secretary.

la **riqueza**
En este mundo las riquezas están mal repartidas.
riches
In this world, the riches are unequally distributed.

el **lujo**
luxury

la **prosperidad**
En algunas ciudades se ve la prosperidad de sus habitantes.
prosperity
In some cities, one can see the prosperity of their inhabitants.

la **pobreza**
En Latinoamérica hay mucha pobreza.
poverty
In Latin America there is much poverty.

la **miseria**
Todavía hay mucha gente que vive en la más absoluta miseria.
misery
There still are people who live in the greatest poverty.

el **testamento**
will

heredar
He heredado una casa de campo.
inherit
I have inherited a country house.

el **heredero**, la **heredera**
Se desconocen los herederos.
heir, heiress
The heirs are unknown.

la **herencia**
discusiones **por las herencias**
inheritance, legacy, heritage
squabbling over the inheritance

8.1 Education

la **educación**
Ministerio de Educación y Ciencia (MEC)
el **jardín de infancia**
Lucas ya va al jardín de infancia donde aprende jugando.
aprender
aprender a leer y **a** escribir
enseñar
Mi prima me enseñará latín.
la **enseñanza**
En los países hispanos hay **Enseñanza Primaria y Secundaria Obligatoria**
gratuito, a
el **colegio**

En España los niños van a los cuatro años al colegio.
la **escuela**
¿A qué escuela va tu sobrino?

education; training
Ministry of Education and Science
kindergarten
Lucas already goes to kindergarten, where he learns by playing.
learn
learn to read and write
teach, instruct
My cousin will teach me Latin.
school system; education; teaching
In all Hispanic countries there are obligatory primary and secondary schools.
gratis, free
school; academy; college; private school
In Spain children go to school at the age of four.
school (public)
What school does your nephew go to?

significar
¿Qué significa esta palabra?
de memoria
aprender de memoria
contar
¡A ver! ¿Quién nos cuenta un cuento?
el **analfabetismo**

mean
What does this word mean?
by memory
learn by memory, memorize
count; tell
Let's see! Who can tell us a story?
illiteracy

la **solución**
científico, a
sencillo, a
Este problema matemático es muy sencillo.
el **método**
didáctico, a
el **tema**
el **ejercicio**
Para mañana tenemos que preparar estos ejercicios.
el **problema**

solution
scientific
simple, easy
This math problem is very easy.
method
didactic
topic, subject
exercise
For tomorrow we have to do these exercises.
problem

Nouns that end in **-ma** and are *of Greek origin* are *masculine* as a rule: **el tema, el programa, el problema.**

el **ejemplo**	example
España tiene grandes autores, **por ejemplo** Cervantes y Galdós.	Spain has great writers, for example, Cervantes and Galdós.
la **falta**	mistake, error

investigar	research, investigate
el **laboratorio**	lab(oratory)
la **fórmula**	formula
la **estadística**	statistic
el **certificado**	certificate
Necesito un certificado académico.	I need an academic examination certificate.

8.2 Classroom Instruction, School

el **maestro**, la **maestra**	teacher (elementary school)
la **clase**	class; classroom; instruction
Nuestro hijo ya está en la segunda clase.	Our son is already in second grade
Esta tarde tenemos **clase de Historia.**	This afternoon we have history class.
¿Dónde está tu clase?	Where is your classroom?
Mi clase aprende deprisa.	My class learns quickly.
dar clase	teach; give a class
las **tareas**	homework

escolar	school, scholastic
llevar uniforme escolar	wear a school uniform
el **alumno**, la **alumna**	student; pupil
¿Cuántos alumnos sois en vuestra clase?	How many pupils are in your class?
obligatorio, a	obligatory, compulsory
Es obligatorio en España **ir a la escuela** hasta los dieciséis años.	In Spain, school is compulsory until the age of 16.
el **instituto**	institute
el **instituto de idiomas**	language institute

la **asignatura**	subject
¿Qué asignatura enseña usted?	What subject do you teach?
la **especialidad**	specialty
(las) **ciencias**	natural sciences (and mathematics)
En **clase de ciencias** siempre me duermo.	In science class I always fall asleep.
la **Biología**	biology
Marta es profesora de Biología.	Marta is a biology teacher.
las **Matemáticas**	mathematics
Don Jorge **da clases de** Matemáticas.	Don Jorge gives classes in mathematics.
matemático, a	mathematical
la **Química**	chemistry
No soy bueno en Química.	I'm not good in chemistry.
la **Física**	physics.
la **Geografía**	geography
¿Qué asignaturas tienes hoy?	What subjects do you have today?
– Tengo Matemáticas, Física, Geografía y Filosofía.	– I have math, physics, geography, and philosophy.
la **Historla**	history
el **dibujo**	drawing
la **clase de dibujo**	drawing class
la **gimnasia**	gymnastics
La gimnasia es la **asignatura preferida** de Clara.	Gymnastics is Clara's favorite subject.
la **Lengua**	language class; language
He aprobado el examen de Lengua Española.	I passed the Spanish exam.
la **gramática**	grammar
el **Latín**	Latin
el **Griego**	Greek
el **Inglés**	English
el **Francés**	French
el **Alemán**	German
el **Italiano**	Italian
el **diccionario (de bolsillo)**	dictionary (pocket)
el **bachillerato**	baccalaureate, school-leaving exam
El bachillerato español termina con la **Prueba de Admisión Universitaria (P. A. U.)**.	The Spanish *bachillerato* concludes with the university admission exam.
la **admisión**	admission, acceptance

el **curso** Quiero hacer un curso de español para extranjeros en España.	course I'd like to take a Spanish course for foreigners in Spain.
la **evaluación** El año pasado saqué malas notas en las evaluaciones de Matemáticas.	test Last year I got bad grades on the math tests.
la **nota** En España la mejor nota es 10 y la peor 0.	grade In Spain the best grade is 10, and the worst is 0.
corregir	correct

el **cuaderno** Esta noche tengo que corregir estos cuadernos.	notebook Tonight I have to correct these notebooks.
la **pizarra** Puri, escribe en la pizarra lo que te dicte Antonio.	blackboard Puri, write on the board what Antonio dictates to you.
la **tiza**	chalk
la **esponja**	sponge
el **recreo** Durante el recreo **jugábamos al** fútbol.	recess (school) During recess we played soccer.

el **examen** Al final de cada curso hay que **presentarse a exámenes**.	exam At the end of every course you have to take exams.
examinarse	be examined; take an exam
suspender	fail
el **desconocimiento** **Suspendí el examen** por desconocimiento del tema.	lack of knowledge, ignorance I failed the exam because of my ignorance of the subject.
aprobar Mi nieto aprobó todo el curso con matrícula de honor.	pass My grandson passed the whole school year with honors.
escrito, a	written
oral ¿Cuándo es su examen oral? – El día dos será el examen escrito y el cinco el oral.	oral When is your oral exam? – The written exam will be on the second, and the oral on the fifth.

el **dictado**	dictation
dictar	dictate

traducir	translate
En clase hemos traducido del latín al español.	In class we translated from Latin into Spanish.
la **traducción**	translation
fácil	easy
Las traducciones al inglés me parecen muy fáciles.	I think translations into English are very easy.
difícil	difficult, hard

el **horario**	schedule
¡Mira en tu horario cuándo tienes clase de Español!	Look at your schedule to see when you have Spanish class!
asistir	attend; be present
Ayer no **asistí a clase** de Chino.	I didn't attend Chinese class yesterday.
la **lección**	lesson

8.3 University, Studies

la **universidad**	university
la **carrera**	studies; career, profession
Tomás ya ha acabado la carrera.	Tomás has already finished his studies.
la **ciencia**	science
A Maruja **le entusiasma** la ciencia.	Maruja is enthusiastic about science.
Lo que han hecho **no tiene ciencia**.	What you did is not difficult.
la **academia**	academy; (private) school
Don Eulogio da clase de Español en una academia.	Don Eulogio teaches Spanish at a private school.
No confundir las **Reales Academias** con las academias particulares.	Don't confuse the Royal Academies with private schools.
la **biblioteca**	library

el, la **estudiante**	student; pupil
Los estudiantes se tienen que matricular para el próximo año.	The students have to register for the next school year.
Octavio es estudiante de Medicina.	Octavio is a medical student.

estudiar
El próximo año estudiaré en la Universidad de Salamanca.
Enrique empieza a estudiar en enero para los exámenes de junio.

study
Next year I'll study at the University of Salamanca.
In January Enrique is starting to study for the exams in June.

el **director**, la **directora**
el **profesor**, la **profesora**
Me ha dicho tu profesora que no hiciste las tareas.
Todos los que enseñan son profesores. – ¿También en una autoescuela? – Sí, también.

principal; director
teacher; instructor; professor
Your teacher told me that you didn't do your homework.
Everyone who teaches is called a profesor(a). – Even in a driving school? – Yes, there too.

el **catedrático**, la **catedrática**
Luis es **catedrático de instituto** y Ana es **catedrática de universidad**.
la **cátedra**
¿Te has presentado a las oposiciones de la cátedra de matemáticas? – No, todavía no.
el **aula**
matricularse
la **matrícula**
La matrícula de los colegios privados y de las universidades es muy cara.
el **lector**, la **lectora**
Nuestra lectora de Español es muy competente.
el **académico**, la **académica**
el **licenciado**, la **licenciada**
Juana María **es licenciada en** Filología.

professor; senior instructor
Luis is a senior instructor at a secondary school, and Ana is a university professor.
chair (professorial); professorship
Have you applied for the mathematics chair? – No, not yet.
lecture room, lecture hall
register; matriculate; enroll
The registration fee for private schools and universities is quite expensive.
teacher; instructor
Our Spanish instructor is very competent.
member of an academy
university graduate
Juana María has a degree in philology.

universitario, a
La **carrera universitaria** dura de cuatro a siete años.
los **estudios**
Mi padre se tuvo que pagar sus estudios dando clases particulares.

university
University studies last from four to seven years.
studies
My father financed his studies by giving private lessons.

el **título**
Cuando termines la carrera, ¿qué título recibirás?

diploma; degree
What degree will you receive when you finish your studies?

el **doctor**, la **doctora** — doctor
el **doctorado** — doctorate
doctorarse — obtain a doctorate
las **oposiciones** — competitive exams for state positions
la **beca** — scholarship; fellowship
Voy a solicitar una beca para Estados Unidos.
I'm going to apply for a fellowship to study in the United States.

el **crédito**
Un crédito son diez horas de clase en la universidad.

ten hours of instruction; credit
Ten hours of instruction at a university are called a *crédito*.

el **comedor universitario** — university dining hall

la **Arqueología** — archeology
las **Letras** — letters; liberal arts; humanities
el **filósofo**, la **filósofa** — philosopher
Ortega y Gasset fue un filósofo español muy conocido.
Ortega y Gasset was a very well-known Spanish philosopher.

la **Filosofía** — philosophy
la **facultad** — faculty; school
La **facultad de Filosofía y Letras** incluía todas las Humanidades.
The Faculty of Philosophy and Letters includes all the humanities.

el **Derecho** — law
la **Teología** — theology
las **Bellas Artes** — art; the fine arts
Alfonso ha estudiado pintura en **Bellas Artes**.
Alfonso studied painting at the Academy of Fine Arts.

la **Pedagogía** — pedagogy, education
la **Psicología** — psychology

el **ensayo** — essay
¿Qué tema has escogido para el ensayo?
What topic have you chosen for the essay?

la **investigación** — research
apuntar — make notes, write down
los **apuntes** — notes
Los estudiantes **toman apuntes** en clase.
The students take notes during class.

False Friends

Spanish Word	Thematic Meaning(s)	False Friend	Spanish Equivalent(s)
el académico, la academica	academy member	academic	el licenciado, la licenciada
la asignatura	subject	signature	la firma
la cátedra	professorial chair, professorship	cathedral	la catedral

9.1 Professional Tools

el **aparato**	device; appliance; machine
El ventilador es un aparato muy práctico en verano.	The fan is a very practical appliance in summer.
funcionar	function; work; run
la **máquina**	machine
En esta fábrica las máquinas hacen el trabajo pesado.	In this factory, machines do the heavy work.
técnico, a	technical
No es necesario ser un especialista técnico para arreglar la bicicleta.	It's not necessary to be a technical expert to repair the bicycle.

la **pila**	battery
Necesito una pila nueva para mi linterna.	I need a new battery for my flashlight.
la **batería**	battery (car)
He comprado una batería para el coche.	I bought a battery for the car.
la **linterna**	flashlight, lantern

la **herramienta**	tool
la **llave**	wrench; key
Esta llave no sirve para montar el aparato.	You can't assemble the device with this wrench.
el **clavo**	nail
el **tornillo**	screw
el **destornillador**	screwdriver
las **tenazas** pl	pliers
¿Tienes unas tenazas para cortar cables?	Do you have pliers for cutting cables?
los **alicates** pl	pincers
el **martillo**	hammer

el **pico**	pick; pickaxe
la **pala**	shovel
En las minas ya no se trabaja con pico y pala.	In the mines, they no longer work with pick and shovel.
el **cincel**	chisel
el **rastrillo**	rake
la **laya**	spade

la **ferretería**	hardware; hardware store
la **cola**	glue

pegar La madera se pega con cola.	glue Wood is bonded with glue.
lijar el **papel de lija** Antes de pintar las puertas tienes que lijarlas con papel de lija.	sand(paper); smooth, rub sandpaper Before painting the doors, you have to sand them with sandpaper.
la **cuerda** Hay que atar este paquete con una cuerda para que no se abra.	rope; cord; string The package has to be tied with string, so that it doesn't come open.
el **machete** la **navaja** el **saco** Nos trajeron el carbón en sacos **de cincuenta kilos.**	cane knife, machete pocket knife sack, bag They brought us the coal in 50-kilo sacks.
la **red** El pescador no puede ir a pescar porque tiene que coser la red.	net The fisherman can't go out to fish because he has to mend the net.

9.2 Office Items

la **máquina de escribir** la **margarita** el **ordenador** la **computadora** En Hispanoamérica llaman al ordenador *computadora*.	typewriter type wheel computer (Spain) computer (Latin America) In Spanish America, only the word *computadora* is used for the computer.
la **fotocopiadora** la **fotocopia** **copiar** la **copia** el **programa** ¿Me puede recomendar un buen **programa de texto** para mi ordenador?	photocopier photocopy copy, to copy program, software Can you recommend a good word processing program for my computer?
el **fax** Como no funciona el fax, no he recibido tu fax.	fax; fax machine Since the fax machine is out of order, I didn't get your fax.
la **calculadora**	pocket calculator

la **papelería**
Ya **no quedan** ni sobres ni papel de cartas. Tendré que ir a la papelería.

el **bloc**
el **papel**
la **hoja** (de papel)
¿Me das una hoja de tu bloc?

el **sobre**
el **lápiz**
el **bolígrafo**, el **boli**
Isabel tiene un boli de cuatro colores.

la **pluma**
firmar con pluma
la **tinta**
la **cinta adhesiva**, el **celo**

stationery store
There are neither envelopes nor writing paper left. I have to go to the stationery store.

block (of paper); pad
paper
sheet (of paper)
Will you give me a sheet from your pad?.

envelope
pencil
ballpoint pen
Isabel has a four-color ballpoint pen.

fountain pen
sign with a fountain pen
ink
adhesive tape; Scotch tape

la **agenda**

Remedios se apunta todo en la agenda para no olvidarse de nada.

la **carpeta**
el **archivador**
el **archivo**
Juan ha estado todo el día en el archivo pero no ha encontrado ni la carpeta ni el archivador que se dejó allí.

appointment book; memo(randum) book
Remedios writes down everything in the memo book to keep from forgetting anything.

folder; desk pad; portfolio
filing cabinet; file; binder
filing room
Juan was in the filing room all day, but he found neither the folder nor the file that he had left there.

el **tampón**
el **sello**
Como no hay tinta en el tampón, no te puedo **poner un sello**.

la **cinta**
el **cartucho de tinta**
el **cartucho de tinta de colores**
borrar
la **goma de borrar**
el **rotulador**
el **compás**
El capitán del barco usa brújula y compás.

stamp pad; ink pad
stamp; seal; impression
Since there's no ink in the stamp pad, I can't stamp anything for you.
typewriter ribbon, ink ribbon
ink cartridge
color cartridge
erase; remove, eradicate
eraser
felt-tipped pen; highlighter
pair of compasses
The ship's captain uses a magnetic compass and a pair of compasses.

el tóner No podemos hacer fotocopias porque se ha acabado el tóner.	toner We can't make photocopies because we're out of toner.

9.3 Career Training and Careers

la formación
En España la **formación** **profesional** dura cuatro años.
el aprendiz, la **aprendiza**
la **escuela de formación profesional**
la **experiencia**
la **práctica**
teórico, a
Algunos camareros no reciben formación teórica.
la **teoría**
Las **clases de teoría** son bastante aburridas.
las **prácticas**
Arturo está haciendo unas **prácticas de óptico**.
el **conocimiento**
conocimientos de medicina
profesional
Charo es una **peluquera** **profesional**.
dedicarse

¿A qué te vas a dedicar cuando termines el aprendizaje?
especializarse
Rafael **se especializó en** la arquitectura de mezquitas.
especializado, a

training
In Spain, vocational training lasts for four years.
apprentice; trainee
vocational training school
experience
practice
theoretical
Some waiters receive no theoretical training.
theory
The classes in theory are rather boring.
practical training
Arturo is doing practical training as an optician.
knowledge
medical knowledge
professional
Charo is a professional hairdresser.
devote oneself to; do professionally
What will you do careerwise when you finish your apprenticeship?
specialize
Rafael specialized in the architecture of mosques.
specialized

el **oficio**
¿Qué oficio les gustaría aprender?

el **trabajador**, la **trabajadora**
el **obrero**, la **obrera**
el **obrero especializado**

Muchos obreros españoles emigraron en los años 60.

employ, work, occupation; vocation
What occupation would you like to learn?
worker
worker, workman, laborer
skilled worker, trained worker, specialist
Many Spanish workers emigrated in the sixties.

el **empleado**, la **empleada**	employee
el **funcionario**, la **funcionaria**	public official
Tomás es funcionario porque le gusta trabajar en la Administración.	Tomás is a public official because he likes working in the administration.
el, la **agente**	agent; representative
el **agente de seguros**	insurance agent
el **secretario**, la **secretaria**	secretary
Mi secretaria **sabe** muy bien español.	My secretary knows Spanish very well.

el **médico**, la **médica**	doctor, physician
el **médico de cabecera**	family doctor
el **médico de medicina general**	general practitioner
el, la **dentista**	dentist
el **farmacéutico**, la **farmacéutica**	pharmacist
El farmacéutico me dio unas pastillas contra el dolor de cabeza.	The pharmacist gave me some tablets for my headache.

el **panadero**, la **panadera**	baker
el **pastelero**, la **pastelera**	pastry cook
Los panaderos y los pasteleros venden **pan del día** toda la semana.	Bakers and pastry cooks sell fresh bread all week long.
el **carnicero**, la **carnicera**	butcher
el **cocinero**, la **cocinera**	cook
el **dependiente**, la **dependienta**	salesman, saleswoman; clerk
el **peluquero**, la **peluquera**	hairdresser
el **jardinero**, la **jardinera**	gardener
El jardinero está regando las flores.	The gardener is watering the flowers.
el **zapatero**, la **zapatera**	cobbler, shoemaker
El zapatero tendrá las botas para el martes.	The shoemaker will have the boots ready by Tuesday.
el, la **limpiabotas** *pl*	bootblack
En Bogotá muchos niños son limpiabotas.	In Bogotá, many children are bootblacks.
el **(vendedor) ambulante**, la **(vendedora) ambulante**	street vendor
el, la **vigilante**	watchman
Todos los bancos tienen vigilantes.	All banks have watchmen.

el **fontanero**, la **fontanera**	plumber
el **mecánico**	mechanic
El mecánico arregló el camión en un momento.	The mechanic repaired the truck very quickly.
el, la **electricista**	electrician

el **ingeniero**, la **ingeniera** Los ingenieros no saben por qué se rompió la **represa**.	engineer The engineers don't know why the dam broke.
el **aprendizaje**	apprenticeship; vocational training
el **oficial**, la **oficiala**	skilled worker
el **maestro**, la **maestra** Joaquín es maestro de mecánica.	master Joaquín is a master mechanic.
el, la **internista**	internist
el **médico naturista**	naturopath
el **médico de urgencia**	emergency room physician
el **médico rural**	country doctor
el **médico del seguro (de enfermedad)**	doctor participating in a health-insurance plan
el **cirujano**, la **cirujana**	surgeon
el **enfermero**, la **enfermera**	nurse
el **ginecólogo**, la **ginecóloga** ¿Conoces una buena ginecóloga?	gynecologist Do you know a good gynecologist?
el **psicólogo**, la **psicóloga** Muchos psicólogos argentinos vinieron a España.	psychologist Many Argentine psychologists came to Spain.
el **notario**, la **notaria** El notario nos entregó la escritura.	notary (public) The notary handed us the deed.
el **juez**, la **jueza** El juez condenó al ladrón.	judge The judge sentenced the thief.
el **abogado**, la **abogada**	lawyer
el **veterinario**, la **veterinaria**	veterinarian
el **labrador**, la **labradora** Los labradores no están contentos con la cosecha.	farmer The farmers are not happy with the harvest.
el **pastor**, la **pastora** El pastor cuida el rebaño con ayuda de su perro.	shepherd, herdsman The shepherd looks after the herd with the help of his dog.
el **inspector**, la **inspectora**	inspector
el **inspector de Hacienda**	tax inspector
el, la **asistente**	assistant
el, la **detective** Pepe Carvalho es un detective de Barcelona.	detective Pepe Carvalho is a detective from Barcelona.
el **chófer**	chauffeur, driver

el **joyero**, la **joyera** Ayer asaltaron al joyero de la esquina.	jeweler Yesterday the jeweler on the corner was attacked.
el **relojero**, la **relojera**	watchmaker, clockmaker
el **óptico**, la **óptica**	optician
el **fotógrafo**, la **fotógrafa**	photographer
el **fotógrafo de publicidad**	commercial photographer

el **traductor**, la **traductora** Los traductores se tienen que defender contra muchos ignorantes.	translator Translators have to defend themselves against many ignorant people.
el, la **intérprete** Mi hermana fue intérprete del presidente.	interpreter My sister was the president's interpreter.
el **bibliotecario**, la **bibliotecaria**	librarian
el **locutor**, la **locutora** La **locutora de las noticias** se equivoca mucho.	announcer or speaker (radio) The news announcer often stumbles over words.

9.4 Work, Working Conditions

el **trabajo**	work; job
el **puesto de trabajo**	workplace
ganar Trabajamos mucho pero ganamos poco.	earn We work a lot, but we earn little.
trabajar	work
el **jornal**	daily wage
el **salario** Los precios suben más que los salarios.	salary, wages Prices are rising more than wages.
el **sueldo** ¿Cuánto **cobras de sueldo?**	pay, salary What is your salary?

la **oficina** El trabajo de oficina puede ser muy aburrido.	office Office work can be very boring.
el **personal** Todo el personal de esta empresa está asegurado.	personnel All the personnel at this firm are insured.
fijo, a ¿Cuántos empleados fijos sois en la fábrica?	fixed, permanent How many permanent employees are in your factory?

el **paro**	unemployment
El **paro juvenil** es un problema actual.	Unemployment among young people is a current problem.
el **parado**, la **parada**	unemployed person
el **subsidio de paro**	unemployment benefits
En España los parados reciben seis meses el subsidio de paro.	In Spain, the unemployed receive unemployment benefits for six months.
despedir	dismiss; let go, lay off; fire
¿Por qué los han despedido?	Why were you let go?
el **despido**	dismissal; layoff
El despido puede significar la ruina de una familia.	Job loss can mean the ruin of a family.
jubilado, a	retired; on a pension
José tiene sesenta y cinco años y está jubilado.	José is 63 years old and is retired.
la **pensión**	pension
la **jornada**	working day; workday
En verano **hacemos jornada intensiva** de 7 a 2 de la tarde.	In summer we have a continuous workday from 7 A.M. until 2 P.M.
el **trabajo temporero**	seasonal work; temporary work
el **temporero**, la **temporera**	seasonal worker; temporary worker
manual	manual
El trabajo manual puede ser muy caro.	Manual labor can be very expensive.
el, la **especialista**	specialist, expert
Los especialistas siguen investigando el origen del Sida.	The experts are continuing to research the cause of AIDS.
el **patrón**, el **patrono**, la **patrona**	boss, employer
el **pago**	payment
pendiente	pending; unresolved; unpaid
El patrono no ha realizado los **pagos pendientes**.	The pending payments have not been paid by the employer.
el **empleador**, la **empleadora**	employer
la **huelga**	strike
el **sindicato**	union
organizar	organize
Los sindicatos han organizado para mañana una **huelga general**.	The unions have organized a strike for tomorrow.

la **solidaridad**	solidarity

el **empleo**	employment; job
Estamos buscando empleo desde hace dos años.	We've been looking for a job for two years.
la **Oficina de Empleo**	employment office
el **seguro de desempleo**	unemployment insurance
la **Seguridad Social**	social security
La Seguridad Social incluye el seguro de enfermedad.	Social security includes health insurance.
solicitar	apply for; request
Ana ha solicitado un aumento de sueldo.	Ana has requested a raise.
He **solicitado trabajo** en la Seat.	I have applied for work at Seat.
el **porvenir**	future (professional)
Esta actriz tiene un gran porvenir.	This actress has a great future.
el **cargo**	post, position; duty, responsibility
¿Desde cuándo **tiene** usted **el cargo de** diputado?	How long have you been a representative?

laborable	workable; working
los **días laborables**	working days
laboral	labor
El abogado **se especializó en** derecho laboral.	The lawyer specialized in labor law.
nombrar	name; appoint
Nicolás ha sido nombrado Secretario General del Ministerio.	Nicolás has been named Secretary General at the Ministry.
el **campo**	field
En el campo de la informática hay muchas posibilidades de trabajo.	In the field of information technology, there are many job opportunities.
el **turno**	shift
El **turno de noche** me es más agradable que el **turno de mañana.**	I prefer the night shift to the early shift.

la **cinta continua**	conveyor belt, assembly line
El trabajo en una cinta continua es muy monótono.	Working on an assembly line is very monotonous.
automático, a	automatic
la **tecnología**	technology
la **instalación**	installation
electrónico, a	electronic

False Friends			
Spanish Word	Thematic Meaning(s)	False Friend	Spanish Equivalent(s)
el compás	pair of compasses (*navigation instrument*)	compass (magnetic)	la brújula
el cargo	post, position	cargo	la carga

10.1 Leisure Time, Hobbies, and Games

la **diversión**
entertainment; amusement; fun
la **broma**
prank
Es una diversión gastar bromas.
It is fun to make jokes.
Clara hoy **no está para bromas.**
Clara is not in a joking mood today.
el **chiste**
joke
divertido, a
funny; entertaining; amusing
¿Cómo fue la fiesta?
How was the party?
– Muy divertida.
– Lots of fun.
divertirse
have fun, amuse oneself, have a good time

¡Que te diviertas!
Have fun!
Raúl no se sabe divertir sin los amigos.
Raúl can't have a good time without his friends.
entretenerse
amuse oneself
Me entretengo con la colección de sellos.
I amuse myself by collecting stamps.
la **distracción**
pastime; distraction
La mejor distracción para ti es salir con los amigos.
The best pastime for you is to go out with friends.
las **vacaciones** pl
vacation
la **feria**
fair; trade fair
En las vacaciones del colegio fuimos a la **feria del libro.**
During school vacation we went to the book fair.
La feria de abril de Sevilla es famosa.
The April fair in Seville is famous.

salir
leave, go out
la **discoteca**
disco(theque)
Hace tiempo que salimos con los amigos a una discoteca.
It's a long time since we went with friends to a disco.
bailar
dance, to
¿Quieres que bailemos?
Would you like to dance?
el **baile**
dance
Durante las fiestas **habrá** todas las noches **baile** en la plaza del pueblo.
During the holidays there will be dances every night in the village square.
pasear
go for a walk, take for a walk
Como hace buen tiempo **hemos venido paseando.**
Since the weather is good, we came on foot.
pasearse
take a walk
En verano mucha gente **se pasea por** la playa.
In summer many people walk on the beach.

la **afición**
el **aficionado**, la **aficionada**
La próxima semana habrá un concurso para aficionados.
el, la **hincha**
jugar
¿A qué vamos a **jugar**? – Pues **al** ajedrez, ¿no?
el **juego**
la **carta**
¿Conocen un **juego de cartas** divertido?
el **juguete**
la **muñeca**
Para Reyes queremos muchos juguetes y muñecas.

hobby
fan; amateur
Next week there will be a competition for amateurs.
groupie, fan
play
What are we going to play? – How about chess, all right?
game
card (playing)
Do you know an entertaining card game?
toy
doll
For Epiphany, we want a lot of toys and dolls.

la **fotografía**
la **foto**
La gran afición de mi madre es la fotografía, especialmente **sacarles fotos** a los gatos.
la **cámara (fotográfica)**
Me robaron la cámara y los carretes que no habíamos revelado todavía.
la **cámara de vídeo**
la **cámara de cine**

photography
photo, picture
My mother's great hobby is photography, especially photographing cats.
camera
They stole my camera and the films that we hadn't developed yet.
video camera
film camera

la **colección**
Mi abuela tenía una colección de joyas muy valiosas.
coleccionar
¿Qué colecciona usted?

collection
My grandmother had a very valuable collection of jewels.
collect
What do you collect?

el **tiempo libre**
¿Qué hace en su tiempo libre?
el **ocio**
distraerse
Muchos niños se distraen **viendo la tele**.
animado, a
La discoteca **está muy animada** esta noche.

free lime, leisure time
What do you do in your free time?
pastime, diversion
amuse oneself
Many children amuse themselves by watching TV.
lively, animated
The disco is very lively this evening.

el **pub**	pub
¿Te vienes al pub a **tomar una copa?**	Will you come to the pub for a drink?
el **paseo**	walk
¿Vamos a **dar un paseo?**	Shall we take a walk?
la **vuelta**	walk, stroll, turn
Fui a dar una vuelta por el centro y me encontré a Ramona.	I went for a stroll through the center of town and ran into Ramona.
el **parque de atracciones**	amusement park
Cerca de Jalisco hay un parque de atracciones enorme.	Near Jalisco there is an enormous amusement park.
la **pausa**	pause; break; rest
el **entreacto**	intermission
En el entreacto me fumo un cigarrillo.	During the intermission I smoke a cigarette.
el **recreo**	recess (school)
la **danza**	(folk) dance
Esta noche vamos a ver **danzas populares.**	This evening we're going to see folk dances.
la **corrida de toros**	bullfight
Hoy en día a muchos españoles no les gustan las corridas de toros.	These days many Spaniards dislike bullfights.
el **circo**	circus
el **payaso**, la **payasa**	clown
la **lotería**	lottery
el **casino**	casino (gambling)
Nunca gano nada, ni **jugando a la lotería** ni cuando voy al casino.	I never win anything, either playing the lottery or when I go to the casino.
el **crucigrama**	crossword puzzle
En muchas revistas y periódicos hay unas páginas de ocio con crucigramas etc.	In many newspapers and magazines, there are some pages with pastimes such as crossword puzzles.
el **ajedrez**	chess
la **partida**	game; match
el **dominó**	dominoes
¿Jugamos una **partida de dominó?**	Shall we play a game of dominoes?
la **rayuela**	*rayuela* (game of coin-throwing)

apostar	bet, to
Mucha gente **juega a las cartas** apostando mucho dinero.	Many people bet a lot of money when playing cards.
la **apuesta**	bet, wager
¡Has ganado la apuesta!	You've won the bet!
la **trampa**	cheating; trick, deceit
¡No vale hacer trampas!	Cheating doesn't count!
el **dado**	die
Ya los romanos **jugaban a los dados.**	Even the Romans used to play dice.
el **concurso**	contest; competition
El teatro está en quiebra y no habrá concurso de actores.	The theater is in bankruptcy, and there will be no actors' audition.
el **serial**	series (radio, TV)
el **episodio**	episode
la **telenovela**	soap opera
Los seriales, como por ejemplo las telenovelas, tienen muchos episodios.	Series such as soap operas have many episodes.
el **moderador**, la **moderadora**	moderator
el **carrete**	film (photographic)
revelar	develop (film)
la **diapositiva**	slide
el **flash**	flash
la **copia**	copy
En cuanto podamos te mandaremos las copias que nos pediste.	As soon as we can, we'll send you the copies you asked us for.
el, la **coleccionista**	collector
Mi cuñado es un coleccionista profesional de sellos.	My brother-in-law is a professional stamp collector.
hacer labores	do handwork
hacer trabajos manuales	do (handi)crafts

10.2 Sports

el, la **deportista**	athlete, sportsman, sportswoman
deportivo, a	athletic, relating to sport

Durante mis vacaciones **me dedico a actividades deportivas.**
During my vacations I engage in athletic activities.

el **deporte**
sport

¿**Practicas** algún **deporte?** – Sí, **juego al tenis, corro y nado.**
Do you go in for sports? – Yes, I play tennis, run, and swim.

practicar
practice, go in for

ganar
win

perder
lose

Si no hubiésemos perdido este partido hubiéramos ganado la copa.
If we hadn't lost this game, we would have won the cup.

vencer
defeat

El entrenador no se explica cómo pudieron vencer a su equipo.
The trainer can't understand how they were able to defeat his team.

---

el, la **atleta**
athlete

Los atletas no deberían fumar.
Athletes should not smoke.

correr
run; race

el **futin**
jogging

Carlos corre muy deprisa cuando **hace futin.**
Carlos runs very fast when he jogs.

saltar
jump

Jamás creí que pudieras saltar tal altura.
I never would have believed that you could jump so high.

el **salto de longitud**
broad jump

el **salto de altura**
high jump

lanzar
throw

---

boxear
box

Para boxear se necesitan unos guantes especiales.
To box you need special gloves.

esquiar
ski

En Sierra Nevada se puede esquiar todo el año.
In the Sierra Nevada, you can ski all year long.

montar
ride (horseback)

¿Sabes dónde se puede **montar a caballo** por aquí?
Do you know where one can ride horseback around here?

remar
row, paddle

---

la **piscina**
swimming pool

la **natación**
swimming

nadar
swim

El médico me ha recomendado que vaya a la piscina y **practique la natación.**
The doctor recommended that I go to the pool and swim.

el **jugador**, la **jugadora**	player
el **equipo**	team; sports equipment
Nuestro equipo no ganó el partido por culpa del árbitro.	Our team didn't win the game on account of the referee.
el **entrenamiento**	training
participar	participate, take part
Miguel no **participa** en el entrenamiento porque se ha dejado el equipo.	Miguel isn't participating in the training because he forgot his sports equipment.

el **fútbol**	soccer
el **partido**	game
un **partido** de fútbol	soccer game
el **balón**	ball (soccer)

la **pelota**	ball; Basque game of *pelota*.
La pelota se juega principalmente en el País Vasco.	*Pelota* is played primarily in the Basque Country.
el **tenis**	tennis
la **raqueta**	racquet; paddle

> **Raqueta** means *racquet* (tennis) and *paddle* (ping-pong), but also *traffic circle, traffic rotary.*
>
> **Ana rompió la raqueta de tenis jugando.** — Ana broke the tennis racquet while playing.
>
> **En la próxima raqueta podemos dar la vuelta.** — We can turn around at the next traffic circle.

---

la **competición**	competition; race
Las **competiciones** de motos se celebran en Jerez de la Frontera.	Motorcycle races are held in Jerez de la Frontera.
el **campeonato**	championship
¿Cuándo son los próximos campeonatos de atletismo?	When are the next track-and-field championships?
el **campeón**, la **campeona**	champion
¿Quién es el actual campeón del mundo de baloncesto?	Who is the current world champion in basketball?
el **récord**	record
El nuevo campeón del mundo **ha batido el récord** por dos segundos.	The new champion broke the record by two seconds.

la **disciplina**	discipline; type of sport
la **Olimpiada**	Olympics

olímpico, a	Olympic
En 1992 los Juegos Olímpicos fueron en Barcelona.	In 1992 the Olympic Games were in Barcelona.
entrenarse	train
Los buenos deportistas se entrenan casi todos los días.	Good athletes train almost daily.
el **entrenador**, la **entrenadora**	trainer
la **carrera**	race
la **meta**	goal, finish line
Pablo no **estaba en forma** y por eso no llegó a la meta.	Pablo was not in shape and therefore did not reach the finish line.
el **atletismo**	track-and-field events; athletics
la **gimnasia**	gymnastics
el **gimnasio**	gymnasium
Mi mujer va todas las semanas a **hacer gimnasia** a un gimnasio.	My wife goes to a gym every week to do gymnastics.
el **nadador**, la **nadadora**	swimmer
En los próximos campeonatos van a participar muchos nadadores panameños.	In the next championships, many Panamanian swimmers are going to participate.
bucear	dive
navegar a vela	sail
el **velero**	sailboat
En verano navegamos a vela en el velero de mi hermano.	In summer we sail on my brother's sailboat.
el **surf**	surfboard; surfing
Ángel tiene un surf desde hace dos años pero no sabe llevarlo.	Angel has had a surfboard for two years, but he doesn't know how to surf.
el **portero**, la **portera**	goalkeeper
el, la **futbolista**	soccer player
el **árbitro**	referee
marcar	score
el **gol**	goal (in soccer/handball)
¿Cuántos goles han marcado?	How many goals have you scored?
la **portería**	goal box
empatar	tie
El Real Madrid y el Barcelona **empataron a 2**.	Real Madrid and Barcelona played to a 2 : 2 tie.
el **estadio**	stadium
el **campo (deportivo)**	playing field
el **balonmano**	handball
el **hockey**	hockey

el **baloncesto**	basketball
el **balonvolea**, el **voleibol**	volleyball

la **pista**	course; trail; track; run(way)
En julio se llenan las pistas de esquí en Farellones.	In July the ski runs in Farellones are full.
el **telesquí**	ski lift
el **esquí**	ski
Antes de irnos a la montaña tienes que comprarte unos esquíes.	Before we go to the mountains, you have to buy skis.
patinar	skate
los **patines en línea**	inline skates

el **ciclismo**	cycling
La **carrera de ciclismo** española más importante es la Vuelta a España.	The most important Spanish bike race is the Vuelta a España.
el, la **ciclista**	cyclist
el **boxeador**, la **boxeadora**	boxer
el **golf**	golf
En Bolivia se juega poco al golf.	Little golf is played in Bolivia.
la **equitación**	riding (horseback); horsemanship
La equitación tiene poca tradición en Cuba.	Riding does not have much of a tradition in Cuba.

la **caza**	hunting
A veces **vamos de caza** o de pesca para distraernos.	Sometimes we go hunting or fishing for recreation.
En las **reservas naturales** está prohibida la caza.	Hunting is prohibited in the nature reserves.
el **cazador**, la **cazadora**	hunter
cazar	hunt, catch
Roberto ha cazado una mosca.	Roberto has caught a fly.
el **coto de caza**	hunting preserve
Este verano los cazadores cazan en el coto de caza de Ciudad Real.	This summer the hunters are hunting in the Ciudad Real hunting preserve.

10.3 Theater, Film

el **programa**	program
¿Tiene el programa de teatro y ópera del mes que viene?	Do you have the theater and opera program for next month?

el **teatro**
Pedí ayer las entradas del teatro para no **hacer cola** después.

theater
I ordered the theater tickets yesterday to avoid having to stand in line later.

la **obra de teatro**
el **espectáculo**
¿**A qué hora** empieza el espectáculo?

play (stage), drama
show; performance; play
When does the performance begin?

la **pieza**
A Mercedes le encantó la representación de esta pieza.

play (stage)
Mercedes was enthusiastic about the staging of this play.

el **escenario**
La decoración del escenario era sorprendente.

stage; (theater) scenery
The set decoration was amazing.

---

el **público**
aplaudir
El público aplaudió mucho en el estreno.
silbar

audience
applaud
The audience applauded the premiere with enthusiasm.
hiss, boo

---

el **cine**

¿Qué película dan **en el cine?**

movie theater; moving picture, movie
What's playing at the movie theater?

la **película**
Antes nos gustaban mucho las **películas de vaqueros.**

film (movie, TV)
We used to like Westerns a lot.

el **actor**, la **actriz**
¿Cuál es tu actor preferido?

actor, actress
Who is your favorite actor?

actuar
¿Te acuerdas del chico que actuó de malo en la película?

play
Do you remember the boy who played the bad guy in the film?

---

la **cola**
la **entrada**
¿Ya **has sacado las entradas?**
la **taquilla**
Tenemos que **estar a tiempo** en el cine porque habrá cola en la taquilla.
la **pantalla**
En los cines de verano un muro blanco hace de pantalla.

line (waiting)
ticket of admission
Have you bought the tickets yet?
box office (movie, theater)
We have to be at the movie theater on time, because there'll be a line at the box office.
screen
In the summer movie theaters, a white wall serves as the screen.

la **sesión**	showing (movie)
En los cines de barrio hay **sesión continua**.	Neighborhood movie theaters have continuous showings.

la **representación**	presentation
la **compañía (de teatro)**	ensemble, theater troupe
representar	play; portray
¿Quién representa el papel de Don Juan Tenorio?	Who plays the role of Don Juan Tenorio?
el **papel**	role
el **ensayo**	rehearsal
Como los actores **están de vacaciones** no habrá ensayos hasta septiembre.	Since the actors are on vacation, there will be no rehearsals until September.
el **acto**	act
la **comedia**	comedy
Lope de Vega escribió muchísimas comedias.	Lope de Vega wrote a great many comedies.
la **tragedia**	tragedy
trágico, a	tragic
cómico, a	comic; funny
A Tomás le encantan las películas cómicas de los hermanos Marx.	Tomás likes the comic films of the Marx Brothers.
la **zarzuela**	*zarzuela* (Spanish musical comedy)
La zarzuela es un género de teatro musical típico de España.	The *zarzuela* is a typical Spanish form of musical comedy.

el **productor**, la **productora**	producer
el **director**, la **directora**	director
No nos gustó la interpretación de la obra que ofreció el director.	We didn't like the interpretation of the work offered by the director.
interpretar	interpret
el **festival**	festival
En San Sebastián se celebra un festival de cine.	A film festival is held in San Sebastián.
el **estreno**	premiere
la **función**	presentation (theater, film)
Esta tarde habrá una **función para niños**.	This afternoon there will be a children's show.

la **escena**	scene
La última escena de la película fue muy emocionante.	The last scene of the film was very thrilling.
la **estrella**	star

¿Conoces alguna estrella del cine español?	Do you know any Spanish film star?
la **fama**	fame
La fama es para quien la gana. *loc*	Fame is for those who earn it.
el **descanso**	break, pause; intermission
En el descanso te compraré caramelos.	During the intermission I'll buy you candy.
la **butaca**	orchestra seat
Déme dos butacas.	Give me two orchestra seats.
el **palco**	box (theater), loge
el **aplauso**	applause
Al final del tercer acto hubo muchos aplausos para la compañía.	At the end of the third act there was great applause for the cast.

10.4 Parties and Celebrations

la **fiesta**	party; festivity; holiday
celebrar	celebrate
el **Patrono**, la **Patrona**	patron saint
Muchas fiestas españolas se celebran el **día del Patrono** de la ciudad o del pueblo.	Many Spanish holidays are celebrated on the name day of the patron saint of the town or village.
la **costumbre**	custom
la **tradición**	tradition
tradicional	traditional

el **santo**	name day
el **cumpleaños**	birthday
¡**Feliz cumpleaños!**	Happy Birthday!
En España se celebra más el santo que el cumpleaños.	In Spain, the name day is celebrated more than the birthday.
el **aniversario**	anniversary
¿Dónde celebraron su **aniversario de boda?**	Where did you celebrate your wedding anniversary?

la **Navidad**	Christmas
¡**Feliz Navidad!**, ¡**Felices Navidades!**	Merry Christmas!
(la) **Nochebuena**	Christmas Eve
Los españoles colocan ahora en Nochebuena el árbol de Navidad.	Spaniards now put up a Christmas tree on Christmas Eve.

los **Reyes Magos** En España **el día de Reyes** se dan los regalos.	Epiphany; Three Wise Men In Spain, gifts are given at Epiphany.
Año Nuevo	New Year
¡**Feliz Año Nuevo!**	Happy New Year!
(la) **Nochevieja** Cuando **suenan las doce** de la noche en Nochevieja los españoles toman doce uvas para tener suerte en el Año Nuevo.	New Year's Eve When it strikes 12 on New Year's Eve, Spaniards eat 12 grapes in order to have good luck in the new year.
(la) **Semana Santa**	Holy Week
la **procesión** Las procesiones de Semana Santa en Sevilla son famosas.	procession The Holy Week processions in Seville are famous.
(la) **Pascua**	Easter
Pentecostés ¿Cuándo es Pentecostés? – No tengo ni idea pero creo que es después de Pascua, ¿no?	Pentecost When is Pentecost? – I have no idea, but I think it's after Easter, isn't it?

el **carnaval**	carnival; Mardi Gras season
San Juan La fiesta de San Juan es el 24 de junio.	St. John; Midsummer Day, St. John the Baptist's Day The Midsummer Day celebration is on June 24th.
San Fermín **Los Sanfermines** son del uno al siete de julio en Pamplona.	St. Fermín The St. Fermín festivals are held in Pamplona from July 1st to July 7th.
las **Fallas** Las Fallas se celebran en Valencia y terminan el día de San José, el 19 de marzo.	*Fallas* (fire and light shows in Valencia) The *Fallas* are celebrated in Valencia and end on St. Joseph's Day, March 19th.

el **torero**, la **torera**	bullfighter
la **corrida de toros** ¿Ya ha estado usted alguna vez en una corrida?	bullfight Have you ever been to a bullfight?
popular Muchas corridas de toros se hacen durante las fiestas populares de cada ciudad o región.	popular Many bullfights are held during the public festivals of each city or region.
la **novillada**	bullfight with young bulls
el **matador**	bullfighter, matador
el **toro bravo**	fighting bull
el **capote**	bullfighter's cape
la **muleta**	red cloth

la **banderilla**	baiting dart (used in bullfighting)
torear	bullfight, to

False Friends

Spanish Word	Thematic Meaning(s)	False Friend	Spanish Equivalent(s)
el balón	(soccer) ball	balloon	el globo
la trampa	cheating	tramp	el vagabundo
el salto	jump	salt	la sal
el fútbol	soccer	football	el balonpié, el futbol

11.1 Traveling and Making Travel Preparations

el **viaje**
¿Adónde **nos vamos de viaje** este invierno?
¡Buen viaje!
trip, travel, journey, voyage
Where shall we take a trip this winter?
Have a good trip!, Bon voyage!

viajar
Beatriz ha viajado para conocer otros países.
travel, to
Beatriz traveled in order to become acquainted with other countries.

el **viajero**, la **viajera**
Señores viajeros del **vuelo con destino** a Cartagena, diríjanse a la puerta B.
traveler; passenger
Passengers on the flight to Cartagena, please go to Gate B.

la **agencia de viajes**
Mientras **haces las maletas** voy a recoger los billetes a la agencia de viajes.
travel agency
While you pack the bags, I'm going to pick up the tickets at the travel agency.

el **prospecto**
¿Tienen nuevos prospectos sobre viajes a la Isla Margarita?
brochure
Do you have new brochures on trips to Margarita Island?

reservar
Quisiéramos reservar dos habitaciones individuales.
reserve, book
We'd like to reserve two single rooms.

las **vacaciones**
¿Adónde **te vas en vacaciones**?
vacation
Where are you going on vacation?

el **equipaje**
Cuando vamos de vacaciones siempre llevamos demasiado equipaje.
baggage, luggage
When we go on vacation, we always take too much baggage.

la **maleta**
suitcase

la **llegada**
¿A qué hora esperan la llegada del vuelo de Quito?
arrival
What time do you expect the arrival of the flight from Quito?

la **salida**
departure

el **recuerdo**
Miguel nos trajo un recuerdo de Guatemala.
souvenir, memento
Miguel brought us a souvenir from Guatemala.

visitar
Me gustaría visitar Panamá.
visit
I would like to visit Panama.

el, la **guía**
En el Prado una guía nos explicó los cuadros de Velázquez.
guide (tour, tourist)
In the Prado, the guide explained Velázquez's paintings to us.

la **guía**
En esta guía no se dice nada
sobre el origen de la Alhambra.

travel guide(book)
In this guidebook, nothing is
said about the origin of the
Alhambra.

el **plano**
Los museos están indicados en el
plano.

map
The museums are marked on the
map.

la **excursión**
impresionante
la **oficina de turismo**
En las oficinas de turismo se puede
informar sobre excursiones, hoteles
y precios.

excursion, outing
impressive
tourist (information) office
In the tourist offices you can get
information about excursions,
hotels, and prices.

el **Documento Nacional de Identidad (DNI)**
el **visado**
Para algunos países es necesario
tener un visado.

National Identification Card

visa
For some countries it's necessary
to have a visa.

el **pasaporte**
En viajes a Hispanoamérica se
recomienda llevar el pasaporte y
un carnet internacional de
conductor.

passport
On trips to Spanish America, it's
recommended to carry a passport and an international
driver's license.

la **aduana**
declarar
¿**Tiene algo que declarar?**

custom house, customs
declare
Do you have anything to declare?

el **aduanero**, la **aduanera**
El aduanero registró las maletas.

customs official
The customs official inspected
the bags.

la **frontera**

border, frontier

controlar
el **control**
En el control de seguridad **controlaron si llevábamos armas.**

check, to; control, to
check, control, inspection
During the security check they
checked to see if we were carrying weapons.

la **ficha**
Rellene la ficha indicando sus datos
personales.

form
Fill out the form with your personal data.

forastero, a

foreign

el **preparativo**
Todavía no **hemos hecho los
preparativos** para el viaje.

preparation
We haven't made preparations
for our trip yet.

la **mochila**
Paco viaja sólo con una mochila.

backpack
Paco travels with only a backpack.

partir
Antes de partir, no se olviden de despedirse.

leave, depart
Before you leave, don't forget to say goodbye.

recorrer
Este año voy a recorrer los Pirineos.

travel (in or over)
This year I'm going to travel in the Pyrenees.

el **agroturismo**

vacation on a farm

anular
He anulado el viaje a Quito.

cancel
I've canceled the trip to Quito.

el **regreso**
Al regreso de Cuba me encontré a Ricardo en el aeropuerto.

return
When returning from Cuba, I ran into Ricardo at the airport.

el **retraso**
El tren llegó con dos horas de retraso.

delay
The train arrived two hours late.

el, la **turista**
Hay turistas que no saben comportarse en el extranjero.

tourist
There are tourists who don't know how to behave abroad.

turístico, a
Las Islas Canarias son un **centro turístico** muy importante.

touristic
The Canary Islands are a very important tourist center.

el **turismo**
El turismo ha creado muchos problemas en España.

tourism
Tourism has created many problems in Spain.

la **temporada**
La última **temporada turística** ha sido fatal.

season
The last season was miserable.

la **temporada alta**
la **temporada baja**

high season
off season

el **folleto**
En este folleto se anuncian viajes muy económicos.

brochure
Very economical trips are offered in this brochure.

disfrutar (de)
Los señores Cornello disfrutaron de sus vacaciones.

enjoy
The Cornellos enjoyed their vacation.

satisfecho, a
Estamos muy satisfechas con el servicio.

satisfied
We're very satisfied with the service.

contemplar
Contemplé los cuadros de Picasso en el museo Reina Sofía.

look at, view
I looked at the pictures by Picasso in the Reina Sofia Museum.

el **panorama**

panorama

exótico, a	exotic
un panorama exótico	an exotic panorama
perderse	lose one's way, get lost
Doña Carlota se perdió por las calles de Asunción.	Doña Carlota got lost in the streets of Asunción.
el **mapa**	map
¿Nos puede indicar en el mapa si vamos bien para Caracas?	Can you show us on the map whether we're on the right road to Caracas?
la **aventura**	adventure
Nuestro viaje a Cuba fue realmente una aventura.	Our trip to Cuba was really an adventure.

el **servicio**	toilet, restroom
¿Dónde está el **servicio para señoras?**	Where is the women's restroom?
ocupado, a	occupied
Este servicio está ocupado.	This toilet is occupied.
El guía **está muy ocupado con** los preparativos para la excursión.	The guide is very occupied with the preparations for the excursion.

el **área de servicio** f	service area, rest stop
la **ruta**	route, way
el **autostop**	hitchhiking
Viajar en autostop puede ser peligroso.	Hitchhiking can be dangerous.

11.2 Accommodations

el **hotel**	hotel
encontrar	find
Al final encontramos un hotel magnífico.	Finally we found a wonderful hotel.
Como soy forastero no encuentro el camino al hotel.	Since I'm a stranger here, I can't find the way to the hotel.
la **pensión**	pension, small private hotel; boardinghouse
el **hostal**	inn; moderately priced hotel (Spain)
Las pensiones son más baratas que los hoteles y los hostales.	Small private hotels are cheaper than hotels and inns.

la **recepción**	reception (desk)
la **habitación**	room
Las habitaciones están en el tercer piso.	The rooms are on the third floor.

individual	single
Quisiéramos una **habitación individual** con ducha o baño.	We'd like a single room with shower or bath.
doble	double
Quisiera una **habitación doble**.	I'd like a double room.
completo, a	full
La receptionista nos dijo que el hotel estaba completo.	The receptionist told us that the hotel was full.
media pensión	half board
pensión completa	full board
¿Cuánto cuesta una habitación doble con pensión completa?	What is the price of a double room with full board?
libre	vacant
ocupado, a	occupied
¿Tienen ustedes una habitación libre? – No, todas las habitaciones están ocupadas.	Do you have a vacant room? – No, all the rooms are occupied.
la **reserva**	reservation (hotel)
¿Los señores tienen reserva?	Do you have a reservation?
el **formulario**	form
rellenar	fill out
Por favor, rellene el formulario.	Please fill out the form.
deletrear	spell
¿Cómo se escribe su nombre?	How is your name spelled?
¿Puede deletreármelo?	Can you spell it for me?
la **oficina de turismo**	tourist (information) office
el **alojamiento**	accommodation, lodging
alojar	accommodate
alojarse	stay, be accommodated
¿En qué hotel se aloja usted?	What hotel are you staying in?
la **estancia**	stay
¿Cuánto tiempo va a durar su estancia aquí?	How long will you be staying here?
la **estrella**	star
¿Cuantros estrellas tiene este hotel?	How many stars does this hotel have?
la **fonda**	inn; modest hotel
el **albergue juvenil**	youth hostel
¿Sabes dónde hay un albergue juvenil aquí?	Do you know where there's a youth hostel near here?
el **confort**	comfort; convenience
el **Parador Nacional**	state-run Spanish hotel
el **ascensor**	elevator
¿Hay ascensor en el hotel?	Is there an elevator in this hotel?
el **huésped**	guest

el, la **recepcionista** — receptionist
llamar — wake
¿A qué hora desean que les llame? — What time do you want to be wakened?
el **mozo** — hotel page, porter
Le he dado una propina al mozo por haberme subido el equipaje a la habitación. — I tipped the page for having brought the baggage to the room.
reservado, a — reserved; booked
Lo sentimos mucho pero todos los apartamentos están reservados. — I'm sorry, but all the vacation apartments are booked.

acampar — go camping, camp out
Todas las primaveras acampamos un fin de semana en la costa. — Every spring we go camping on the coast one weekend.
el **camping** — campground, campsite
la **tienda de campaña** — tent
¿Se pueden alquilar tiendas de campaña en este camping? — Can you rent tents at this campground?
la **caravana** — camper, camping van
el **saco de dormir** — sleeping bag

11.3 Sights of Interest

situado, a — situated, located
Viña del Mar está situada en la costa chilena. — Viña del Mar is located on the Chilean coast.
el **centro** — center of town
En el centro de Valencia está el ayuntamiento. — The town hall is in the center of Valencia.
el **monumento** — monument
La ciudad antigua de Toledo es un monumento histórico. — The old town of Toledo is a historical monument.
el **museo** — museum
En Buenos Aires debes visitar los museos y palacios. — You ought to visit the museums and palaces in Buenos Aires.
la **catedral** — cathedral
La catedral de Burgos es una de las iglesias más grandes de España. — The cathedral of Burgos is one of the biggest churches in Spain.
el **(parque/jardín) zoológico** — zoo
el **palacio** — palace
¿En qué palacio viven los Reyes ahora? — In which palace do the kings live now?

el **castillo**
Castilla significa tierra de castillos.

castle
Castilla (Castile) means land of castles.

el **alcázar**
El Alcázar de Toledo fue destruido durante la guerra.

fortress
The fortress of Toledo was destroyed during the war.

la **muralla**
En Ávila se conservan las murallas de la ciudad.

fortress walls; city walls
In Ávila the city walls have been preserved.

el **molino de viento**
En Castilla se pueden visitar molinos de viento.

windmill
In Castile you can visit windmills.

la **ruina**
habitado, a
Estas ruinas fueron habitadas por los romanos.

ruin
inhabited
These ruins were inhabited by the Romans.

el **acueducto**
El acueducto de Segovia fue construido por los romanos.

aqueduct
The aqueduct of Segovia was built by the Romans.

el, la **visitante**
la **visita**
recomendable
Una visita al museo de Dalí en Figueras es recomendable.

visitor
visit
recommended
A visit to the Dalí museum in Figueras is recommended.

la **fuente**
La Plaza de la Cibeles tiene una fuente muy grande.

fountain
The Plaza de la Cibeles has a very large fountain.

el **estanque**
El estanque del Retiro es muy bonito.

pond
The pond in Retiro Park is very pretty.

la **glorieta**

En Valencia hay glorietas con fuentes muy interesantes.

arbor, summerhouse; circular flower bed
In Valencia there are circular flower beds with very interesting fountains.

la **mezquita**
La mezquita de Córdoba y la Alhambra de Granada son monumentos importantes de la cultura árabe.

mosque
The mosque in Córdoba and the Alhambra in Granada are important monuments of Arab culture.

False Friends

Spanish Word	Thematic Meaning(s)	False Friend	Spanish Equivalent(s)
el servicio	toilet	service (customer)	la asistencia técnica
la maleta	suitcase	mallet	el mazo

12.1 Visual Arts

el **arte**	art
la **exposición**	exhibition
En el Centro Reina Sofía de Madrid se organizan exposiciones de arte.	Art exhibitions are held in Madrid's Reina Sofía Center.
exponer	exhibit
¿Ya has expuesto tus últimos cuadros?	Have you exhibited your latest paintings yet?
la **galería**	gallery
¿Me acompañas a la exposición en la galería de mi tío?	Will you come with me to the exhibition at my uncle's gallery?
el, la **artista**	artist
Mi abuelo era artista aficionado.	My grandfather was an amateur artist.
el **crítico**, la **crítica**	critic
A veces los críticos de arte no saben lo que están criticando.	Sometimes art critics don't know what they are criticizing.

el **pintor**, la **pintora**	painter
pintar	paint

Pintar is used both for painting pictures and for painting walls or houses.
Nuestro tío es pintor, pero no pinta las casas. *Our uncle is a painter, but he doesn't paint houses.*

dibujar	draw
Paco dibuja panoramas de ciudades.	Paco draws views of the city.
el **cuadro**	painting, picture
Creo que nunca podré comprar un cuadro de Miró.	I think I'll never be able to buy a painting by Miró.

el **escultor**, la **escultora**	sculptor, sculptress
la **escultura**	sculpture
En el Museo Dalí se pueden ver también algunas esculturas del artista.	In the Dalí Museum, you can see some of the artist's sculptures too.
la **estatua**	statue
Al final de las Ramblas de Barcelona está la estatua de Colón.	At the end of the Ramblas in Barcelona there is a statue of Columbus.

el **original**	original
En El Escorial hay varios originales de El Greco.	In El Escorial there are several originals by El Greco.

la **reproducción**	reproduction
Luisa se ha comprado una reproducción de un cuadro de Altamirano.	Luisa has bought a reproduction of a painting by Altamirano.
restaurar	restore
el, la **dibujante**	draftsman
Los dibujantes trabajan con lápiz y carbón.	Draftsmen work with pencil and charcoal.
el **retrato**	portrait
¿Han visto el retrato de mi primo?	Have you seen the portrait of my cousin?
el **autorretrato**	self-portrait
el **modelo**	model
la **inspiración**	inspiration
la **acuarela**	watercolor
el **óleo**	oil painting
Me parece más difícil pintar óleos que acuarelas.	It seems more difficult to me to do oils than watercolors.
el **diseño**	design, sketch, outline
diseñar	design, to
Paco diseña trajes de baño.	Paco designs bathing suits.
la **gráfica**	print
Esta gráfica está hecha con el ordenador.	This print was made with the computer.
el **cartel**	poster
¡Carteles, no!	Post no bills!
En el dormitorio tengo un **cartel** de toros.	In my bedroom I have a bullfight poster.
estético, a	aesthetic
la **pintada**	graffiti
He visto unas pintadas antiamericanas.	I have seen some American graffiti.
mudéjar	Mudejar
Los musulmanes en territorio cristiano, mudéjares, crearon el arte mudéjar.	The *mudéjares*, Muslims who lived in Christian territory, created Mudejar art.
barroco, a	Baroque
románico, a	Romanesque
En Barcelona hay una capilla románica en la plaza del Padró.	In Barcelona there is a Romanesque chapel at the Plaza del Padró.
el **Renacimiento**	Renaissance
contemporáneo, a	contemporary

abstracto, a	abstract
realista	realistic
figurativo, a	figurative
impresionista	impressionist
el impresionismo	Impressionism
expresionista	expressionist
el expresionismo	Expressionism
cubista	cubist
el cubismo	Cubism
surrealista	surrealistic
el surrealismo	Surrealism

12.2 Music and Dance

la **música**	music
el **músico**, la **música**	musician
El gran músico Miguel de Falla nació en Cádiz.	The great musician Miguel de Falla was born in Cádiz.
la **banda (de música)**	band (musical)
tocar	play, make music
¿Tocas en la banda de música de tu pueblo?	Do you play in your village band?
el **instrumento**	instrument (musical)
la **guitarra**	guitar
el **piano**	piano
el **sonido**	sound
Tu guitarra tiene buen sonido.	Your guitar has a good sound.

el, la **cantante**	singer
¿Han oído a la cantante Monserrat Caballé?	Have you heard the singer Monserrat Caballé?
la **canción**	song
Muchas canciones españolas son muy alegres.	Many Spanish songs are very cheerful.
cantar	sing
el **concierto**	concert
El verano pasado fuimos a un concierto de música clásica.	Last summer we went to a concert of classical music.

el **CD**, el **compact disc**	CD
el **tocadiscos compacto** *sg*	CD player
El tocadiscos compacto reproduce un sonido perfecto.	The CD player reproduces sound perfectly.

el **casetero**	cassette player
Este casetero tiene muy buen sonido.	This cassette player sounds quite good.
el **casete**	cassette
la **cinta**	tape, cassette
el **magnetófono**	tape recorder
Jorge cambió su magnetófono por un tocadiscos compacto.	Jorge exchanged his tape recorder for a CD player.
el **disco**	record
el **tocadiscos** *sg*	record player
grabar	record, to
Como no tenía ninguna **cinta virgen** no te pude grabar el CD.	Since I didn't have a blank tape, I couldn't record the CD for you.
la **grabación**	recording

el **bailarín**, la **bailarina**	dancer (ballet); ballerina
el **bailaor**, la **bailaora**	flamenco dancer
el **flamenco**	flamenco (music, dancing, singing)
Antonio **está enamorado de** una bailaora de flamenco.	Antonio is in love with a flamenco dancer.
El flamenco puede ser muy triste.	Flamenco can be very sad.
el **tango**	tango
la **salsa**	salsa

el **director de orquesta**, la **directora de orquesta**	orchestra director
Muchos directores son también compositores.	Many directors are also composers.
la **orquesta**	orchestra
Antes todos los domingos tocaba una orquesta en el parque.	At one time, an orchestra played in the park every Sunday.
el **compositor**, la **compositora**	composer
la **composición**	composition
componer	compose
Granados compuso muchos conciertos para piano.	Granados composed many piano concerts.
el **conjunto**	group (dance), group (music)
¿Sabes qué conjunto toca esta noche?	Do you know which group is playing tonight?
la **gira**	tour
El útimo año **estuvimos de gira** por todo el mundo con el grupo.	Last year we were on a world tour with the band.

clásico, a	classical

moderno, a	modern
popular	popular; folk
A mis padres les encanta la música popular.	Folk music fascinates my parents.
el **jazz**	jazz
el **rock**	rock
el **rap**	rap
el **tekno**	techno
la **música pop**	pop
el **coro**	choir
el **canto**	singing
A mi padre le gusta el canto de coros.	My father enjoys choral singing.
el **tono**	tone; tune; key
Siempre que toco el violín **me equivoco de tono.**	Whenever I play the violin, I get the key wrong.
la **nota**	note (musical)
el **micrófono**	microphone
la **ópera**	opera
Nunca fui a la ópera.	I've never been to the opera.
la **opereta**	operetta
la **zarzuela**	zarzuela
La zarzuela es un género de teatro musical típico de España.	The zarzuela is a typically Spanish form of musical comedy.
el **musical**	musical
la **jota**	*jota* (traditional dance in Navarre, Aragón, Mallorca, and Valencia)
el **ritmo**	rhythm
la **melodía**	melody
Esa melodía es muy bonita.	That melody is quite lovely.
la **flauta**	flute
el **violín**	violin
el **saxofón**	saxophone
la **batería**	drums; percussion instruments
el **violonchelo**	(violon)cello
el **contrabajo**	bass fiddle
el **arpa** *f*	harp
el **piano de cola**	grand piano
el **órgano**	organ
las **castañuelas**	castanets
¿Tocas algún instrumento? – Sí, **toco la guitarra,** el piano, la flauta, el violín, la batería y las castañuelas.	Do you play an instrument? – Yes, I play the guitar, piano, flute, violin, drums, and castanets.

12.3 Literature

la **cultura**	culture
La cultura española tiene orígenes romanos.	Spanish culture has Roman origins.
cultural	cultural
En Barcelona hay actividades culturales muy importantes.	In Barcelona there are very important cultural activities.
la **literatura**	literature
La literatura española empieza en el siglo XII con *El Cantar de Mío Cid*.	Spanish literature begins in the twelfth century with *El Cantar de Mío Cid*.
el **autor**, la **autora**	author, writer
¿Cómo se llama la autora de esa novela? – Es la famosa novelista Mercé Rodoreda.	What is the name of the author of that book? – She's the famous novelist Mercé Rodoreda.
el **escritor**, la **escritora**	writer
escribir	write
¿Quién escribió *Galíndez*? – Manuel Vázquez Montalbán.	Who wrote *Galíndez*? – Manuel Vázquez Montalbán.
la **crítica**	critics
La crítica apreció esta obra.	The critics praised this work.

la **novela**	novel
¿En qué capítulo vas de esa novela?	What chapter of the novel are you on now?
la **novela de aventuras**	adventure novel
la **novela policíaca**	crime novel
Me encantan las **novelas de detectives** y **las policíacas**.	I'm fascinated by crime and detective novels.
la **novela de ciencia-ficción**	science fiction novel
la **novela histórica**	historical novel
el **cuento**	story, tale, novella
Cuéntame un **cuento de hadas**.	Tell me a fairy tale.
el **poema**	poem
la **comedia**	comedy
la **tragedia**	tragedy
el **texto**	text

el **título**	title
el **personaje**	figure, character, personage
A Juan le gustó mucho el personaje del detective.	Juan liked the character of the detective a great deal.
el, la **protagonista**	protagonist

el **actor secundario**	secondary figure
el **estilo**	style
Cervantes tiene un estilo muy claro.	Cervantes has a very clear style.
el **comienzo**	beginning
el **final**	end
Esta novela tiene un **final feliz.**	This novel has a happy end.

literario, a	literary
Don Quijote es la obra literaria española más conocida.	*Don Quijote* is the best-known work of Spanish literature.
el **patrimonio**	heritage
El patrimonio literario catalán es muy rico.	The literary heritage of Catalonia is very rich.
el, la **novelista**	novelist
célebre	celebrated, famous
Unamuno fue un escritor célebre.	Unamuno was a celebrated writer.
el **dramaturgo**, la **dramaturga**	playwright
Valle-Inclán y García Lorca son dramaturgos muy famosos.	Valle-Inclán and García Lorca are very famous playwrights.
la **obra de teatro**	stage play
el **poeta**, la **poetisa**	poet
Pablo Neruda fue un gran poeta chileno.	Pablo Neruda was a great Chilean poet.

el **género**	genre
la **poesía**	poetry
la **prosa**	prose
el **verso**	verse
la **estrofa**	strophe
la **rima**	rhyme
Los versos que has escrito no **tienen rima.**	The verses you wrote don't rhyme.

el **relato**	tale, story
el **argumento**	plot
Creo que no has entendido el argumento de la novela.	I think you didn't understand the plot of the novel.
el **diálogo**	dialogue
Franco prefiere cuentos con poco diálogo.	Franco prefers stories with little dialogue.
el **monólogo**	monologue

la **estructura**	structure
En el examen tuvimos que analizar la estructura de un cuento.	On the exam we had to analyze the structure of a story.

el **párrafo** ¿Puedes traducir el primer párrafo de este texto?	paragraph Can you translate the first paragraph of this text?
el **capítulo**	chapter
la **cita** En este ensayo no has marcado las citas.	quotation In this essay, you didn't mark the quotations.
la **introducción** Aún tenemos que escribir la introducción de este libro.	introduction We still have to write the introduction to this book.
el **resumen**	summary
resumir	summarize
la **interpretación**	interpretation
el **acto**	act
la **escena**	scene
la **indicación del director**	stage direction; producer's direction
la **leyenda** Existen muchas leyendas sobre El Cid.	tale, legend There are many legends about El Cid.
el **romanticismo** Zorrilla es un autor del romanticismo español.	romanticism Zorrilla is a writer of Spanish romanticism.
el **romancero** El romancero es un género literario de tradición popular.	romancer, writer of short epic poems or historical ballads The romance is a literary genre from folk tradition.

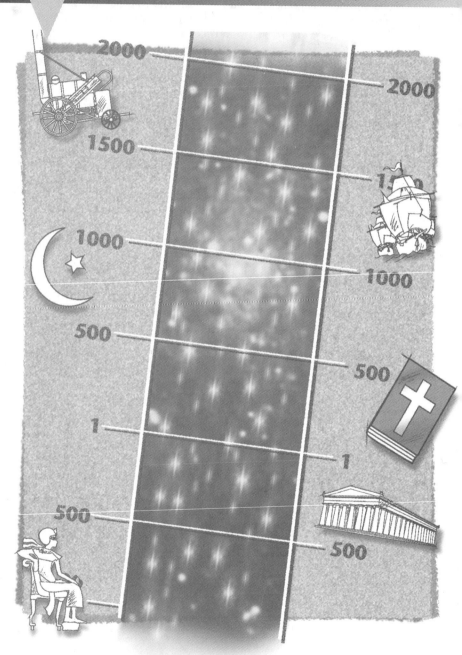

13.1 History

la **historia** La *Historia de España* del historiador Vicens Vives es muy importante.	history *The History of Spain*, by the historian Vicens Vives, is very important.
histórico, a	historic(al)
la **Edad Media** Muchos castillos españoles se construyeron en la Edad Media.	Middle Ages Many Spanish castles were built in the Middle Ages.
el **Siglo de Oro** El *Siglo de Oro* es la época más importante de la literatura española.	Golden Age (sixteenth and seventeenth centuries) The Golden Age is the most important epoch of Spanish literature.
la **época** La época de mayor pobreza en España fueron los años después de la Guerra Civil.	epoch, time period The period of greatest poverty in Spain was the years after the Civil War.

el **emperador**, la **emperatriz**	emperor, empress
el **rey**, la **reina** La reina Isabel I ayudó a Colón en su descubrimiento de América.	king, queen Queen Isabella I assisted Columbus in his discovery of America.
el, la **noble**	nobleman, noblewoman; noble

el **imperio** **romano, a** Gran parte de la Península Ibérica pertenecía al **Imperio Romano**.	empire Roman A large part of the Iberian Peninsula belonged to the Roman Empire.
la **civilización** En Latinoamérica se encuentran muchos monumentos de la civilización española.	civilization, culture Many monuments of Spanish civilization are to be found in Latin America.
la **conquista** **conquistar** Hernán Cortés conquistó México.	conquest conquer Hernán Cortés conquered Mexico.
ibérico, a La conquista de la Península Ibérica por los árabes llegó hasta la región vasca.	Iberian The conquest of the Iberian Peninsula by the Arabs extended as far as the Basque region.
la **Reconquista** La Reconquista duró desde 711 hasta 1492.	reconquest; Reconquista The Reconquista, or "reconquest" of Spain, lasted from 711 to 1492.

el **moro**, la **mora** Muchos moros murieron durante la Reconquista.	Moor Many Moors died during the Reconquista.
el **descubrimiento** Con el descubrimiento de América empezó la colonización de las nuevas tierras. **colonizar** Los españoles y los portugueses colonizaron Iberoamérica. **descubrir** América fue descubierta en 1492.	discovery With the discovery of America, the colonization of the New World began. colonize, settle The Spaniards and the Portuguese colonized Iberian America. discover America was discovered in 1492.
el **historiador**, la **historiadora** El historiador Américo Castro escribió las obras más importantes sobre los judíos en España. **arqueológico, a** el **hallazgo** **prehistórico, a**	historian The historian Américo Castro wrote the most important works about the Jews in Spain. archeological find, discovery prehistoric
la **invasión** el **reino** **visigodo, a** En el año 560 la capital del **Reino Visigodo** era Toledo. **reinar** **germánico, a** **hispánico, a** el, la **mozárabe** Los cristianos que permanecieron en territorio no cristiano se llaman mozárabes. **expulsar** la **sucesión** La **guerra de sucesión española** duró de 1701 a 1714.	invasion kingdom Visigoth In the year 560, Toledo was the capital of the Visigoth kingdom. rule, reign Germanic Hispanic *Mozarab* The Christians who remained in non-Christian territory were called *Mozarabs*. expel succession The War of Spanish Succession lasted from 1701 to 1714.
la **aristocracia** el **conde**, la **condesa** el **marqués**, la **marquesa** el **duque**, la **duquesa**	aristocracy count, countess marquis, marquise duke, duchess
el **descubridor**	discoverer

el **conquistador**	conqueror, conquistador
Los conquistadores trajeron oro y plata a España.	The conquerors brought gold and silver to Spain.
la **carabela**	caravel
Los descubridores llegaron a América en tres carabelas.	The discoverers came to America in three caravels.
la **colonización**	colonization
la **colonia**	colony
Después de la **Paz de Utrecht** (1713) España perdió muchas colonias.	After the Treaty of Utrecht (1713), Spain lost many colonies.
el **esclavo**, la **esclava**	slave
Muchos indios **murieron como esclavos.**	Many Native Americans died as slaves.
la **espada**	sword
Las espadas de Sevilla son famosas.	The swords of Seville are famous.
la **independencia**	independence
la **transición**	transition
1975 es el primer año de la transición democrática en España.	The first year of the democratic transition in Spain is 1975.

13.2 Religion

la **religión**	religion
Hay que separar la religión de la política.	Religion has to be separated from politics.
religioso, a	religious
Leopoldo estudió en un instituto religioso, a pesar de que era ateo.	Leopoldo went to a religious (Catholic) high school, although he was an atheist.
creer	believe
Dios	God
¡Dios mío!	My God!
el **ángel**	angel
rezar	pray
el **alma** f	soul
¡De verdad! ¡Lo siento en el alma!	Really! I'm deeply sorry!
el **espíritu**	spirit
la **Biblia**	Bible
la **misa**	mass
la **Iglesia**	Catholic Church

el **cristiano**, la **cristiana**	Christian
Nerón mató a muchos cristianos.	Nero killed many Christians.
cristiano, a	Christian
Las religiones cristianas tienen su origen en Judea.	The Christian religions have their origin in Judea.

el **musulmán**, la **musulmana**	Muslim, Moslem
islámico, a	Islamic
el **judío**, la **judía**	Jew, Jewess
judío, a	Jewish
hebreo, a	Hebrew; Hebraic
el, la **budista**	Buddhist
el, la **hinduista**	Hindu

la **iglesia**	church
La catedral de Granada es una de las iglesias más grandes de Europa.	The cathedral of Granada is one of the biggest churches in Europe.
el **monasterio**	monastery
¿Conoces el monasterio de Montserrat?	Are you familiar with the monastery of Montserrat?
la **parroquia**	parish
la **limosna**	alms
Mucha gente **da limosna** cuando sale de misa.	Many people give alms when they come from mass.
el **cura**	curate, priest
el **sacerdote**, la **sacerdotisa**	priest
el **pastor (protestante)**	pastor (Protestant)

san	saint; holy
También en las *guerras santas* mueren muchos inocentes.	Many innocents die in *holy wars* as well.
¡Por todos los santos! *loc*	For God's sake!, For heaven's sake!

> To learn about the short form of masculine nouns in the singular, see page 67.

sagrado, a	holy, sacred
la **conciencia**	conscience
Hay demasiada gente **sin conciencia**.	There are too many people without a conscience.
pecar	sin
el **paraíso**	paradise
Adán y Eva pecaron en el paraíso.	Adam and Eve sinned in Paradise.
el **diablo**	devil
el **infierno**	hell

el **cristianismo**	Christianity, Christendom
En el cristianismo hay diferentes confesiones.	There are various denominations within Christianity.
el **cristiano**, la **cristiana**	Christian
cristiano, a	Christian (adj)
el **protestantismo**	Protestantism
el, la **protestante**	Protestant
Los protestantes son minoría en España y América Latina.	The Protestants are a minority in Spain and Latin America.
protestante	protestant
el **catolicismo**	Catholicism
el **católico**, la **católica**	Catholic
católico, a	catholic (adj)
ateo, a	atheist
el **Papa**	Pope
El Papa no permite que se casen los curas.	The Pope does not allow priests to marry.
el **arzobispo**	archbishop
El Papa nombra a los arzobispos.	The Pope appoints the archbishops.
el **obispo**	bishop
El obispo **dirá misa** el domingo.	The bishop will say mass on Sunday.
el **monje**, la **monja**	monk, nun
Mi hermana fue a un **colegio de monjas**.	My sister went to a convent school.
la **oración**	prayer
Antes de clase teníamos que rezar una oración.	Before school we had to say a prayer.
Cristo	Christ
Cristo murió en la cruz.	Christ died on the cross.
el **santo**, la **santa**	saint
la **Virgen María**	Virgin Mary
Muchos creyentes rezan a la Virgen María o a los Santos.	Many believers pray to the Virgin Mary or to the saints.
el **discípulo**	disciple
el **apóstol**	apostle
Los discípulos de Jesús fueron los doce apóstoles.	The disciples of Jesus were the twelve apostles.
el **símbolo**	symbol
el **bautizo**	baptism
bautizar	baptize
la **comunión**	communion

Hoy **toma** mi nieto **la primera comunión** y le regalaré una Biblia.	Today my grandson is making his first communion, and I will give him a Bible.
la **confirmación**	confirmation

el **evangelio**	Gospel
El evangelio forma los primeros cuatro libros del Nuevo Testamento.	The Gospel is the first four books of the New Testament.
la **creación**	creation
La creación forma el primer libro del Antiguo Testamento.	The story of creation is the first book of the Old Testament.
la **confesión**	confession
El cura oye la confesión.	The priest hears the confession.
confesarse	confess, make confession
Nos confesamos el viernes pasado.	We made confession last Friday.
el **pecado**	sin
Marta confiesa sus pecados.	Marta confesses her sins.

el, la **creyente**	believer
la **fe**	believe, faith
el **sacrificio**	sacrifice
hacer un sacrificio	make a sacrifice
el **crucifijo**	crucifix
la **cruz**	cross
el **milagro**	miracle
Es casi un milagro que **haya vuelto a ver**.	It is almost a miracle that he can see again.

la **capilla**	chapel
el **convento**	convent
En este convento hay una biblioteca extraordinaria.	There is an extraordinary library in this convent.
el **templo**	temple
Muchos templos aztecas fueron destruidos durante la conquista de México.	Many Aztec temples were destroyed during the conquest of Mexico.
la **sinagoga**	synagogue
el **dios**, la **diosa**	god, goddess
el **creador**, la **creadora**	creator

False Friends

Spanish Word	Thematic Meaning(s)	False Friend	Spanish Equivalent(s)
el espíritu	spirit	spirits	el alcohol

14.1 Constitution, State Institutions

la **Nación** El presidente dirigió un mensaje a la Nación.	nation The President addressed a message to the nation.
el **pueblo** El pueblo paga las consecuencias de una mala política.	people The people bear the consequences of a bad policy.
el **Estado** Los Jefes de Estado han firmado un acuerdo.	state The heads of state have signed an agreement.

el **régimen**	regime; form of government
el **sistema**	system
la **dictadura**	dictatorship
el **dictador**	dictator
la **democracia** La democracia existe en España desde 1975.	democracy Democracy has existed in Spain since 1975.
la **república** En España las primeras repúblicas duraron poco tiempo.	republic In Spain, the first republics lasted only a short time.

la **Corona** A la Corona de Aragón pertenecían Cataluña, Aragón y Valencia.	crown; kingdom Catalonia, Aragon, and Valencia belonged to the kingdom of Aragon.
las **Cortes** Las Cortes de Cádiz se crearon en 1812.	Cortes (royal court and both houses of Parliament) (Spain) The Cortes of Cádiz were created in 1812.
el **Congreso** El **Congreso de los Diputados** reside en Madrid.	congress The Congress of Deputies is in Madrid.
el **Parlamento**	Parliament
el **diputado**, la **diputada** Los diputados discuten en el Parlamento.	deputy; representative The deputies debate in Parliament.

el **gobierno**	government
el **presidente**, la **presidenta**	President
el **ministro**, la **ministra** Los ministros votaron contra el presidente.	minister The ministers voted against the President.
nombrar El Presidente del Gobierno no se nombra sino se elige.	name, appoint The President of the government is not appointed, but elected.

el **ministerio**	ministry
El Ministerio de Asuntos Exteriores no quiso dar una explicación a la prensa.	The Ministry of Foreign Affairs did not wish to give an explanation to the press.
el **gobernador**	governor
civil	civil; civilian
En España hay gobernadores civiles y militares.	In Spain there are civilian and military governors.

administrar	administer; govern
la **administración**	administration
la administración pública	public administration
la **comisión**	commission
El Senado delega funciones en las comisiones.	The Senate delegates tasks to the commissions.
la **diputación**	provincial administration
Las Diputaciones son instituciones que administran las provincias de España.	The *Diputaciones* are institutions that govern the provinces of Spain.

la **Constitución**	Constitution
la **libertad**	liberty, freedom
No todos los regímenes respetan la libertad individual.	Not all regimes respect individual liberty.
la **igualdad**	equality
La Constitución garantiza la igualdad de derechos de los hombres.	The Constitution guarantees equality of human rights.
constitucional	constitutional
Juan Carlos es un rey constitucional.	Juan Carlos is a constitutional monarch.
la **reunificación**	reunification
La reunificación de Alemania no era de esperar.	The reunification of Germany was not to be expected.
la **monarquía**	monarchy
parlamentario, a	parliamentary
España es una monarquía parlamentaria.	Spain is a parliamentary monarchy.

estatal	state; pertaining to the state
federal	federal
En España no hay **Estados** federales.	In Spain there are no federal states.
gobernar	govern
ministerial	ministerial
Por orden ministerial se reducirán las ayudas.	By ministerial order, the subsidies will be reduced.

el **Senado**	Senate
el **senador**, la **senadora**	senator
autorizar	authorize; approve
El Gobierno no autorizó la huelga.	The government did not authorize the strike.
la **junta militar**	military junta
suprimir	suppress
humano, a	human
Franco suprimió los principios democráticos y los **derechos humanos.**	Franco suppressed democratic principles and human rights.
Los **derechos humanos** no se respetan en todos los países.	Human rights are not respected in all countries.
la **institución**	institution
la **burocracia**	bureaucracy
Hacienda	public treasury; tax authorities; internal revenue office
Hacienda me tendrá que devolver los impuestos que **pagué de más.**	The tax authorities will have to refund me the taxes I overpayed.
fiscal *adj*	fiscal, tax
administrativo, a	administrative
delegar	delegate
las **autoridades**	authorities
Las **autoridades sanitarias** recomiendan la vacunación contra la malaria.	The health authorities recommend vaccinations to prevent malaria.
el **departamento**	department
El **departamento de extranjeros** es poco comprensivo.	The aliens' registration office is not very understanding.
el **colegio de médicos**	medical society
el **colegio de abogados**	bar association
el **registro**	register; registry office
Los matrimonios, nacimientos y muertes se inscriben en **el Registro Civil.**	Marriages, births, and deaths are recorded at the Civil Registry Office.
el **sector**	sector
El **sector público** debe ahorrar para combatir la inflación.	The public sector has to economize in order to fight inflation.
el **boletín**	bulletin

14.2 Politics, Political Systems

la **política**
No entiendo la política.
politics; policy
I don't understand politics.

político, a
el **político**, la **política**
Algunos políticos **hacen muchas promesas.**
political
politician
Some politicians make many promises.

público, a
Los políticos dependen de la **opinión pública.**
public
Politicians are dependent on public opinion.

la **oposición**
La **oposición conservadora** ganará las próximas elecciones.
opposition
The conservative opposition will win the next elections.

la **reforma**
acordar
El gobierno acordó una **reforma fiscal.**
reform
resolve; agree (to, upon)
The government agreed to a tax reform.

el **capitalismo**
el **comunismo**
Durante cuarenta años el comunismo estuvo prohibido en España.
capitalism
communism
For forty years communism was banned in Spain.

el **socialismo**
En China hay otra forma de socialismo que en Cuba.
socialism
China and Cuba have different forms of socialism.

liberal
El líder liberal fue presidente hace muchos años.
liberal
The liberal party leader was President many years ago.

el **partido**
la **derecha**
radical
La **derecha radical** tiene mala fama.
party
the right (wing) (party, policy)
radical
The radical right has a bad reputation.

la **izquierda**
moderado, a
Las **fuerzas moderadas** del partido obtuvieron la **mayoría absoluta.**
the left (wing) (party, policy)
moderate
The moderate forces in the party obtained an absolute majority.

libre
nacional
No aumentarán los gastos para la construcción de **las carreteras nacionales.**
free
national; state
Spending for construction of national highways will not be increased.

la **fuerza**	force
Los partidos socialdemócratas son hoy una fuerza política importante.	The social democratic parties are an important political force today.
la **mayoría**	majority
la **minoría**	minority
La minoría de los concejales está **en contra del** alcalde.	A minority of the councilmen are against the mayor.

elegir	elect, vote for, choose
¿Cómo se llama la candidata elegida?	What is the name of the chosen candidate?
las **elecciones**	elections
¿Cuándo serán las **nuevas elecciones?**	When will the new elections take place?
votar	vote, to
el **voto**	vote
el, la **votante**	voter
el **candidato**, la **candidata**	candidate
obtener	obtain; receive
el **poder**	power
las **campañas electorales**	election campaign

| el **alcalde**, la **alcaldesa** | mayor |
| el **concejal**, la **concejala** | councilman, councilwoman |

la **ideología**	ideology
republicano, a	republican
El gobierno republicano huyó a Francia.	The republican government fled to France.
democrático, a	democratic
El gobierno democrático tiene que luchar contra el terrorismo.	The democratic government has to fight terrorism.
el, la **demócrata**	democrat
Todos los demócratas se van a presentar a las elecciones.	All the democrats are going to be up for election.
capitalista	capitalist(ic)
basarse en	be based on
El sistema capitalista **se basa en** la libre competencia.	The capitalist system is based on free competition.
comunista	communist
socialista	socialist
Los partidos socialistas estuvieron prohibidos en España durante el régimen franquista.	The socialist parties were banned in Spain during the Franco regime.

el **liberalismo**	liberalism
Los derechos humanos tienen su origen en el liberalismo.	Human rights have their origin in liberalism.
progresivo, a	progressive
El presidente ha presentado una reforma progresiva.	The president has presented a progressive reform.
progresista	progressive
conservador(a)	conservative
Algunos progresistas **se vuelven** conservadores cuando ganan mucho dinero.	Some progressives become conservative when they earn a lot of money.

el **fascismo**	fascism
el, la **fascista**	fascist
franquista	Francoist
el **caudillo**	leader
Franco **es conocido** en España **por** el nombre caudillo.	Franco is known in Spain as *El Caudillo*.
el, la **patriota**	patriot
¡**Ten cuidado con** los falsos patriotas!	Beware of false patriots!
patriótico, a	patriotic

el **nacionalismo**	nationalism
el **racismo**	racism
el **regionalismo**	regionalism
el **centralismo**	centralism
la **tendencia**	tendency
partidista	partisan
La actitud del Presidente no debería ser partidista.	The attitude of the president should not be partisan.
los, las **fundamentalistas**	fundamentalists

la **campaña**	campaign
electoral	election
¿Quién ha pagado **la campaña electoral**?	Who paid for the election campaign?
el **censo electoral**	list of registered voters
inscribirse	register
¿Os habéis inscrito en el censo electoral?	Have you registered to vote?
prepararse	prepare
Los partidos se preparan **con tiempo** para las campañas electorales.	The parties are preparing for the election campaign in good time.

la **votación**
Los resultados de las votaciones se publicarán mañana.

voting
The results of the voting will be made public tomorrow.

la **papeleta de voto**
la **participación**
La participación electoral disminuye/aumenta.

ballot, voting paper
participation
Voter participation is decreasing/increasing.

la **encuesta**
el **favorito**, la **favorita**
Según las encuestas no hay ningún favorito.

poll (opinion)
favorite
According to the polls, there is no favorite.

alcaldable
representativo, a
el **líder**

legally eligible to be mayor
representative
party leader; leading candidate; leader

la **unión**
La *Unión General de Trabajadores (UGT)* es un sindicato.

union
The *Unión General de Trabajadores* (General Workers Union) is a labor union.

el **acuerdo**
la **propuesta**
El gobierno no acepta la propuesta de la oposición.

agreement
proposal, suggestion
The government does not accept the opposition's proposal.

proponer
¿Sabes qué propuso la oposición?

propose, suggest
Do you know what the opposition proposed?

fundamental
La decisión del Parlamento sobre la sanidad es el tema fudamental de esta sesión.

fundamental
Parliament's decision on health care is the fundamental topic of this session.

la **intervención**
la **manifestación**
La manifestación de los obreros es una demostración de su insatisfacción.

intervention
demonstration
The workers' demonstration is a sign of their dissatisfaction.

el, la **manifestante**
la **medida**
la **corrupción**
Se van a tomar medidas contra la corrupción.

demonstrator
measure
corruption
Measures will be taken to oppose corruption.

14.3 Laws, System of Justice, Crime, Police Force

la **justicia**	justice
el **juez**, la **jueza**	judge
Los jueces no lo pueden saber todo.	Judges can't know everything.
el **tribunal**	court
la **ley**	law
aprobar una ley	pass a law
condenar	sentence; condemn
El tribunal condenó al asesino a cadena perpetua.	The judge sentenced the murderer to life in prison.
castigar	punish
justo, a	just, righteous
La pena fue justa.	The punishment was just.
injusto, a	unjust, unfair
Los abogados afirman que el juez fue injusto al dictar la pena.	The lawyers claim that the judge was unjust in passing sentence.
juzgar	judge, pass or render judgment on
¿Cómo juzgaron al acusado?	How did they find the accused?
¿Cómo juzgas este caso?	How do you judge this case?

el, la **fiscal**	district attorney, public prosecutor; attorney general
El fiscal pidió tres años de condena por **fraude fiscal**.	The district attorney requested a three-year sentence for tax fraud.
el **abogado**, la **abogada**	lawyer, attorney at law
Esta tarde tengo una cita con mi abogado.	This afternoon I have an appointment with my lawyer.
el **Defensor del Pueblo**	public defender; ombudsman

acusar	accuse
La **acusaron de** asesinato.	She was accused of murder.
el **acusado**, la **acusada**	accused
confesar	confess
culpable	guilty
inocente	not guilty

la **policía**	police (force)
La policía debe proteger la seguridad de las personas.	The police are supposed to protect the safety of the people.
el, la **policía**	policeman, policewoman

la **comisaría**	police station
perseguir	pursue; persecute
El policía persiguió al ladrón.	The policeman pursued the thief.
detener	detain; arrest
La policía detuvo al asesino.	The police arrested the murderer.
denunciar	denounce; accuse
Me han denunciado injustamente.	I was unjustly accused.
la **sospecha**	suspicion
Tengo la **sospecha de que** me están engañando.	I suspect that they are deceiving me.
el **atracador**, la **atracadora**	holdup man/woman
Manuela se defendió contra el atracador con uñas y dientes.	Manuela defended herself tooth and nail against the holdup man.

escapar	escape
el **prisionero**, la **prisionera**	prisoner
el **preso**, la **presa**	convict
El preso cumplió la pena.	The convict served the sentence.
la **cárcel**	prison; jail
El prisionero escapó de la cárcel y se escondió.	The prisoner escaped from jail and hid.
la **prisión**	prison
la **pena**	punishment, penalty
No **merece la pena**.	It's not worth the punishment.

supremo, a	supreme
La sede del Tribunal Supremo está en Madrid.	The seat of the Supreme Court is in Madrid.
legalizar	legalize
legal	legal
el **juicio**	trial
la **sentencia**	sentence
el **castigo**	punishment
el **procedimiento**	proceeding (legal); procedure; process
El procedimiento de la justicia es lento.	The process of justice is slow.
el, la **testigo**	witness
jurar	swear
la **inocencia**	innocence

identificar	identify
la **denuncia**	denunciation; accusation; arraignment

el **comisario**, la **comisaria**
Nuestro vecino es comisario de policía.

la **Guardia Civil**
La Guardia Civil opera en zonas rurales, en las fronteras y en las costas.

el, la **agente (de policía)**
sospechar
No **sospechamos de** nadie.
amenazar
Como el policía se sintió amenazado, disparó.
la **persecución**
observar
el **interrogatorio**
la **vigilancia**

inspector (police)
Our neighbor is a police inspector.

Guardia Civil (Spanish rural police and border guard)
The Guardia Civil operates in the countryside and along the borders and coasts.

police officer
suspect
We suspect no one.
threaten
Since the policeman felt threatened, he fired.
pursuit; persecution
observe
interrogation
guard; surveillance; observation

14.4 Political Resistance

la **revolución**
Zapata fue muy importante para la revolución mexicana.
revolucionario, a
movimientos revolucionarios
luchar
Simón Bolívar luchó por la independencia de Hispanoamérica.
la **lucha**
La lucha contra la corrupción es un grave problema.
pacífico, a
violento, a

revolution
Zapata was very important for the Mexican Revolution.
revolutionary
revolutionary movements
fight
Simón Bolívar fought for the independence of Spanish America.
fight
The fight against corruption is a grave problem.
peaceful
violent

el **enemigo**, la **enemiga**
la **guerra civil**
La Guerra Civil española duró de 1936 a 1939.
la **guerrilla**
el **guerrillero**, la **guerrillera**

el **terror**

enemy
civil war
The Spanish Civil War lasted from 1936 to 1939.
band of partisans
member of partisan band; guerrilla fighter
terror

el, la **terrorista** El Tribunal Supremo **condenó a** los terroristas a treinta años de cárcel.	terrorist The Supreme Court sentenced the terrorists to thirty years in prison.
el **terrorismo**	terrorism
el **peligro**	danger
la **seguridad**	safety, security

la **bomba** La **extrema derecha** colocó una bomba.	bomb The far right planted a bomb.
estallar	explode
la **pistola**	pistol
disparar	shoot, fire
¡No disparen! ¡Somos amigos!	Don't shoot! We're friends!

la **resistencia** La resistencia quiere **acabar con** la dictadura.	resistance The resistance movement wants to put an end to the dictatorship.
la **represión** La represión franquista llevó a mucha gente a la cárcel.	repression Francoist repression sent many people to prison.

la **tortura** Muchas personas **sufrieron la tortura** de la policía.	torture Many people were tortured by the police.
torturar La tortura se empleó en muchas dictaduras de América Latina.	torture Torture was practiced in numerous Latin American dictatorships.
el **preso**, la **presa** Amnistía Internacional ayuda a los presos políticos.	prisoner Amnesty International helps political prisoners.
liberar En 1975 el Gobierno español liberó a algunos presos políticos.	liberate, free In 1975 the Spanish government freed some political prisoners.
la **liberación** Los grupos de liberación latino-americana reciben poca ayuda exterior.	liberation The Latin American liberation groups receive little foreign support.

el **golpe militar**	military coup
el **golpe de Estado**	coup d'état

combatir El Gobierno español combatió contra el golpe militar de Franco.	combat, fight The Spanish government fought against Franco's military coup.
armado, a	armed
el **fusil** Los terroristas estaban armados con pistolas y fusiles.	rifle, gun The terrorists were armed with pistols and rifles.
la **metralleta**	machine gun
la **bomba antipersonas**	antipersonnel mine
el **tiro**	shot
explotar explotar al pueblo	exploit exploit the people

14.5 Political Division of Spain

la **provincia** Las provincias españolas tienen gobiernos autónomos y son Comunidades Autonómas o Autonomías.	province The Spanish provinces have autonomous governments and are Autonomous Communities, or Autonomies.
la **comunidad**	community; body
la **región**	region
la **Comunidad Autónoma** Las comunidades autónomas españolas son el País Vasco o Euskadi, Cantabria, Asturias, Galicia, Castilla-León, Madrid, Rioja, Navarra, Aragón, Cataluña, Baleares, el País Valenciano, Murcia, Castilla-La Mancha, Andalucía, Extremadura, Canarias.	Autonomous Community (region) The autonomous Spanish regions are the Basque Country (Euskadi), Cantabria, Asturias, Galicia, Castile and Léon, Madrid, La Rioja, Navarre, Aragon, Catalonia, the Balearic Islands, the Valencian Community, Murcia, Castile-La Mancha, Andalusia, Extremadura, and the Canary Islands.
la **unidad** La unidad política española se consiguió con los Reyes Católicos.	unity Spanish political unity was attained under the Catholic Monarchs.
vasco, a	Basque
el **País Vasco**; **Euskadi**	Basque Country
el **euskera** En el País Vasco o Euskadi se habla euskera.	Basque language In the Basque Country, the Basque language is spoken.

gallego, a	Galician

Galicia	Galicia
(el, la) **castellano, a**	Castilian; Spanish
Castilla	Castile
El castellano es un dialecto del latín y nació en Castilla la Vieja.	Castilian is a dialect of Latin and arose in Old Castile.
(el, la) **madrileño, a**	Madrilenian; person from Madrid
Madrid	Madrid
riojano, a	from La Rioja; Riojan
La Rioja	La Rioja

(el, la) **catalán, catalana**	Catalan, Catalonian
Cataluña; Catalunya	Catalonia
balear	Balearic
Las Baleares	Balearic Islands
(el, la) **valenciano, a**	Valencian
el **País Valenciano**	Valencian Community (region)

(el, la) **andaluz(a)**	Andalusian
Andalucía	Andalusia
(el, la) **canario, a**	of the Canary Islands; Canary Islander
Las Canarias	Canary Islands, Canaries

el **territorio**	territory
la **autonomía**	autonomy
autónomo, a	autonomous, independent
la **bandera**	flag
Las provincias autónomas tienen una bandera propia.	The autonomous provinces have their own flags.

(el, la) **cántabro, a**	Cantabrian
Cantabria	Cantabria
(el, la) **asturiano, a**	Asturian
Asturias	Asturias
(el, la) **navarro, a**	Navarrese
Navarra	Navarre
(el, la) **aragonés, aragonesa**	Aragonese
Aragón	Aragon
murciano, a	Murcian
Murcia	Murcia

manchego, a	from La Mancha
la Mancha	La Mancha
extremeño, a	from Extremadura
Extremadura	Extremadura

14.6 International Relations

internacional
Ayer hubo un **encuentro internacional** de los Ministros de Economía en La Paz.
la **Unión Europea (UE)**
las **Naciones Unidas (ONU)**
la **organización**
La **OTAN** es la **Organización del Tratado del Atlántico Norte**.
los **países en vías de desarrollo**
los **países desarrollados**

international
Yesterday there was an international meeting of economic ministers in La Paz
the European Union (EU)
the United Nations (UN)
organization
NATO is the North Atlantic Treaty Organization.
developing countries
industrialized countries

diplomático, a
la **delegación**
la **embajada**
La embajada española en Cuba no tiene problemas con el gobierno cubano.
el **embajador**, la **embajadora**
el **delegado**, la **delegada**
negociar
la **negociación**
las **negociaciones de paz**
Las negociaciones para la paz están paralizadas.
secreto, a
el **acuerdo**
el **tratado**
firmar un tratado

diplomatic
delegation
embassy
The Spanish Embassy in Cuba has no problems with the Cuban government.
ambassador, ambassadress
delegate
negotiate
negotiation
peace negotiations
The peace negotiations are at a standstill.
secret
accord, agreement, pact
treaty
sign a treaty

la **sede**
¿Dónde está la sede de la UE?

seat, headquarters
Where is the headquarters of the EU?

el **comité**
El comité olímpico aceptó el catalán para la Olimpiada 1992.

committee
The Olympic Committee allowed the use of Catalan at the 1992 Olympics.

cooperar	cooperate
la cooperación	cooperation
La cooperación con la Cruz Roja fue una ayuda importante para Honduras.	Cooperation with the Red Cross was a great help for Honduras.

intercambiar	exchange
Por primera vez se encontraron los embajadores de esos dos países e intercambiaron opiniones.	For the first time, the ambassadors of those two countries met and exchanged opinions.
el **intercambio**	exchange
la **reunión en la cumbre**	summit meeting
mundial	world, worldwide
la **globalización**	globalization
el **pacto**	pact; treaty
¿Qué países firmaron el Pacto Andino? – **No tengo ni idea.**	Which countries signed the Andean Pact? – I have no idea.

el **Tercer Mundo**	Third World
la **dependencia**	dependence
la **potencia**	power
El Tercer Mundo **sufre la dependencia de** las grandes potencias.	The Third World suffers from dependence on the great powers.
independiente	independent
Panamá es un país independiente.	Panama is an independent country

el **consulado**	consulate
En Barcelona hay muchos consulados.	There are many consulates in Barcelona.
el **cónsul**, la **consulesa**	consul
El cónsul nos invitó a la recepción.	The consul invited us to the reception.

el **secreto**	secret
el, la **espía**	spy
Los espías saben a veces mucho más que los políticos.	Spies sometimes know more than politicians.
el **traidor**, la **traidora**	traitor

exiliarse	go into exile
La mayoría de los intelectuales españoles se exilió después de la Guerra Civil.	The majority of the Spanish intellectuals went into exile after the Civil War.
el **exilio**	exile

14.7 War and Peace

la **paz**
Es difícil vivir en paz.

la **guerra**
El pueblo es **el que más sufre** en las guerras.

enemigo, a
Este general **es enemigo de** la democracia.

peace
It is difficult to live in peace.

war
It is the people that suffer most in war.

hostile; inimical
This general is an enemy of democracy.

atacar
Nos atacaron **al amanecer**.

el **ataque**
sobrevivir
el, la **superviviente**
la **victoria**
Las victorias cuestan vidas.

attack
They attacked us at dawn.

attack
survive
survivor
victory
Victories cost lives.

defenderse
Nos defendimos contra el ataque.

defender
El Rey defendió la democracia.

la **defensa**
El **Ministro de Defensa** visitó la tropa.

defend oneself
We defended ourselves against the attack.

defend
The king defended democracy.

defense
The defense minister visited the troops.

el **ejército**
el **soldado**, la **soldada**
la **mili** *pop*
José tuvo que hacer la mili en Melilla.

el **objetor de conciencia**
el **insumiso**

army
soldier
military service
José had to do his military service in Melilla.

conscientious objector
objector who refuses to do either military or civilian service

militar
la **marina**
la **infantería**
A Vicente **le tocó** hacer la mili en infantería.

la **aviación**
La aviación alemana destruyó Guernica.

la **patria**
En nombre de la patria se hacen con frecuencia guerras absurdas.

military
navy
infantry
Vicente had to do his military service in the infantry.

air force
The German air force destroyed Guernica.

native country; fatherland; homeland
Absurd wars are often waged in the name of the fatherland.

el **armamento** **nuclear**	armament nuclear
El armamento nuclear es un peligro para todo el mundo.	Nuclear armament is a danger to the entire world.
la **guerra nuclear**	nuclear war
el **arma** f	weapon, arm
Las armas las carga el diablo. *loc*	Weapons are loaded by the devil.
destruir	destroy
el **desarme**	disarmament
Parece que ya empieza el desarme.	It seems that disarmament is already starting.

la **víctima**	victim
La mayoría de las víctimas de las guerras son inocentes.	Most war victims are innocent.
huir	flee
La población huyó ante el peligro de guerra.	The population fled from the danger of war.

la **agresión**	aggression; attack
provocar	provoke; incite
Algunos países están provocando una agresión militar.	Some countries are provoking military aggression.
el **agresor**	aggressor; attacker
Los agresores serán condenados por las Naciones Unidas.	The aggressors will be censured by the United Nations.
invadir	invade
la **guardia**	guard
avanzar	advance
retroceder	retreat
rechazar	repel, drive back
sangriento, a	bloody
el **refugio**	refuge; shelter; bunker
No hay refugios atómicos para todo el pueblo.	There are not enough nuclear shelters for the entire population.

la **orden**	order
ordenar	order, to
¿Quién ha ordenado que disparen?	Who gave the order to shoot?
el **general**	general
el **oficial**	officer
Los oficiales no cumplieron las órdenes.	The officers did not carry out the orders.
la **base**	base

Government, Society, Politics 14

Los vecinos de Torrejón protestan contra la base norteamericana.	The inhabitants of Torrejón protest against the North American base.
la **tropa**	troops; soldiers; force
el **cañón**	cannon
utilizar	use
Estos cañones se utilizaron en la Guerra de las Malvinas.	These cannons were used in the Falklands War.
el **misil**	missile
Los misiles aire-tierra destruyeron muchas casas.	The air-to-surface missiles destroyed many homes.
el **cohete**	rocket
Los primeros cohetes se construyeron en China.	The first rockets were built in China.
el **tanque**	tank
ocupar	occupy
La mayoría de los argentinos piensan que Inglaterra no debe **seguir ocupando** las Malvinas.	Most Argentineans think that England should not continue to occupy the Falkland Islands.
la **ocupación**	occupation
Durante la ocupación árabe se construyó la Alhambra.	During the Arab occupation, the Alhambra was built.
la **destrucción**	destruction
La destrucción de la tierra se está realizando también sin armas.	The destruction of the earth is being accomplished without weapons.
el **héroe**, la **heroína**	hero, heroine
El Cid es un héroe para muchos españoles.	El Cid is a hero for many Spaniards.
heroico, a	heroic
La rendición de Granada fue un acto heroico.	The capitulation of Granada was a heroic deed.

Heroína can mean both *heroine* and *heroin*.

Ana es una heroína porque ya no consume heroína.	*Ana is a heroine because she no longer uses heroin.*

False Friends

Spanish Word	Thematic Meaning(s)	False Friend	Spanish Equivalent(s)
la demostración	proof	demonstration (political)	la manifestación

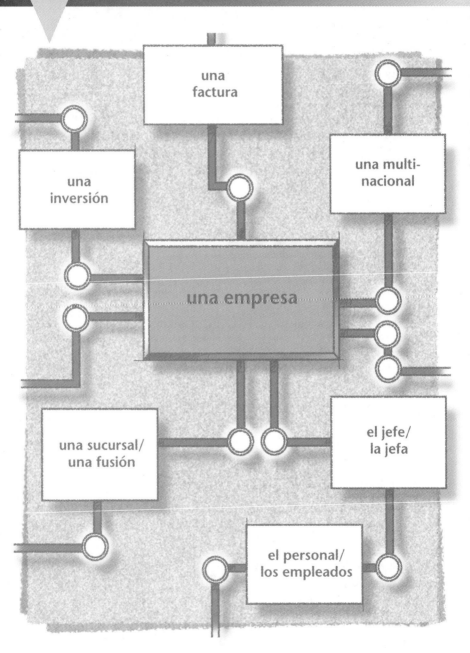

una
factura

una
inversión

una multi-
nacional

una empresa

una sucursal/
una fusión

el jefe/
la jefa

el personal/
los empleados

15.1 Agriculture, Fishing, and Mining

el **agricultor**, la **agricultora**
Los agricultores **están**
preocupados por las decisiones
de la Unión Europea.
la **agricultura**
La agricultura tiene mucha
importancia en Latinoamérica.
agrícola
la **producción**
La producción agrícola no
disminuyó en los últimos años.
el **campo**
Los campos regados de Murcia y
Valencia se llaman *huertas* porque
se cultiva fruta y verdura.

el **campesino**, la **campesina**
Muchos campesinos son muy
pobres.
el **labrador**, la **labradora**
La vida del labrador en
Latinoamérica es muy dura.
labrar
el **latifundio**
Los campesinos trabajan en los
latifundios por un jornal **de sol a
sol.**
la **cooperativa**
En España hay muchas
cooperativas agrícolas.

farmer
The farmers are concerned about
the decision of the European
Union.
agriculture
Agriculture is very important in
Latin America.
agricultural
production
Agricultural production has not
declined in the past few years.
field
The irrigated fields of Murcia
and Valencia are called *huertas*
because fruits and vegetables are
grown.
farmer
Many farmers are very poor.

farmer, peasant, tiller
The life of the peasants in Latin
America is very hard.
farm, till, cultivate
large estate
The farmers work on the large
estates for a daily wage from
sunup to sundown.
cooperative, co-op
In Spain there are many agricul-
tural co-ops.

el **cultivo**
El cultivo del arroz en España se
realiza principalmente en Valencia
y Murcia.
cultivar
recoger
Lucía siempre ayuda a recoger las
olivas.
la **tierra**
fértil
La tierra de Castellón es muy
fértil.

cultivation; growing
In Spain, rice is cultivated
mainly in Valencia and Murcia.

cultivate; grow
pick
Lucía always helps pick the
olives.
land, soil
fertile
The soil of Castellón is very
fertile.

el **tractor** El tractor es la máquina más importante para el agricultor.	tractor The tractor is the most impor- tant machine for the farmer.
criar En Andalucía se crían toros. el **ganado** En Uruguay y Argentina se cría mucho ganado.	breed; raise Bulls are bred in Andalusia. cattle A lot of cattle are raised in Uruguay and Argentina.
la **pesca** Las **catástrofes marítimas** dañan la pesca. el **pez** el **pescador**, la **pescadora** el **pescado** **pescar**	fishing; fishery; catch Maritime disasters are harmful to fishing. fish (in water) fisherman, fisherwoman; fisher fish (caught) fish, to

---

pez – pescado

In Spanish, a distinction is made between the *live fish* in the water (**el pez**) and the *caught fish* (**el pescado**).

Algunos peces comen peces, pero las personas comen pescado.

Some fish eat fish, but humans eat (caught) fish.

---

la **mina** el **minero**, la **minera** En algunas minas las niños hacen el trabajo de mineros.	mine miner In some mines, children work as miners.
sembrar ¿Cuándo se siembra el trigo? la **semilla** **regar** Aparte de usarse para consumo humano e irrigación, se gasta el agua para regar campos de golf y piscinas. el **riego** Valencia tiene un inteligente sis- tema de riego muy antiguo. **cosechar** Las primeras naranjas se cosechan en otoño.	sow When is wheat sown? seed water; sprinkle; irrigate Aside from human consumption and irrigation, water is used to water golf courses and fill swim- ming pools. irrigation; watering; sprinkling In Valencia there is a very old, well-designed irrigation system. harvest; reap, gather in The first oranges are harvested in fall.

la **cosecha**
Muchos trabajadores emigraban durante la época de la cosecha.
la **época de recogida**
Durante la época de recogida los campesinos tienen mucho trabajo.
el **abono**
El abono natural es mejor que el químico.
el **insecticida**
Los insecticidas **acaban con** los insectos y dañan a las personas y la tierra.
la **viña**
Las viñas necesitan un cuidado especial.
la **vendimia**

el, la **terrateniente**
la **huerta**

La huerta murciana es muy productiva.
el **invernadero**
En Almería se ha desarrollado la producción de frutos tropicales en invernaderos.
productivo, a
el **rendimiento**
El rendimiento de la cosecha en esta región es bueno.

la **granja**
el **establo**
ordeñar
Los pastores ordeñan las cabras.

la **minería**
minero, a
La **industria minera** está en crisis.
la **galería**
El trabajo en las galerías es peligroso.
explotar

Las compañías mineras explotan las minas de cobre y mercurio en Andalucía.

harvest, crop, yield
Many workers used to emigrate during harvest season.
harvest season
During the harvest season, the farmers have a lot of work.
fertilizer
Natural fertilizer is better than chemical.
insecticide
Insecticides kill insects and harm human beings and the soil.
vineyard
Vineyards need special care.
vintage, grape harvest

landowner, landholder
truck farm, truck garden; orchard; irrigated land
The truck farms in Murcia are very productive.
hothouse
In Almería, the growing of tropical fruits in hothouses has developed.
productive
yield; output
The yield of the harvest in this region is good.

farm
stall
milk
The herdsmen milk the goats.

mining
miner
The mining industry is in crisis.
tunnel, drift
Working in the tunnels is dangerous.
work (a natural resource); run (a farm); exploit
Mining companies work the copper and mercury mines in Andalusia.

la **explotación**	working (of a natural resource); running (of a farm); exploitation
La explotación del estaño es muy importante en Bolivia. **Lástima que** cause la explotación del minero.	Tin mining is very important in Bolivia. Regrettably, it leads to exploitation of the miners.

15.2 Industry, Handicrafts, and Technology

la **industria**
La industria española de automóviles ya no es nacional.

industry
The Spanish automobile industry is no longer state-owned.

industrial
Manuel vive en la **zona industrial** del puerto.

industrial
Manuel lives in the industrial zone of the port.

la **fábrica**
En Cataluña hay **fábricas de corcho.**

factory; mill
In Catalonia there are cork factories.

fabricar
el **producto**
producir
En España se producen muchos artículos de alta calidad.

manufacture; make
product; article
produce, to; make, to
Many high-quality products are made in Spain.

el **artículo**
Ya no fabricamos estos artículos.

article; good
We no longer manufacture these goods.

la **serie**
Este aparato se fabrica **en serie.**

series
This device is in serial production.

montar
En esta fábrica se montan coches.

assemble; mount, set up
Cars are assembled in this factory.

el **motor**
reparar
Miguel **sabe** reparar cualquier motor.

motor
repair
Miguel can repair any motor.

arreglar
el **taller**
Como tengo el coche en el taller, no puedo **ir a recogerte** a la estación.

fix, to; repair, to
workshop, repair shop
Since the car is in the shop, I can't pick you up at the station.

sustituir
estropearse
Como se ha estropeado el motor hay que sustituirlo.

replace
get out of order, get damaged
Since the motor is damaged, it has to be replaced.

consumir
Los motores modernos consumen
menos gasolina.
la **reparación**
La reparación va a **salir más cara**
que comprar una máquina nueva.

la **artesanía**
En Perú los indios conservan su
artesanía.
el **artesano**, la **artesana**
Algunos artesanos sólo trabajan
con barro.
artesanal
En Ecuador se hacen
trabajos artesanales preciosos.

la **ingeniería**
El progreso de la ingeniería mejoró
la productividad de las fábricas.
la **maquinaria**
desarrollar(se)
La **industria de la maquinaria** ha
desarrollado nuevos robots.
La industria en España se
desarrolló mucho en los
últimos años.
el **desarrollo**
El desarrollo de la **energía solar**
es importante.

la **energía**
La industria consume mucha
energía.
la **energía nuclear**
La energía nuclear supone un
peligro para la tierra.
eléctrico, a
Los coches con motores eléctricos
tienen poca autonomía.
la **tensión**
¡Atención! Cable de alta tensión.

industrializado, a
Algunos países hispanoamericanos
no están bastante industrializados.

consume, use
Modern motors consume less
gasoline.
repair
The repair will cost more than
buying a new car.

craftsmanship; artisan work
In Peru the Indians maintain
their craftsmanship.
artisan; craftsman
Some craftsmen work only with
clay.
artisanal; craft
Beautiful arts and crafts work is
done in Ecuador.

technology; engineering
Technological progress improved
the productivity of the factories.
machinery
develop
The machine-building industry
has developed new robots.
Spain's industry has developed
greatly in the past few years.

development
The development of solar energy
is important.

energy
Industry uses a great deal of
energy.
nuclear energy, atomic energy
Nuclear energy entails a danger
for the earth.
electric(al)
Cars with electric motors have a
short operating range.
tension
Watch out! High tension wire.

developed; industrialized
Some countries in Spanish
America are not yet sufficiently
industrialized.

industrializar	industrialize
Paraguay está por industrializar.	Paraguay has yet to be industrialized.
fundir	fuse; melt; blend
la **fundición**	smelting; casting; founding; foundry
la **fundición de hierro**	iron foundry
la **cerámica**	ceramics
la **orfebrería**	gold or silver work

modificar	change; modify
el **robot**	robot
el **progreso**	progress
transformar	transform
El progreso de las nuevas tecnologías transformará la vida laboral.	The progress of the new technologies will transform working life.
el **proceso**	process
Se modificó el proceso de producción con la nueva maquinaria.	The production process changed with the new machinery.
la **escala**	scale
El plano de construcción tiene una escala de 1 por 10.000.	The construction plan has a scale of 1:10,000.

15.3 Company Operations

la **empresa**	firm; enterprise
la **multinaticioal**	multinational company
el **jefe**, la **jefa**	boss
Cuando el jefe no está, aquí no trabaja nadie.	When the boss is away, nobody does any work here.
la **dirección**	management
Mi hermana lleva la dirección de la empresa.	My sister manages the company.
dirigir	manage; direct
la **compañía**	company
Como no sabían dirigir la compañía acabaron vendiéndola.	Since they couldn't manage the company, they ended up selling it.
el **departamento**	department

la **sucursal** En esta sucursal de mi banco hay un **departamento de créditos**.	branch (office) This branch of my bank has a credit department.
fundar	found, establish

el **empresario**, la **empresaria** las **PYMES** *pl* Muchos empresarios de pequeñas y medianas empresas (PYMES) se enfrentan a la bancarrota.	entrepreneur; employer small and medium-sized firms (Spain) Many heads of small and medium-sized firms are facing bankruptcy.
el, la **gerente** El gerente no sabía nada de su pedido.	manager The manager knew nothing about your order.
la **gestión**	management
la **secretaría** Puede recoger sus papeles en secretaría.	secretary; secretary's office You can pick up your papers in the secretary's office.
el, la **contable** La contable se olvidó de pagar los impuestos.	bookkeeper, accountant The bookkeeper forgot to pay the taxes.
la **contabilidad** En casi todas las empresas la contabilidad es llevada por computadora.	bookkeeping, accounting In almost all companies, the bookkeeping is done by computer.
interno, a	internal, in-house
la **asociación** Esta asociación tiene muchos problemas internos.	trade association This trade association has many internal problems.
la **quiebra** La compañía se declaró en quiebra y suspendió todos los pagos.	bankruptcy The company declared bankruptcy and suspended all payments.
la **sociedad anónima**	stock company

15.4 Trade, Services, and Insurance

la **economía** La economía mexicana ya no está en crisis.	economy The Mexican economy is no longer in crisis.
económico, a El señor Muñoz ha comprado un coche muy económico.	economic(al) Mr. Muñoz has bought a very economical car.

Según los **estudios económicos** se espera un aumento de la inflación.	According to economic studies, an increase in inflation is expected.
la **exportación**	export
Al principio **nos dedicamos a** la exportación de aceite de oliva.	At first we engaged in the export of olive oil.
exportar	export
Colombia no sólo exporta café sino también plátanos.	Colombia exports not only coffee, but also bananas.
importar	import, to
la **importación**	import
Luis lleva un negocio de **importación de textiles.**	Luis runs a clothing import business.

el **comercio**	commerce, trade; business
El comercio se queja por el aumento del I.V.A. (Impuesto sobre el Valor Añadido).	Business complains about the increase in the value-added tax.
el **comercio exterior**	foreign trade
el **comercio interior**	domestic trade
el **comercio al por mayor**	wholesale trade
el **comercio al por menor**	retail trade
el, la **mayorista**	wholesale dealer
el, la **minorista**	retail dealer
comercial	commercial; trade; business
La secretaria lleva la **correspondencia comercial** de la empresa.	The secretary handles the firm's business correspondence.

el **sector terciario**, el **sector de servicios**	services sector
el **supermercado**	supermarket
el **hipermercado**	warehouse store
los **grandes almacenes**	department store
el **negocio**	business; store, shop
la **venta**	sale(s)
la **compra**	purchase; buying; shopping
La compra de esta casa ha sido un buen negocio.	The purchase of this house was a good deal.
la **condición**	condition
No puedo aceptar sus **condiciones de venta.**	I can't accept your conditions of sale.

la **mercancía**	merchandise; goods; wares
En la aduana retuvieron la mercancía.	The merchandise was retained at Customs.
encargar	entrust

El gerente **me ha encargado de** este asunto.	The manager has entrusted me with this matter.
suministrar	supply; furnish; provide; deliver
el **pedido**	order
¿Cuándo nos suministrarán el pedido que les hicimos hace un mes?	When will you deliver to us the order we placed a month ago?
la **factura**	invoice; bill
En cuanto recibamos la factura les enviaremos un cheque.	As soon as we receive the invoice, we will send you a check.
la **comisión**	commission
el **contrato**	contract
firmar	sign
Aún no hemos firmado el contrato.	We haven't signed the contract yet.
la **firma**	signature
La firma en este contrato no es válida.	The signature on this contract is invalid.

la **agencia**	agency
el **seguro**	insurance
hacer/cancelar un seguro	take out/cancel insurance
el **seguro de responsabilidad civil**	personal liability insurance
el **seguro de vida**	life insurance
el **seguro del hogar**	household goods insurance
La agencia de seguros está **cerrada por vacaciones.**	The insurance agency is closed for vacation.

la **oferta**	offer; offering
la **demanda**	demand
La **oferta y demanda** regulan los precios.	Supply and demand regulate the prices.
la **crisis**	crisis
regular	regulate; regular, constant
Todavía **estamos en crisis** porque la venta no es regular.	We are still in crisis because sales are not good.
regular adj/adv	regular; so-so, fair
Tengo ingresos regulares.	I have a regular income.
El negocio va regular.	Business is so-so.
la **inflación**	inflation
(el) **Precio de Venta al Público (PVP)**	consumer price
Debido a la inflación subieron los Precios de Venta al Público.	Owing to inflation, consumer prices rose.

el, la **economista**	economist
la **fusión**	merger
Las fusiones de los bancos costaron puestos de trabajo.	The bank mergers resulted in lost jobs.
la **competencia**	competition, rivalry; competence; jurisdiction
En el mercado español hay mucha competencia con los importadores de la UE.	In the Spanish market, there is great competition with the EU importers.
Este asunto no **es de mi competencia.**	This matter is not within my area of competence.
competir	compete
Muchas empresas compiten en el mercado europeo.	Many firms compete in the European market.

la **empresa exportadora**	export company
Las empresas exportadoras en la UE no tienen problemas con la aduana.	The EU export companies have no problems with Customs.
comerciar	trade, engage in commerce
Comerciar **al por menor** estos productos no es buen negocio.	Retail trading in these products is not a good business.
el, la **comerciante**	businessman, businesswoman; dealer, trader
Benito es un buen comerciante **al por mayor.**	Benito is a good wholesaler.
Vicente es un comerciante muy formal.	Vicente is a very serious businessman.
el, la **representante**	representative, agent
Vicente **trabajó** muchos años **de representante.**	Vicente worked as a representative for many years.
la **colaboración**	collaboration
el **vendedor viajero**	traveling salesman

la **muestra**	sample; specimen
el **surtido**	assortment; stock
Su surtido de muestras es muy interesante.	Your assortment of samples is very interesting.
la **marca**	brand
¿Qué marca de jerez prefieres?	Which brand of sherry do you prefer?
la **garantía**	warranty; guarantee
Algunos coches ya tienen tres años **de garantía.**	Some cars now have a three-year warranty.

el **suministro**	delivery
El suministro se realizará por barco dentro de 15 días.	The delivery will be made by ship in two weeks.
descargar	unload
Hay que descargar los camiones antes de que vengan más.	The trucks have to be unloaded before more arrive.
el **coste**	cost
El **coste de la vida** ha subido mucho.	The cost of living has increased greatly.
el **encargo**	request, assignment; order
Todavía no hemos podido realizar su encargo.	We have not yet been able to carry out your request.
la **carga**	charge; obligation; burden
Las cargas sociales han aumentado.	Social contributions have increased.
el **consumidor**, la **consumidora**	consumer
Me parece que la **protección al consumidor** no ha mejorado mucho.	It seems to me that consumer protection has not improved much.
el **consumo**	consumption, use
El consumo de tabaco perjudica la salud.	The use of tobacco is a health risk.

15.5 Money and Banking

el **dinero**	money
el **billete**	bill; banknote
Los billetes y las monedas son dinero en metálico.	Bills and coins are cash.
la **moneda**	coin; currency
¿Tienes monedas para llamar por teléfono?	Do you have coins to make a phone call?
gastar	spend
Mucha gente gasta más que gana.	Many people spend more than they earn.
la **cantidad**	amount, sum, quantity
el **banco**	bank
la **caja de ahorros**	savings bank
cambiar	change
¿Me puede **cambiar** mil dólares **en euros**?	Can you change 1,000 dollars to euros for me?
el **beneficio**	profit

Los bancos trabajan con un beneficio enorme.
ahorrar
Felipe está ahorrando para comprarse una bici.
la **caja fuerte**
Mi madre guarda las joyas en la caja fuerte.

Banks operate at an enormous profit.
save
Felipe is saving to buy himself a bike.
strongbox, safe
My mother keeps her jewelry in the safe.

la **cuenta**
el **gasto**
Cargaremos **los gastos de transferencia** en su cuenta.
abonar
¿Me pueden abonar este talón en mi cuenta corriente?
– Por supuesto.
retirar
¿Qué cantidad desea retirar de su cuenta corriente?

account
expense; cost; outlay
We will charge the transfer costs to your account.
credit with; pay in; deposit
Can you deposit this check in my current account?
– Of course.
withdraw, take out
What sum would you like to withdraw from your current account?

el **cheque**
el **cobro**
Para **el cobro con cheque** exija que esté conformado.
el **talón**
El talón cruzado no se puede cobrar **en metálico**.
el **talonario de cheques**
cobrar
¿En qué banco puedo cobrar el cheque?
Por favor, cóbrese.

check
receipt; collection; cashing
For collection of a check, they require a bank check.
check
A collection-only check cannot be cashed.
checkbook
cash (a check); collect
At which bank can I cash the check?
I'd like to pay (the check), please.

el **cajero**, la **cajera**
El cajero del banco robó dos millones.
el **cajero automático**
la **tarjeta de crédito**
Este cajero automático no acepta su tarjeta de crédito.
en efectivo
¿Paga con tarjeta?
– No, en efectivo.
efectivo, a

cashier; teller
The bank teller stole two million.
automatic teller (machine); ATM
credit card
This ATM doesn't accept your credit card.
in cash
Are you paying by credit card?
– No, in cash.
effective; real, actual

a plazos
Pablo pagó el piso a plazos porque no pudo pagarlo al contado.

in installments
Pablo paid for the apartment in installments because he couldn't pay for it in cash.

el cambio

change; exchange; rate of exchange

Perdone, ¿tiene **cambio de** mil dólares?
¿Cómo está el cambio del peso mexicano?

Excuse me, can you change a thousand dollars?
What is the exchange rate for the Mexican peso?

la **vuelta**/el **vuelto**
¡No **te olvides de** la vuelta!

change
Don't forget your change!

suelto, a
el **dinero suelto**
¿Llevas dinero suelto para llamar por teléfono?

loose; single; (small) change
loose change
Do you have loose change for making a phone call?

el **resto**

rest, remainder

la **deuda**
Muchos países latinoamericanos no pueden pagar los intereses de su **deuda externa**.

debt
Many Latin American countries cannot pay the interest on their foreign debt.

prestar
A ver cuándo me devuelves el dinero que te presté.

lend, loan
We'll see when you give me back the money I loaned you.

el **crédito**
La señora Vázquez ha comprado la casa con un crédito.

loan
Mrs. Vázquez bought the house with a loan.

valer
¿Cuánto vale este libro?

cost
How much does this book cost?

por

for

el **euro**
Compramos un coche **por tan sólo** 12.000 euros.

euro
We bought a car for only 12,000 euros.

el **dólar**
¿Cuántos euros equivalen a un dólar? – Valen más o menos lo mismo.

dollar
How many euros equal a dollar? – They are about the same.

el **descuento**
¿Cuánto descuento nos hace si pagamos al contado?
¿Hay un descuento para estudiantes?

discount; deduction
How much of a discount will you give us if we pay in cash?
Is there a student discount?

la **rebaja**
Si se llevan cuatro libros les hago una rebaja.

reduction; discount
If you take four books, I'll give you a reduced price.

la **cartilla de ahorro**	savings book
(el, la) **ahorrador(a)**	thrifty, frugal; saver
el **interés**	interest
el, la **titular**	holder (of an account); depositor
cancelar	cancel
El titular de esta cuenta quiere cancelarla.	The account holder would like to cancel the account.
la **cuenta corriente**	current account
la **transferencia**	transfer
el **extracto de cuenta**	statement of account

depositar	deposit; pay in
Por favor, deposite el importe total en nuestra cuenta.	Please deposit the entire amount in our account.
el **importe**	sum, amount
Le he depositado el importe de la factura en su cuenta.	I have deposited the amount of the invoice in your account.
los **ingresos**	income
El año pasado nuestros ingresos fueron bajos.	Last year our income was small.
el **cheque de viaje**	traveler's check
¿Aceptan ustedes cheques de viaje?	Do you take traveler's checks?
la **letra**	draft; bill (of exchange)
¿Aceptan el pago mediante una **letra de cambio**?	Will you accept payment by means of a bill of exchange?

el **deudor**, la **deudora**	debtor
el **préstamo**	loan
El deudor debe pagar el préstamo.	The debtor has to repay the loan.
el **plazo**	term, time, date of payment
En enero se acaba el plazo para pagar el crédito.	In January the period for repaying the loan expires.
calcular	calculate; figure out
Hemos de calcular los gastos de viaje.	We have to calculate the travel costs.

la **bolsa**	stock market
Ignacio es un **corredor de bolsa** muy astuto.	Ignacio is a very astute stockbroker.
el, la **accionista**	stockholder
Los accionistas en conjunto son propietarios de una sociedad anónima (S. A.).	All the stockholders together are owners of a stock company.
la **acción**	stock

el **valor**	worth, value; security, bond, stock
Aceptamos estos valores como garantía para el crédito.	We accept these bonds as security for your loan.
invertir	invest
El señor Durruti ha invertido su capital en un **fondo de inversiones**.	Mr. Durruti has invested his capital in an investment fund.
el **inversor**, la **inversora**	investor
la **inversión**	investment
Las inversiones en **fondos de acciones** son más prácticas para los pequeños inversores.	Investments in stock funds are more practical for small investors.
el **fondo**	fund; capital
En el fondo los **fondos de inversión** son rentables.	Fundamentally, investment funds are profitable.

la **suma**	sum, amount
el **recibo**	receipt
el **impuesto**	tax
Mañana tengo que pagar los impuestos.	Tomorrow I have to pay the taxes.
la **renta**	income
el **asesor fiscal**, la **asesora fiscal**	tax consultant, tax adviser
El asesor fiscal me hace la **declaración de la renta**.	The tax consultant does my tax return.

las **divisas**	foreign currency, foreign exchange
Todas las monedas extranjeras son divisas.	All foreign currencies are foreign exchange.
el **euro**	euro
el **dólar**	dollar
¿Como se llama tu moneda?	What is the name of your currency?
La peseta fue la unidad monetaria de España durante siglos.	For centuries the peseta was the monetary unit of Spain.

el **peso**	peso
El peso es la moneda de Argentina, Bolivia, Colombia, Cuba, Chile, la República Dominicana, México y Uruguay.	The peso is the unit of currency of Argentina, Bolivia, Colombia, Cuba, Chile, the Dominican Republic, Mexico, and Uruguay.
el **quetzal**	quetzal (currency of Guatemala)
el **lempira**	lempira (currency of Honduras)
el **colón**	colon (currency of El Salvador and Costa Rica)
el **córdoba**	córdoba (currency of Nicaragua)

el **bolívar**	bolívar (currency of Venezuela)
La moneda venezolana tiene el nombre del General Simón Bolívar.	Venezuelan currency gets its name from General Simón Bolívar.
el **sucre**	sucre (currency of Ecuador)
El sucre ecuatoriano ha bajado.	The sucre has dropped.
el **nuevo sol**	nuevo sol (currency of Peru)
el **guaraní**	guaraní (currency of Paraguay)
el **balboa**	balboa (currency of Panama)

False Friends

Spanish Word	Thematic Meaning(s)	False Friend	Spanish Equivalent(s)
la firma	signature	firm	la empresa
el importe	sum, amount	import	la importación
el gasto	cost	guest	el huésped, el invitado
el talón	check	talon	la garra

16.1 Postal Service and Telecommunications

Correos	Post Office (institution)
el **sello**/la **estampilla**	stamp
Tengo que ir a Correos a comprar estampillas.	I have to go to the post office to buy stamps.
el **correo**	mail
¿Ya ha llegado el correo?	Has the mail come yet?
la **estafeta de correos**	post office, postal service station
la **lista de correos**	poste restante, general delivery

> **Correos** (without the article) refers exclusively to the Post Office or Postal Service as an institution. For the local post office/postal service station or the mail, use **el correo**.

la **carta**	letter
En la estafeta de correos he recogido las **cartas de lista de correos**.	I picked up the general delivery letters at the post office.
la **tarjeta postal**	postcard
recibir	receive, get
Hace una semana que no recibo correo.	I haven't gotten any mail in a week.
mandar	send
el **telegrama**	telegram
¿Dónde puedo **poner un telegrama**? – En Correos.	Where can I send a telegram? – At the post office.
el **paquete**	package; parcel
Mis abuelos me enviaban paquetes para Navidad.	My grandparents sent me packages at Christmas.
El **paquete muestra** es más económico que el paquete postal.	A small parcel is more economical than a package.

certificado, a	certified
enviar	send
Carlos ha enviado una **carta certificada** al ayuntamiento.	Carlos sent a certified letter to the city hall.
urgente	express; special delivery
por avión	airmail
¿Cuánto cuesta esta **carta urgente y por avión**?	How much does this letter cost by special delivery and by airmail?

el **buzón**	mailbox
¿Hay un buzón por aquí cerca?	Is there a mailbox near here?
Voy a echar estas cartas al buzón.	I'm going to put these letters in the mailbox.

el **cartero**, la **cartera**
Nuestra cartera confunde el
número de casa con el número
de piso.
la **dirección**
el **código postal**
¿Has escrito bien la dirección y el
código postal?

mailman; postal carrier
Our postal carrier mixes up the
building number with the apart-
ment number.
address
postal code, zip code
Did you write the address and
the postal code correctly?

la **Telefónica**

el **teléfono**
llamar por teléfono
el **número de teléfono**
¿Cuál es su número de teléfono?
el **móvil**
¿Me das tu móvil?
– ¿A quién quieres llamar?
No quiero tu móvil sino tu
número de teléfono.
la **cabina telefónica**
la **tarjeta telefónica**
Para algunas cabinas telefónicas se
necesita una **tarjeta telefónica**,
para otras solo **monedas**.
Déme una tarjeta telefónica de
10 euros. – No tengo. Pregunte
en el kiosco.

Telefónica (Spanish telephone
company)
telephone
telephone, call (on the telephone)
telephone number
What is your phone number?
cell phone
Can I use your cell? – Whom do
you want to call?
I don't want your cell phone,
but your telephone number.
telephone booth
telephone card
In some phone booths you need
a phone card, but in others only
coins.
Give me a 10-euro telephone
card. – I don't carry them. Ask at
the newsstand.

marcar
¿Hay que **marcar un prefijo**?
la **llamada**
Estoy toda la mañana esperando
una llamada importante.
el **contestador automático**
el **mensaje**
Te **he dejado un mensaje** en el
contestador automático.
estar comunicando
Te he llamado mil veces y
siempre estaba comunicando.
sonar
Baja la música porque, si no, no
oímos si suena el teléfono.

dial
Do you have to dial a prefix?
call
I've been waiting all morning for
an important call.
answering machine
message
I left you a message on the
answering machine.
be busy
I called you a thousand times,
and it was always busy.
ring
Turn down the music; otherwise
we won't hear if the phone
rings.

¡Diga!	Hello! (used by person answering)
¡Dígame!	Hello! (used by person answering)
¡Dígame! – ¡Oiga! ¿Está Felisa?	Hello! – Hello, is Felisa there? –
– **¿De parte de quién?** – De	Who's speaking, please? – Roberto.
Roberto. ¿Puedo hablar con Felisa?	May I speak to Felisa? – Yes, just
– Sí, un momento.	a moment.
¡Oiga!	Hello!; listen; say (used by caller)
¡Óigame!	Hello!; listen; say (used by caller)
¡Oiga! El señor Fuertes, por	Hello! Mr. Fuertes, please.
favor.	

el **apartado (postal)**	post office (P.O.) box
el **franqueo**	postage
Esta carta no **lleva suficiente**	This letter doesn't have enough
franqueo.	postage.
el **envío**	shipment; transport
Los gastos del envío aéreo son	The airfreight costs are extra.
aparte.	
el **correo aéreo**	airmail
La mejor posibilidad de mandar	The best way to send a letter to
una carta a América es por correo	America is by airmail.
aéreo.	
el **impreso**	printed matter
Las revistas y los periódicos se	Magazines and newspapers are
mandan como impresos.	sent as printed matter.

la **dirección**	address
Si me da su dirección le mandaré	If you give me your address, I'll
los libros que quiere.	send you the books you want.
el **destinatario**	addressee, recipient
Te han devuelto la carta porque	The letter was returned to you
el destinatario es desconocido.	because the addressee is
	unknown.
el **remite**	sender
Me he olvidado de poner el	I forgot to put on the sender.
remite.	
el, la **remitente**	sender
¿Quién es el remitente del	Who is the sender of the
paquete?	package?

el **giro postal**	postal money order
contra reembolso	C.O.D.
¿Prefiere pagar por giro postal o	Do you prefer to pay by postal
contra reembolso?	money order or C.O.D.?

la **llamada urbana**
Tengo que hacer una llamada urbana y otra de larga distancia a Honduras.

local call
I have to make a local call and a long-distance call to Honduras.

la **llamada de larga distancia**
el **prefijo**
Para todas las llamadas desde España hay que marcar un prefijo. Las conferencias internacionales necesitan dos prefijos, el del país y el de la ciudad.

long-distance call
prefix
For all calls from Spain, you have to dial a prefix. For international long-distance calls, two prefixes are needed, one for the country and one for the town.

los **pasos** *pl*
El precio de la llamada **es por pasos.**

units
The price of the call is figured in units.

la **comunicación**
Es imposible hablar con Teruel porque de momento no hay comunicación.

connection
It's impossible to call Teruel because there's no connection at the moment.

la **línea**
Por favor, señorita, ¡**déme línea!**

line
Miss, please give me a line!

la **guía telefónica**
En España se puede buscar en la guía el número de teléfono **por** los nombres de las calles.

telephone book
In Spain, you can look up the telephone number in the phone book under the street name.

la **información**

information

descolgar
localizar
Como el teléfono **estaba descolgado** no te pude localizar.

pick up
reach
Since the receiver was off the hook, I couldn't reach you.

al habla
con él (con ella)
poner
¡**Póngame con** la señora Brea, por favor!

speaking (Spain)
speaking (Latin America)
connect
Please connect me to Mrs. Brea.

colgar
¡Dolores! ¡Cuelga ya de una vez!

hang up
Dolores! Hang up, at long last!

Telégrafos
telegrafiar
En cuanto lleguemos les telegrafiaremos.

Telegraph Office
telegraph; send a telegram
As soon as we arrive, we'll send you a telegram.

el **télex**	telex
Mi padre nos mandó un télex desde Quito.	My father sent us a telex from Quito.
el **telefax**	computer fax
el **fax**	fax
Envíennos los documentos por fax.	Fax us the documents.
la **videoconferencia**	teleconference

16.2 Radio, Television

emitir	broadcast
la **radio**	radio
A Marisa le encanta el programa de radio de esta emisora.	Marisa is delighted by this station's radio programming.
la **emisora**	station (radio broadcasting)
¿Cuál es tu **emisora preferida?**	What's your favorite station?
escuchar	hear; listen to
Como **se han terminado las pilas** no podemos escuchar la radio.	Since the batteries are dead, we can't listen to the radio.
la **publicidad**	advertising, publicity
Hoy en día se hace muchísima publicidad en todos los medios.	Today a great deal of advertising is done in all the media.

la **televisión**, la **tele**	television, TV
¿Cuándo ponen la **película policíaca** en la tele?	When is the crime film on TV?
interrumpir	interrupt
el **programa**	program
En la radio y la tele interrumpen el programa para la publicidad.	In radio and television, the program is interrupted for commercials.

> For the *gender of nouns* ending in -**ma**, see the information on p. 161.

el **televisor**	television set
Los jóvenes llaman al televisor *caja tonta.*	Young people call the television set the *caja tonta* ("boob tube").
las **noticias**	news
¿Han dicho algo sobre el robo en las noticias?	Did they mention the robbery on the news?
la **entrevista**	interview
¿Viste la entrevista del presidente que emitieron ayer?	Did you see the interview with the President that was broadcast yesterday?

entrevistar	interview
rodar	shoot (film, movie)
En mi barrio están rodando una película.	A film is being shot in my part of town.
el **vídeo**	video; video recorder, VCR
He visto la última película de Almodóvar **en vídeo.**	I saw Almodóvar's last film on video.

la **emisión**	broadcast (radio, TV); emission
el **locutor,** la **locutora**	radio announcer, radio speaker
La locutora de esta emisora tiene una voz muy agradable.	This station's announcer has a very pleasant voice.
el, la **oyente**	listener
el, la **radioyente**	radio listener
el **volumen**	volume
¡Baja el volumen!	Turn down the volume!
el **altavoz**	loudspeaker

transmitir	transmit
en directo	live, direct
Esta tarde transmiten un concierto **en directo vía satélite.**	This afternoon a concert is being transmitted live via satellite.
la **cadena**	station (radio, TV)
En España hay dos cadenas nacionales, diferentes regionales y muchas privadas.	In Spain there are two national stations, various regional stations, and many private stations.
el **presentador,** la **presentadora**	moderator
La presentadora tiene acento colombiano.	The moderator has a Colombian accent.
el **reportero,** la **reportera**	reporter
el **reportaje**	report (journalism), reporting
El reportaje del reportero se publicará en la próxima edición.	The reporter's report will be published in the next edition.
el, la **corresponsal**	correspondent

el **documental**	documentary film; report
la **serie**	series
Los documentales son más interesantes que algunas series.	Documentaries are more interesting than some series.
la **telenovela**	TV series; soap opera
la **cebollera** *pop*	soap opera (pop)

Se dice que las telenovelas son cebolleras porque intentan generar muchas lágrimas.

el **espectador**, la **espectadora** Muchos espectadores no están contentos con el programa de tele.

el, la **televidente** la **teletienda** ¿Compras tú también en la teletienda?

zapear el **teletexto** En el teletexto hay muchas informaciones actuales.

Soap operas are called *cebolleras* (oniony) because they aim to release many tears.

viewer Many viewers are not happy with the TV programming.

TV viewer teleshop; teleshopping Do you also do teleshopping?

zap teletext There is a lot of current information in the teletext pages.

---

la **antena** Tenemos **antena parabólica**. la **televisión por cable** la **imagen** Con la televisión por cable la imagen es mejor. la **videoteca** Esta videoteca tiene las últimas novedades del cine.

antenna We have a dish antenna. cable television image; picture With cable TV, the picture is better. video store This video store has the latest films.

16.3 Print Media and Books

la **prensa** Ayer leí en la prensa que va a haber huelga general.

el **periódico** el **diario** Hay un diario español que se llama *El Periódico*.

la **revista** el **anuncio**

En esta revista hay más anuncios que artículos. En Hispanoamérica los anuncios se llaman *avisos*.

leer ¿Has leído el periódico?

la **página**

press; newspapers Yesterday I read in the press that there's going to be a general strike.

newspaper daily newspaper There is a Spanish daily called *El Periódico*.

magazine ad(vertisement); notice; announcement

In this magazine there are more ads than articles. In Spanish America the ads are called *avisos*.

read Have you read the newspaper?

page

publicar
el **artículo**
el **editorial**
El País publica un editorial cada día.

publish
article
editorial
El País publishes an editorial every day.

la **librería**
el **libro**
el **diccionario**
la **editorial**
Esa editorial no quiso publicar ni mi libro de cocina ni tu diccionario.

bookstore
book
dictionary
publishing house
That publishing house didn't want to publish either my cookbook or your dictionary.

los **medios de comunicación**
influir
Los medios de comunicación pueden **influir en** la opinión pública.
la **propaganda**

mass media
influence
The mass media can influence public opinion.
advertising; propaganda

la **publicación**
La publicación de esta novela fue un gran éxito.
la **crónica**
La crónica de esta ciudad **está por escribir.**
semanal
mensual
agotado, a
El Jueves es un semanal que sale los miércoles y a veces está rápidamente agotado.
el **cómic**
Los comics para niños se llaman en España tebeos.
suscribirse
el **quiosco (kiosco)**
Muchos españoles compran el periódico en el quiosco en lugar de suscribirse.

publication
The publication of this novel was a great success.
chronicle
The chronicle of this city has yet to be written.
weekly
monthly
out of print; sold out
El Jueves is a weekly that comes out on Wednesdays, and sometimes it sells out quickly.
comics
Comics for children are called tebeos in Spain.
subscribe
newsstand, news kiosk
Many Spaniards buy the newspaper at the newsstand instead of subscribing.

el **editor**, la **editora**
¿Quién es el editor de esta revista?

editor; publisher
Who is the publisher of this magazine?

la **redacción**	editorial staff; editorial office
el, la **periodista**	journalist
En la redacción trabajan varios periodistas.	Various journalists work on the editorial staff.
Rosa Montero es periodista y autora.	Rosa Montero is a journalist and a writer.
periodístico, a	journalistic

imprimir	print
la **imprenta**	press; printing house, printing office
la **edición**	edition
¿Qué edición del *Quijote* tienes?	Which edition of *Quijote* do you have?
la **tirada**	issue; press run, printing edition
el **índice**	index

16.4 Multimedia, Computers

el **hardware**	hardware
el **ordenador**	computer (Spain)
la **computadora**	computer (Latin America)
el **ordenador portátil**	notebook (computer)
el **disco**	disk
el **disquete**	diskette
Siempre copio todos los trabajos en disquete.	I always copy all my work onto diskette.
el **lector de CD-ROM**	CD-ROM player
el **módem**	modem

el **monitor**	monitor
la **pantalla**	screen; monitor
Tienes que limpiar la pantalla porque no se ve nada.	You have to clean the screen because you can't see anything.
la **tarjeta de sonido**	soundcard
Con la tarjeta de sonido incluso puedo componer música.	With the soundcard, I can even compose music.

el **ratón**	mouse
Tomás utiliza un ratón **sin cable**.	Tomás uses a cordless mouse.
el **teclado**	keyboard
Este teclado no tiene las teclas españolas.	This keyboard doesn't have Spanish keys.

picar
¿Hay que **picar** una contraseña?

type; enter
Do you have to enter a password?

formatear
la **impresora**
el **tipo de letra**
¿Cuántos tipos de letra tiene la impresora?

format
printer
typeface
How many typefaces does the printer support?

el **software**
el **sistema operativo**
el **programa**
el **tratamiento de textos**
El **paquete de software** incluye un **sistema operativo** y un **programa de tratamiento de textos** que ya están instalados.
¿Me puede recomendar un buen programa de tratamiento de texto para mi computadora?

software, programs
operating system
program (software)
word processing
The software package includes an operating system and a word-processing program, which are already installed.
Can you recommend a good word-processing program to me for my computer?

el **archivo**
el **fichero**
almacenar en
¿En qué archivo almacenaste el fichero?
la **orden**
borrar
la **ventana**
el **menú**
¿Cómo es la orden para borrar esa ventana? – Abre el menú y lo verás.
ennegrecer
copiar
Antes de copiar tiene que ennegrecer las palabras.
instalar

directory
file
store in; save in
In which directory did you save the file?
command
delete
window
menu
What is the command for closing that window? – Open the menu, and you'll see.
highlight
copy
Before copying, you have to highlight the words.
install; set up

el **Internet**
navegar
A Marta le encanta **navegar por Internet**.
el **correo electrónico**
El correo electrónico es muy rápido.

internet
surf
Marta enjoys surfing the internet.
e-mail; electronic mail
E-mail is very fast.

Popularmente el correo electrónico se llama también *emilio* o *ismael*.	Popularly, e-mail is also called *emilio* or *ismael*.
la **informática**	computer science, informatics

el **procesador**	processor
el **disco duro**	hard disk
la **memoria**	memory
el **lector de DVD (Disco Versátil Digital)**	DVD player
la **tarjeta gráfica**	graphics card
compatible	compatible
La tarjeta gráfica no es compatible con la pantalla.	The graphics card is not compatible with the monitor screen.
el **microprocesador**	microprocessor
el **disquete de arranque**	system boot disk
el **salvapantallas** *sg*	screensaver
Miguel ha instalado un salvapantallas muy curioso.	Miguel has installed a very strange screensaver.

la **red**	net(work)
engancharse	crash
Nada más instalar la red, se engancharon las computadoras.	The net had barely been installed when all the computers crashed.
el **bit**	bit (smallest unit of information)
digital	digital
el **escáner**	scanner
El escáner facilita mucho los trabajos gráficos.	The scanner makes working with graphics much easier.
escanear	scan

el **puerto**	port
¿En qué puerto **tienes conectado** el ratón?	What port did you connect the mouse to?
la **tecla de función**	function key
¿Para qué son estas teclas de función?	What are these function keys for?
la **entrada de datos**	data entry
los **datos de salida**	output data

el **icono**	icon
iniciar	start (a program)
Pulsando el icono se inica el programa.	You start the program by clicking on the icon.
la **actualización**	update (more recent version of a computer program)

cargar	load
La **actualización de los progra-** **mas** se carga automáticamente.	The update is loaded automatically.
el **programa de ayuda**	help program
recuperar	recover
la **copia de seguridad**	backup (copy)
Pudimos recuperar los datos gracias a la copia de seguridad.	Thanks to the backup, we were able to recover the data.
la **copia pirata**	pirated copy

programar	program
el, la **programador(a)**	programmer
el **procesamiento de datos**	data processing
Clara programó este proce- samiento de datos.	Clara programmed this data processing.
el **banco de datos**	data bank
la **gestión de ficheros**	file management
el **tratamiento de textos** **avanzado**	desktop publishing

el **servidor web**	server, internet provider
conectar	connect
el **acceso**	access
No conseguís acceso a Internet si no **os conectáis a** un servidor primero.	You won't get access to the internet if you're not connected to an internet service provider.
el **buscador**	search engine
el **enlace**	link
Los buscadores tienen enlaces a las páginas web.	The search engines have links to the web pages.
la **página web**	web page
en línea	online (operation)
fuera de línea	offline (operation)
Algunas páginas web se pueden leer **sin estar en línea**, o sea, estando fuera de línea.	Some web pages can be read without being online, that is, while you're offline.

la **contraseña**	password
la **conexión**	connection
Tienes que **picar la contraseña** para establecer una conexión con el servidor.	You have to enter the password to establish a connection with the server.
bajar	download
el **virus**	virus

el **antivirus**
Ayer bajé un programa que tenía un virus. **Menos mal que** lo descubrió el antivirus.

anti-virus program
Yesterday I downloaded a program that had a virus. Luckily the anti-virus program detected it.

el **chat**
En el curso de español organizamos un chat muy divertido.

chat (room)
In our Spanish course we organized a very entertaining chat room.

chatear
¡Es verdad que chateando se aprende mucho!

chat
It's true that you learn a lot while chatting!

la **arroba**
Las direcciones de correo electrónico llevan una arroba.

@ ("at" symbol)
The e-mail addresses contain a @.

la **transmisión de datos**
La transmisión de datos por mail es muy rápida.

data transmission
Data transmission by e-mail is very rapid.

False Friends

Spanish Word	Thematic Meaning(s)	False Friend	Spanish Equivalent(s)
la carta	letter	card	la tarjeta
enviar	send	envy	envidiar

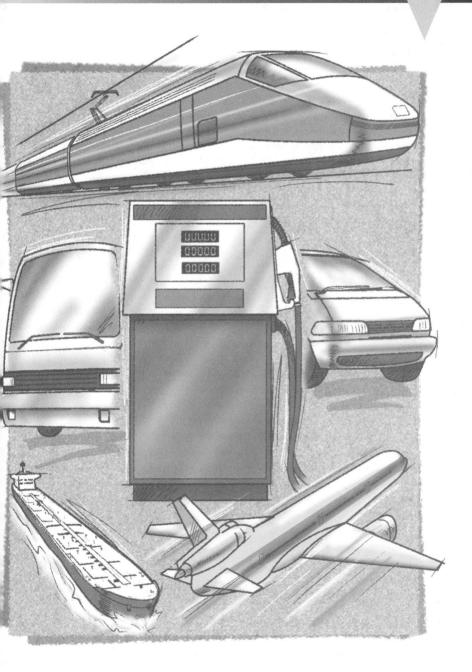

17.1 Individual Transportation

el tráfico
El tráfico en Hispanoamérica se llama *tránsito*.
circular
A las ocho de la mañana es casi imposible circular por Santiago.
el peatón, la peatona
En las carreteras hay señales que recuerdan a los peatones que circulen por su izquierda.
la bicicleta
Perico aún no sabe **montar en bicicleta** porque es demasiado pequeño.
el, la ciclista
el conductor, la conductora
Raimundo es un conductor prudente.
Muchos conductores no **respetan a** los ciclistas.
conducir
A pesar de saber conducir muy bien no pudo evitar el accidente.

la moto
En Jerez se organizan **carreras de motos**.
la bicicleta con motor
el casco
Siempre es más seguro llevar el casco en bicicletas y motos.

traffic
In Spanish America, the word for traffic is *tránsito*.
drive
At 8 A.M. it's almost impossible to drive through Santiago.
pedestrian
Highway signs remind pedestrians to walk on the left side of the road.
bicycle, bike
Perico can't ride a bike yet because he's too little.

cyclist, bike rider
driver
Raimundo is a careful driver.
Many drivers do not respect bike riders.
drive
Although he knows how to drive very well, he was unable to prevent the accident.
motorcycle
Motorcycle races are held in Jerez.
moped
helmet (crash)
It's always safer to wear a helmet on bikes and motorcycles.

girar
Antes de girar tienes que esperar a que pasen los peatones.
derecho
Perdón, ¿el cine Rialto está cerca de aquí? – Sí, muy cerca. Siga esta calle **todo derecho**, gire la primera a la derecha y, luego, la segunda a la izquierda.

turn
Before turning, you have to wait for the pedestrians to pass.
straight ahead
Excuse me, is the Rialto Movie Theater near here? – Yes, quite near. Keep straight ahead on this street, take the first right, and then the second left.

recto
seguir
Para ir a la playa siga todo recto por aquí.

straight ahead
keep going; keep driving; follow
To get to the beach, keep going straight ahead.

torcer
Perdone, ¿cómo voy a la Sagrada Familia? – Tuerza aquí a la derecha y continúe **todo derecho** hasta el final de la calle.

turn
Excuse me, how do I get to Sagrada Familia Church? – Turn right here, and follow the street until it ends.

---

el **coche**
Después del accidente llevé el coche al taller.

car, auto(mobile)
After the accident I took the car to the shop.

usado, a
¿Has comprado un coche nuevo o usado?

used
Did you buy a new car or a used one?

el **auto(móvil)**
En Hispanoamérica, excepto en Uruguay, Chile y Argentina, se llama al automóvil *carro*.

auto(mobile), car
In Spanish America, except for Uruguay, Chile, and Argentina, the term used for automobile is *carro*.

el **camión**
Los domingos hay muy pocos camiones en España por las carreteras.

truck
On Sundays there are few trucks on the highways in Spain.

la **rueda**
Me han pinchado las cuatro ruedas.

wheel; tire
All four of my tires were punctured.

el **motor**
la **gasolinera**
la **gasolina**
la **gasolina sin plomo**
En todas las gasolineras españolas hay ya gasolina sin plomo.

motor, engine
gas station
gas(oline)
lead-free gasoline
Lead-free gas is now available at all Spanish gas stations.

el **gasóleo**
La gasolina es más cara que el gasóleo.

diesel fuel
Gasoline is more expensive than diesel.

---

arrancar
la **bujía**
Como arranca mal el coche, le cambiaré las bujías.

start
spark plug
Since the car isn't starting well, I'll change the spark plugs.

frenar
atropellar
Tuvimos que **frenar en seco** para no atropellar al niño.

brake, apply the brake
run over
We had to brake suddenly to avoid running over the child.

el **freno**
Los frenos de tu moto funcionan muy mal.

brake
The brakes on your motorcycle are very bad.

adelantar
Ahora podemos adelantar a ese camión porque no hay **tráfico de frente.**

pass
Now we can pass that truck, because there's no oncoming traffic.

chocar
Delante del bar chocaron dos coches pero no hubo heridos.

collide
Two cars collided in front of the bar, but there were no injuries.

el **accidente**
En la autopista se produjo un accidente muy grave **por exceso de velocidad.**

accident
A very serious accident on the superhighway resulted from excess speed.

el **riesgo**

risk; danger

el **cinturón de seguridad**
Es obligatorio **llevar puesto el cinturón de seguridad.**

seatbelt
It is mandatory to wear a seatbelt.

el **reposacabezas** *sg*

headrest

la **calle**

street

cruzar
Vamos a cruzar la calle por el paso de peatones.

cross
We're going to cross the street at the pedestrian crossing.

la **avenida**

avenue

atravesar

cross over

el **semáforo**
Este cruce fue peligroso porque no había semáforo.

traffic light
This crossing was dangerous because there was no traffic light.

¡Nunca atraviese la avenida cuando el semáforo **esté en rojo!**

Never cross the street when the light is red!

el **cruce**

crossing

la **carretera**
En las carreteras españolas hay una limitación de velocidad (90/100 kilómetros).

highway
On Spanish highways there is a speed limit (90/100 km per hour).

la **curva**
¡Cuidado con esta curva! Es muy peligrosa.

curve
Be careful on this curve! It's very dangerous.

la **autopista**
En España hay que pagar peaje en las autopistas.

turnpike
In Spain you have to pay a toll on turnpikes.

la **autovía**
En las autovías no se paga peaje.

throughway
On throughways there is no toll.

la **salida**
Venimos tarde porque nos equivocamos en la salida de la autopista.

las **obras** *pl*

cortar
La carretera está **cortada por obras.**

Han cortado la calle de Alcalá por una manifestación.

la **entrada**
¿Dónde está **la entrada al garaje** del hotel?

exit
We'll be late because we took the wrong turnpike exit.

construction work; construction site

interrupt; cut; close
The highway is closed for construction work.

Alcalá Street is closed on account of a demonstration.

entrance
Where is the entrance to the hotel garage?

la **circulación**
el **atasco**
Por las tardes la circulación es casi imposible por causa de los atascos.

el, la **automovilista**
el **conductor suicida,** la **conductora suicida**
Muchos accidentes mortales los causan conductores suicidas.

traffic
traffic jam
In the afternoons the traffic is almost impossible because of traffic jams.

automobile driver
wrong-way driver

Many fatal accidents are caused by wrong-way drivers.

la **auto-escuela**
el **carnet de conducir**
Si se conduce un coche hay que llevar el carnet de conducir.

la **documentación del coche**
la **póliza del seguro**
¿Lleva usted la documentación del coche y la póliza del seguro?

la **matrícula**
El coche tiene matrícula de Barcelona.

la **placa**
La placa de tu moto está sucia.

driving school
driver's license
When you drive a car, you have to carry your driver's license.

vehicle registration papers
proof of insurance; insurance policy
Do you have the car registration papers and proof of insurance with you?

license number
The car has a Barcelona license number.

license plate
The license plate of your motorcycle is dirty.

el **alquiler de automóviles**
la **grúa**
aparcar
La grúa se llevó mi coche porque estaba mal aparcado.
¡Aquí no puede aparcar!
estacionar

car rental agency
tow truck
park
My car was towed because it was illegally parked.
No parking here!
park

el **estacionamiento**	parking
Estacionamiento prohibido.	No parking.
la **multa**	fine (traffic) traffic ticket
A Isabel le **pusieron una multa** por exceso de velocidad.	Isabel got a traffic ticket for exceeding the speed limit.
la **avería**	breakdown
En España la Guardia Civil le ayudará gratis si tiene una avería.	In Spain, the Guardia Civil will assist you without charge if your car breaks down.
estropeado, a	damaged, defective
la **marcha**	gear
el **embrague**	clutch
El embrague de mi coche está estropeado, por eso **no le entran bien las marchas**.	The clutch on my car is defective; that's why it's hard to shift gears.
el **volante**	steering wheel
No **coja el volante** si ha bebido.	Don't get behind the wheel if you've been drinking.
acelerar	accelerate
el **claxon**/la **bocina**	horn
el **faro**	headlight
cegar	blind
De noche me ciegan los faros de los coches.	At night the car headlights blind me.
el **maletero**	trunk
el **compartimento del motor**	engine compartment
transportar	transport
En mi coche puedo transportar la lavadora.	I can transport the washing machine in my car.
el **depósito**	tank (gas)
Por favor, **lléneme el depósito** y **míreme el aceite**.	Please fill the tank and look at the oil.
el **bidón de gasolina**	gas canister
el **neumático**	tire
Tienen los neumáticos muy gastados. Será mejor que los cambiem antes del viaje.	Your tires are very worn. It'll be better to replace them before the trip.
comprobar	check
la **acera**	sidewalk
No aparques en la acera porque te pondrán una multa.	Don't park on the sidewalk because you'll be fined.

el **paso de peatones**	pedestrian crossing
Casi me atropellan en el paso de peatones.	I was almost run over in the pedestrian crossing.
la **señal de tráfico**	traffic sign
Hay que respetar las señales de tráfico.	Traffic signs have to be obeyed.
la **luz de tráfico**	light traffic
Alberto cruzó la calle a pesar de que la luz estaba en rojo.	Alberto crossed the street although the light was red.
el **aparcamiento**	parking place
He estado buscando media hora aparcamiento y al final he aparcado mal.	I looked for a parking place for half an hour and finally parked illegally.
la **zona azul**	limited parking zone (Spain)
el **automático**	automat (ticket) (Spain)
Cuando se aparca en la zona azul hay que comprar un billete en un automático y dejarlo visible en el coche.	When you park in the limited parking zone, you have to buy a ticket from an automat and leave it in a visible position in your car.
la **velocidad**	speed
la **limitación de velocidad**	speed limit
el **peaje**	toll
A veces no merece la pena utilizar la autopista porque el peaje es muy caro.	Sometimes it is not worth using the turnpike, because the tolls are very high.
el **tránsito**	transit; passing through
El tránsito de Valencia ha mejorado con la autopista.	Passing through Valencia has improved with the turnpike.
la **desviación**	detour

17.2 Public Transportation System

el **transporte público**	public means of transportation
la **parada**	stop
Para ir al centro, ¿es ésta la parada?	Is this the right stop to go to the center of town?
parar	stop
¿Para aquí el autobús para Gerona?	Does the bus for Gerona stop here?
el **autobús**	bus
Para ir a las Ramblas puede tomar el autobús o ir en metro.	To get to Ramblas, you can take the bus or the subway.

pasar
¿A qué hora pasa el próximo autobús para Guadalajara?
el **billete**
el **bonobús**
El bonobús es un billete de diez viajes para el autobús que se vende en los estancos y quioscos.
el **taxi**
el, la **taxista**

pass, go by
What time is the next bus to Guadalajara?
ticket
ticket valid for ten (bus) rides
The bonobús is a ticket for ten bus rides that is sold at tobacco shops and newsstands. (Spain)
taxi
taxi driver

---

el **ferrocarril**
la **estación**
¿Dónde está la estación central?
– Al lado del ayuntamiento.
el **tren**
el **andén**
¿De qué andén sale el tren **para** Concepción?
la **vía**
El tren procedente de La Serena entra en la vía cuatro.

railroad
station
Where is the main station?
– Next to the town hall.
train
platform
Which platform does the train to Concepción leave from?
track
The train from La Serena arrives on Track 4.

---

la **ventanilla**
la **ida**
la **vuelta**
Como **a la vuelta** Pedro me lleva en su coche, sólo tengo que tomar el tren de ida.

Déme un **billete de ida y vuelta** para Córdoba.
hacer transbordo
¿Hay que hacer transbordo para ir de Segovia a Cáceres?
el **horario**
Hemos estado mirando **el horario de trenes** pero no hemos entendido nada.
la **reserva**
el **asiento**
Los billetes del TALGO y del AVE incluyen la reserva de asiento.

ticket window
way there
way back; return
Since Pedro is taking me in his car on the way back, I only have to take the train on the way there.
Please give me a roundtrip ticket for Córdoba.
transfer, change trains
Do you have to change trains to go from Segovia to Cáceres?
schedule
We looked at the schedule, but we didn't understand anything.
seat reservation
seat
The tickets for the Spanish intercity train, TALGO, and the high-speed train, AVE, include a seat reservation.

el **metro**
Lo más rápido para ir al centro es el metro.
el **bonometro**

el **tranvía**
Desde hace pocos años hay otra vez tranvías en Valencia.

subway, metro
The fastest way to go to the center of town is the subway.
ticket valid for ten (subway) rides (Spain)
streetcar
For the past few years, there have been streetcars in Valencia again.

el **avión**
En Hispanoamérica el avión a veces es la única posibilidad de trasladarse.
el **aeropuerto**
aéreo, a
Algunas **compañías aéreas** son famosas por sus retrasos.

airplane
In Spanish America, the airplane sometimes is the only way to travel.
airport
air; aerial
Some airlines are famous for their delays.

despegar
Antes de despegar las azafatas explican las instrucciones de seguridad.
el **vuelo**
El vuelo de Mallorca a Valencia es muy corto.
volar
aterrizar
¿Ya ha aterrizado el avión de Acapulco?

take off
Before taking off, the stewardesses explain the safety instructions.
flight
The flight from Mallorca to Valencia is very short.
fly
land
Has the plane from Acapulco landed yet?

la **azafata**
el **auxiliar de vuelo**
el **comandante**
a bordo
En nombre del comandante les **damos la bienvenida** a bordo.

stewardess, (female) flight attendant
steward, (male) flight attendant
captain (airline, ship's)
on board (ship, airplane)
On behalf of the captain, we welcome you on board.

el **barco**
Un **viaje en barco** es muy agradable si no hay tempestad.
el **puerto**
el **transbordador**
El transbordador de Ibiza **acaba de llegar** al puerto de Barcelona.
De Puerto Montt sale un transbordador para Chiloé.

ship
A journey by ship can be very pleasant if there is no storm.
port
ferry
The ferry from Ibiza has just arrived in the port of Barcelona.
A ferry goes from Puerto Montt to Chiloé.

desembarcar
Los pasajeros acaban de desembarcar en Palma.

go ashore, disembark
The passengers have just gone ashore in Palma.

marítimo, a
Muchos transportes se realizan **por vía marítima**.

maritime; marine; sea
Many shipments are made by sea.

---

el **pasajero**, la **pasajera**
Pasajeros con destino a Cádiz, por favor, diríjanse a la puerta número trece.

passenger
Passengers traveling to Cádiz are requested to go to Gate 13.

el **pasaje**
¿Has sacado ya el pasaje?

ticket
Have you already bought the ticket?

embarcarse
¿A qué hora tenéis que embarcaros?

check in; board (ship)
What time do you have to check in?

---

el **enlace**
la **correspondencia**
Este tren no **tiene corresponden cia con** el AVE para Madrid.

connection; link
connection; communication
This train doesn't make connection with the AVE to Madrid.

procedente
El tren procedente de Bilbao llegará con una hora de retraso.

from
The train from Bilbao will arrive one hour late.

el **tren de cercanías**
el **tren de mercancías**
el **autotrén**

suburban (short-distance) train
freight train
car sleeper train, auto-train

---

la **Renfe** (Red Nacional de Ferrocarriles Españoles)

Renfe (Spanish National Railway Network)

el **suplemento**
el **TALGO** (Tren Articulado Ligero Goicoechea Oriol)

supplement
TALGO (Spanish intercity train)

el **AVE** (Alta Velocidad Española)

AVE (Spanish high-speed train, equivalent to the ICE)

---

el **revisor**, la **revisora**
el **compartimento**
el **pasillo**
el **vagón**
el **coche-restaurante**
el **coche-litera**

conductor
compartment
corridor
car
dining car
couchette car

el **coche-cama**	sleeping car
la **navegación**	air travel; shipping; navigation
La navegación aérea ha aumentado en los últimos años.	Air travel has increased in the past few years.
Para **la navegación por alta mar** se necesita una brújula.	For oceangoing navigation, a magnetic compass is necessary.
la **aviación**	aviation, air travel
la **escala**	stopover; port of call; intermediate landing
directo, a	direct
¿Este vuelo a Buenos Aires es directo o **hace escala** en Asunción?	Is this flight to Barcelona direct, or is there a stopover in Asunción?
el **destino**	destination
retrasarse	be late, be delayed
El vuelo **con destino a** Santa Cruz se retrasa media hora.	The flight to Santa Cruz is half an hour late.
el **helicóptero**	helicopter
navegar	navigate; sail
el **marinero**	sailor; seaman; mariner
Los marineros están en todos los puertos en casa.	Sailors are at home in every port.
marino, a	marine; sea; nautical
Su abuelo siempre llevaba un **uniforme de marino**.	His grandfather always wore a nautical uniform.
orientarse	find one's way; get one's bearings
la **brújula**	compass (magnetic)
el, la **polizón**	stowaway
la **barca**	boat
En el Retiro de Madrid hay botes para pasear por el estanque.	In Madrid's Retiro Park, you can go out on the pond in boats.
el **yate**	yacht
Este verano hemos pasado las vacaciones a bordo de un yate.	This summer we spent our vacation on board a yacht.
la **proa**	bow; prow
la **popa**	stern; poop
(el) **estribor**	starboard
(el) **babor**	port, portside
la **cubierta**	deck
Los polizones se escondieron **bajo cubierta**.	The stowaways hid below deck.
el **ancla** f	anchor
el **nudo**	knot

el **naufragio**	shipwreck
el **náufrago**, la **náufraga**	shipwrecked person
rescatar	rescue
Los náufragos fueron rescatados por la marina de guerra.	. The shipwrecked persons were rescued by the navy.
el **bote salvavidas**	lifeboat
el **salvavidas** *sg*	life buoy
A bordo siempre hay suficientes salvavidas para los pasajeros.	There are always enough life buoys for the passengers on board.

18.1 Universe, Earth

el **planeta**	planet
espacial	space
el **mundo**	world
la **tierra**	earth
el **sol**	sun
el **sistema solar**	solar system
la **luna**	moon
Esta noche hay **luna llena.**	Tonight there's a full moon.
la **estrella**	star
brillar	shine
Las estrellas brillan en noches claras.	On clear nights the stars shine.
el **origen**	origin
¿Se conoce el origen del sol?	Is the origin of the sun known?

el **universo**	universe
terrestre	terrestrial, earthly
El agua cubre la mayor parte de la **superficie terrestre.**	Water covers the greatest part of the earth's surface.
la **atmósfera**	atmosphere
La **contaminación del aire** daña la atmósfera.	Air pollution harms the atmosphere.
atmosférico, a	atmospheric
Un cambio atmosférico puede destruir la tierra.	An atmospheric change can destroy the earth.

la **astronomía**	astronomy
cósmico, a	cosmic
el **signo del zodíaco**	sign of the zodiac
¿**Cuál es tu signo del zodíaco?**	What's your sign of the zodiac?

el **satélite**	satellite
La comunicación moderna funciona **vía satélite.**	Modern communications function via satellite.
la **nave espacial**	spaceship
la **estación espacial**	space station
Se está planificando una estación espacial internacional donde atracarán las naves espaciales.	There are plans for an international space station where spaceships can dock.
la **órbita**	orbit
el, la **astronauta**	astronaut
el **ovni**	UFO

Mucha gente cree haber visto un ovni.	Many people think they've seen a UFO.

Mercurio	Mercury
Venus	Venus
Marte	Mars
Mercurio, Venus, la Tierra y Marte son conocidos como los planetas interiores o terrestres.	Mercury, Venus, Earth, and Mars are known as inner or terrestrial planets.
el **marciano**, la **marciana**	Martian
Júpiter	Jupiter
Saturno	Saturn
Urano	Uranus
Neptuno	Neptune
Plutón	Pluto

18.2 Geography

la **tierra**	earth
el **paisaje**	landscape
El paisaje chileno se parece al suizo.	The Chilean landscape resembles the Swiss landscape.
la **vista**	view
Desde mi habitación en el hotel tengo una vista maravillosa.	From my hotel room I have a wonderful view.
el **bosque**	woods, forest
En México se quemaron muchos bosques.	In Mexico many forests were destroyed by fire.
el **campo**	field; land
En Castilla hay grandes campos de trigo.	In Castile there are large fields of wheat.
el **desierto**	desert

la **montaña**	mountain
La montaña más alta de Latinoamérica es el Aconcagua.	The highest mountain in Latin America is the Aconcagua.
la **sierra**	mountain range (low)
Este invierno no vamos a esquiar a la sierra.	This winter we're not going to the mountain range to ski.
el **monte**	mount
la **cordillera**	mountain range (high), cordillera
La Cordillera de los Andes está entre Argentina y Chile.	The Cordillera of the Andes is located between Argentina and Chile.

el **pico**	peak (mountain), top
¿Han subido al pico del Mulhacén?	Have you climbed to the top of Mulhacén?
el **volcán**	volcano
el **valle**	valley
la **cueva**	cave
Las cuevas de Altamira son **conocidas por** sus pinturas prehistóricas.	The caves of Altamira are known for their prehistoric paintings.

la **selva**	jungle, forest
En la región del Amazonas hay una gran selva.	In the Amazon region there is a great jungle.
pantanoso, a	swampy, marshy, miry
Algunas partes de la selva son muy pantanosas.	Some parts of the jungle are very swampy.
el **pantano**	artificial lake, storage lake, reservoir (Spain); swamp (L.A.)
Se necesitan más pantanos en España.	More storage lakes are needed in Spain.
la **llanura**	plain; prairie
En las llanuras andaluzas se crían toros.	Bulls are raised on the Andalucian plains.
la **meseta**	plateau
La *Meseta Central* está en el centro de la Península Ibérica.	The Meseta Central is in the center of the Iberian Peninsula.
la **pampa**	pampa; grassland region
extenderse	extend, stretch
La pampa se extiende desde los Andes hasta la costa atlántica de Argentina.	The Pampa stretches from the Andes to the Atlantic coast of Argentina.

montañoso, a	mountainous
pirenaico, a	Pyrenean
andino, a	Andean
el **puerto**	(mountain) pass (Spain)
Cuando nieva se cierran muchos puertos en España.	When it snows, many passes in Spain are closed.
un **puerto pirenaico**	a Pyrenean pass
la **cuesta**	slope; hill; grade
Para ir al chalet hay que subir la cuesta hasta el final.	To get to the chalet, you have to go to the top of that hill.
la **colina**	hill
Detrás de esta colina está mi casa.	My house is behind this hill.

el **peñón**	rock; cliff
En el peñón de Gibraltar hay muchas monas.	There are many monkeys on the Rock of Gibraltar.
el **glaciar**	glacier
el **polo**	pole
el **polo norte**	North Pole
el **polo sur**	South Pole

18.3 Bodies of Water, Coasts

la **fuente**	spring
En los Pirineos hay muchas fuentes.	There are many springs in the Pyrenees.
el **lago**	lake
El lago Titicaca está en la frontera de Perú y Bolivia.	The border between Peru and Bolivia runs through Lake Titicaca.
el **río**	river
el **arroyo**	small stream, brook
desembocar	flows into
El Amazonas **desemboca en** el Pacífico.	The Amazon flows into the Pacific.
la **orilla**	bank (river), shore
La torre del Oro de Sevilla está a orillas del Guadalquivir.	The Golden Tower of Seville is on the banks of the Guadalquivir.

el **mar**	sea
mediterráneo, a	Mediterranean
el **Mar Mediterráneo**	Mediterranean Sea
el **océano**	ocean
Colón cruzó el **Océano Atlántico** en 1492.	Columbus crossed the Atlantic Ocean in 1492.

la **ola**	wave
En las playas cantábricas hay olas muy grandes y peligrosas.	On the Cantabrian beaches there are very high and dangerous waves.
la **costa**	coast
En la costa mediterránea hay muchísimo turismo.	On the Mediterranean coast there is a great deal of tourism.
la **cala**	bay
A muchas calas de Punta Arenas sólo se llega **en barca**.	Many bays of Punta Arenas are reached only by boat.

la **playa**
A las playas cantábricas no van tantos turistas como a las playas del Mediterráneo.

beach
Not so many tourists go to the Cantabrian beaches as to the beaches of the Mediterranean.

el **cabo**
El Cabo de Hornos está en la punta del continente americano.

cape
Cape Horn is on the tip of the American continent.

---

peninsular
la **península**
la **Península Ibérica**
la **isla**
Las islas Menorca, Mallorca, Cabrera, Ibiza y Formentera forman las Baleares.

peninsular
peninsula
Iberian Peninsula
island
The islands of Menorca, Mallorca, Cabrera, Ibiza, and Formentera form the Balearic Islands.

la **corriente**
En el Golfo de Vizcaya hay corrientes peligrosas.

current
There are dangerous currents in the Gulf of Biscay.

---

el **oleaje**
Virginia se mareó por el fuerte oleaje.

continuous movement of waves
Virginia became seasick because of the motion of the waves.

la **marea**
Una **marea negra** contaminó la costa centroamericana.
Sólo podemos salir del puerto con **marea alta** y no con **marea baja**.

tide
An oil slick polluted the Central American coast.
We can leave port only at high tide, not at low tide.

atlántico, a
el **océano**
el **Océano Atlántico**
el **Océano Pacífico**

Atlantic
ocean
Atlantic Ocean
Pacific Ocean

---

el **estrecho**
El Estrecho de Gibraltar separa el Mar Mediterráneo del Océano Atlántico.

strait, channel
The Strait of Gibraltar separates the Mediterranean from the Atlantic Ocean.

el **istmo**
el **litoral**
la **peña**
Desde esta peña se tiene una vista única.

isthmus
coastal region
rock; boulder
From this rock you have a unique view.

el **arrecife**
Muchos barcos se hundieron cerca de ese arrecife.

reef
Many ships sank near that reef.

18.4 Climate, Weather

hacer
be (with indication of weather)

el tiempo
weather

Hoy hace buen tiempo.
The weather is good today.

espléndido, a
splendid

En San Sebastián tuvimos un tiempo espléndido.
We had splendid weather in San Sebastián.

el **clima**
climate

cálido, a
warm

templado, a
mild, temperate

fresco, a
cool

El clima de Panamá es cálido, en el sur de Chile es fresco y en Uruguay templado.
The climate of Panama is hot, in southern Chile it is cool, and in Uruguay it is temperate.

frío, a
cold (adj)

el **frío**
cold (noun)

el **calor**
heat, warmth

Como **hace calor** me voy a la piscina.
Since it's warm, I'm going to the swimming pool.

Diego siempre **tiene mucho calor** y su mujer en invierno mucho frío.
Diego is always very hot, and his wife is always very cold in winter.

el **sol**
sun

Hoy quema el sol de verdad.
The sun is really burning hot today.

el **bochorno**
sultry weather

En verano **hace un bochorno** increíble en El Salvador.
In summer it's incredibly sultry in El Salvador.

seco, a
dry

En Madrid **hace un calor** muy seco.
In Madrid there is a dry heat.

---

i

How's the Weather?

By using the third person singular of **hacer** (do, make), you can make statements about the *weather* and the *temperature:*

hace frío	*it is cold*
hace calor	*it is hot*
hace sol	*it is sunny*
hace viento	*it is windy*

In addition, **hacer** indicates a *point or period of time in the past:*

hace mucho tiempo	*long ago*
hace un siglo	*very long ago, a hundred years ago*
hace quince días	*two weeks ago*
desde hace	*since*

el **cielo**	sky; heaven(s)
cubierto, a	cloudy, overcast; covered
Para mañana se espera en Bolivia cielo cubierto con algunas nevadas y formación de hielo por encima de los 800 metros.	For tomorrow, cloudy skies with isolated snowfalls and ice formation above 800 meters are expected in Bolivia.
la **nube**	cloud
Esta noche se ven todas las estrellas porque no hay nubes.	Tonight all the stars are visible because there are no clouds.
nublado, a	cloudy, overcast
Esta mañana el cielo estaba nublado pero por la tarde se despejó.	This morning the sky was cloudy, but it cleared up in the afternoon.
la **niebla**	fog
el **viento**	wind
Aquí sopla un viento helado.	An icy wind blows here.
despejado, a	clear; cloudless
moderado, a	moderate
En el norte de Venezuela habrá cielo despejado, con vientos moderados.	In northern Venezuela the sky will be clear, with moderate winds.
la **tormenta**	storm; thunderstorm

llover	rain, to
Está lloviendo a mares.	It's pouring rain.
En Bogotá llueve más que en Caracas.	In Bogota, it rains more than in Caracas.
la **lluvia**	rain
Si cae suficiente lluvia no será necesario regar los campos.	If enough rain falls, it won't be necessary to irrigate the fields.
la **gota**	drop
¿Está lloviendo? – No, sólo **están cayendo cuatro gotas.**	Is it raining? – No, only a few drops are falling.
mojarse	get wet
¡Tomen el paraguas para que no se mojen!	Take the umbrella, so that you don't get wet!
húmedo, a	humid
Julián no soporta el calor húmedo.	Julián can't stand humid heat.
el **granizo**	hail
El granizo ha destruido la cosecha.	The hail has ruined the harvest.

nevar	snow
En los Pirineos ya ha nevado.	It has already snowed in the Pyrenees.

la **nieve**	snow
¿Crees que tendremos nieve este invierno?	Do you think we'll have snow this winter?
helar	freeze
En invierno se hiela ese lago.	In winter this lake freezes over.
helado, a	frozen; icy, ice cold
Sara llegó helada a casa.	Sara came home ice cold.
el **hielo**	ice

la **puesta de sol**	sunset
¿Sabes a qué hora es la puesta de sol?	Do you know when sunset is?
la **salida del sol**	sunrise
Nos levantamos **a la salida del sol** para ir a pescar.	We got up at sunrise to go fishing.
el **crepúsculo**	dusk, twilight
Estuvimos trabajando en el campo hasta el crepúsculo.	We worked in the field until dusk.
la **oscuridad**	dark(ness)
Las noches que no hay luna, la oscuridad da miedo.	On nights when there's no moon, the darkness is frightening.

la **temperatura**	temperature
el **grado**	degree
La **temperatura media** de Logroño en noviembre es de unos cinco grados sobre cero.	The average temperature in Logroño is about 5 degrees above zero (Celsius) in November.
el **termómetro**	thermometer
marcar	show, read (temperature)
El termómetro marca dos grados bajo cero.	The thermometer reads minus 2 degrees.
máximo, a	highest, maximum
Las **temperaturas máximas** de mañana serán de 24 grados en Tenerife y Las Palmas.	Tomorrow the high on Tenerife and Las Palmas will be 24 degrees.
mínimo, a	lowest, minimum
La **temperatura mínima** en Ávila fue el sábado de seis grados bajo cero.	The low in Ávila was 6 degrees below zero on Saturday.

el **parte meteorológico**	weather report
Ya **no me fío de** los partes meteorológicos.	I don't trust the weather reports anymore.
el **ciclón**	low-pressure area, low, cyclone

el **anticiclón** — high-pressure area, high, anticyclone

soleado, a — sunny

sereno, a — clear, cloudless

la **sombra** — shade
Si **tienes mucho calor** ven aquí a la sombra. — If you're very hot, come over here in the shade.

constante — constant
En Canarias el clima es bastante constante. — On the Canary Islands the weather is fairly constant.

la **sequía** — drought
La sequía en Brasil causó muchos daños en la agricultura. — The drought in Brazil did a great deal of damage to agriculture.

la **humedad** — humidity

el **chubasco** — shower (rain)

la **llovizna** — drizzle
En el País Vasco habrá chubascos que pasarán a llovizna durante la noche. — In the Basque Country there will be showers that turn into drizzling rain during the night.

despejarse — clear up, become clear

el **claro** — clearing

la **nubosidad** — cloudiness
En todo Acapulco habrá niebla que durante el día pasará a claros con alguna nubosidad. — All over Acapulco there will be fog, which during the day will turn into clearing weather with isolated cloudiness.

la **calma** — calm; lull
Como hay calma no podemos salir con el velero. — Since there is no wind, we can't go out on the sailboat.

la **tempestad** — storm; thunderstorm
Los barcos no pudieron salir del puerto por causa de la tempestad. — The ships were unable to leave port because of the storm.

soplar — blow
Hoy sopla un viento muy frío. — Today a very cold wind is blowing.

el **temporal** — storm
Durante el temporal se hundieron todas las barcas. — During the storm all the boats sank.

el **ciclón** — cyclone, hurricane
El ciclón produjo grandes catástrofes. — The hurricane caused great catastrophes.

inundar — inundate, flood

el **terremoto** — earthquake
Los terremotos producen grandes catástrofes. — Earthquakes cause great catastrophes.

el **relámpago**	lightning
el **trueno**	thunder
A lo lejos se veían los relámpagos y se oían los truenos de la tormenta.	In the distance the lightning was seen and the thunder of the storm was heard.
el **rayo**	lightning (bolt)
Ayer cayó un rayo en nuestra casa pero no causó daños.	Yesterday a bolt of lightning struck our house, but it caused no damage.
la **nevada**	snowfall
resbalar	skid; slip, slide
Como había nevado, la gente resbalaba por las calles.	Since there was snow, people slipped on the street.
la **helada**	frost
Ayer por la noche hubo la primera helada de este año.	Last night we had the first frost of the year.

18.5 Materials, Substances

la **cosa**	thing
la **materia**	matter; material, stuff
estar compuesto, a de	consist of, be made up of
la **materia prima**	raw material
México es un país **rico en materias primas**.	Mexico is a country rich in raw materials.
el **material**	material
la **madera**	wood
Jorge se hizo unos muebles **de** madera muy bonitos.	Jorge made himself some very pretty furniture from wood.
el **papel**	paper
Se cortan demasiados árboles para hacer papel.	Too many trees are cut to make paper.
el **cristal**	glass; crystal
frágil	fragile, breakable
El cristal es muy frágil.	Crystal is very fragile.
el **metal**	metal
el **hierro**	iron
El hierro se funde en hornos.	Iron is smelted in blast furnaces.
El **hierro**, el **cobre** y el **estaño** son metales.	Iron, copper, and tin are metals.

el **acero**	steel
El acero de Toledo es famoso.	Steel from Toledo is famous.
el **carbón**	coal
En Asturias hay importantes	In Asturias there are important
minas de carbón.	coal mines.
el **gas**	gas
la **cocina de gas**	gas stove
el **petróleo**	petroleum, oil
el **combustible**	fuel
el **plástico**	plastic
Del petróleo se hacen com-	Fuel and plastics are made from
bustibles y plásticos.	petroleum.
la **goma**	rubber
el **caucho**	latex
la **arcilla**	clay
la **cera**	wax
la **grasa**	fat; grease; suet; oil
Tienes que ponerle grasa a esta	You need to grease the door, so
puerta **para que no haga ruido.**	that it doesn't make noise.

inflamable	flammable, inflammable
la **pólvora**	gunpowder
La pólvora no sólo es inflamable	Gunpowder is not only inflam-
sino que explota.	mable, but it also explodes.
arder	burn
la **sustancia**	substance
orgánico, a	organic
la **llama**	flame
el **humo**	smoke
Algunas sustancias orgánicas	Some organic substances burn
arden con poca llama y mucho	with a small flame and produce
humo.	a lot of smoke.
el **vapor**	steam, vapor
la **máquina a vapor**	steam engine

la **caña de bambú**	bamboo (cane)
la **leña**	firewood, kindling wood
La madera del pino es demasiado	Pine is too good to make only
buena para hacer sólo leña.	firewood.
el **cartón**	cardboard; pasteboard

la **porcelana**	porcelain
sólido, a	solid; firm; compact

el **vidrio**	glass
¡Cuidado con este paquete, que contiene vidrio!	Be careful with this package; it contains glass.
el **mineral**	mineral
Algunos minerales son importantes para la industria.	Some minerals are important for industry.
visible	visible

oxidado, a	oxidized
el **aluminio**	aluminum
el **bronce**	bronze
Han hecho un **monumento de bronce** al Rey.	They erected a bronze monument to the king.
el **cobre**	copper
el **plomo**	lead
el **estaño**	tin
el **mercurio**	mercury, quicksilver
Los termometros modernos no contienen mercurio.	Modern thermometers contain no mercury.
la **chapa**	plate, sheet (of metal)
La **chapa de aluminio** es muy ligera.	Aluminum sheeting is very light.
el **alambre**	wire

los **elementos químicos** *pl*	chemical elements
el **azufre**	sulfur
el **fósforo**	phosphorus
En Hispanoamérica se llama *fósforos* a las cerillas.	In Spanish America matches are called fósforos.
el **cloro**	chlorine
El agua de la piscina tiene cloro.	The swimming pool water is chlorinated.

el **butano**	butane gas
el **oxígeno**	oxygen
el **hidrógeno**	hydrogen
El agua se compone de oxígeno e hidrógeno.	Water is made up of oxygen and hydrogen.
el **nitrógeno**	nitrogen
El nitrógeno es importante para el abono de las plantas.	Nitrogen is important as a plant fertilizer.

18.6 Plants, Flowers, and Trees

la **vegetación**
vegetation

variado, a
varied

En los Andes se encuentra una vegetación muy variada.
In the Andes one finds highly varied vegetation.

la **planta**
plant

A María le gusta mucho tener plantas en casa.
María greatly enjoys having plants in the house.

plantar
plant, to

Todos los años plantamos un limonero.
Every year we plant a lemon tree.

la **semilla**
seed

la **raíz**
root

secar
dry up

Las raíces del pino han secado el pozo.
The roots of the pine have dried up the spring.

la **rama**
branch, limb

¡No **te subas a** esa rama, que te vas a caer!
Don't climb on that branch; you're going to fall!

¡No **te vayas por las ramas!** *loc*
Don't get off the subject!

la **hoja**
leaf

En otoño los árboles pierden las hojas.
In fall, the trees lose their leaves.

la **flor**
flower; blossom; bloom

En España y Latinoamérica no se regalan flores a los hombres.
In Spain and Latin America flowers are not sent to men.

Los almendros ya **están en flor.**
The almond trees are already in bloom.

el **ramo de flores**
bouquet of flowers

Raúl me ha regalado un ramo de flores precioso.
Raúl has sent me a beautiful flower bouquet.

la **rosa**
rose

Para su cumpleaños le enviaron un ramo de rosas.
For her birthday they sent her a bouquet of roses.

el **árbol**
tree

Tenemos que cortar unas ramas de este árbol para que crezca mejor.
We have to cut some branches off this tree, so that it will grow better.

el **fruto**
fruit

el **olivo**
olive tree

El fruto del olivo es la oliva.
The fruit of the olive tree is the olive.

frutal
fruit

el árbol frutal
fruit tree

el **limonero**	lemon tree
el **almendro**	almond tree
el **higo**	fig
la **higuera**	fig tree
el **pino**	pine
En verano los **bosques de pinos** se incendian fácilmente.	In summer the pine forests catch fire easily.
la **palmera**	palm
el **coco**	coconut
¡Mira, esa palmera tiene cocos!	Look, that palm has coconuts on it!
comestible	edible

los **cereales** *pl*	grain
¿Ya han terminado la cosecha de cereales?	Have you finished the grain harvest yet?
el **trigo**	wheat
En Castilla se cultiva mucho el trigo.	A lot of wheat is grown in Castile.
el **pan de trigo**	wheat bread
la **cebada**	barley
el **centeno**	rye
la **avena**	oats
el **maíz**	corn
el **girasol**	sunflower
El aceite de girasol es más barato que el de oliva.	Sunflower oil is cheaper than olive oil.
la **remolacha**	beet

la **hierba**	herb; grass
Con hierbas se pueden curar muchas enfermedades.	Many diseases can be cured with herbs.
la **mata**	bush, shrub
la **zarzamora**	blackberry bush
la **mora**	blackberry
Las moras crecen en matas.	Blackberries grow on bushes.

el **manzano**	apple tree
el **platanero**	banana tree
el **banano**	banana
el **mango**	mango tree; mango (fruit)
el **cacao**	cacao tree; cacao
la **caña de azúcar**	sugar cane
el **cactus**	cactus
En México los cactus tienen higos chumbos.	Cactus figs grow on cactuses in Mexico.

el **matorral**	thicket; bush
el **pinar**	pine forest
El verano pasado se quemó un pinar en Navacerrada.	Last summer a pine forest in Navacerrada burned.
el **tronco**	trunk
hueco, a	hollow
Cuando cortaron el pino vieron que el tronco estaba hueco.	When they cut down the pine, they saw that the trunk was hollow.
la **corteza**	bark, peel, rind
La **corteza de la naranja** no se come.	The peel of the orange is not eaten.
el **alcornoque**	cork oak
De la corteza del alcornoque se saca el corcho.	Cork is obtained from the bark of the cork oak.
la **cáscara**	peel, shell, rind, husk, bark
el **grano**	grain; single seed
el **hueso**	pit, stone
la **pepita**	pip or seed of fruit

el **laurel**	bay laurel
Una hoja de laurel da un sabor especial a la comida.	A bay leaf gives food a special taste.
el **romero**	rosemary

el **prado**	meadow
el **trébol**	clover; cloverleaf
el **césped**	lawn
Cuesta mucho trabajo y mucha agua que crezca el césped en el sur de Perú.	It takes a lot of work and a lot of water to grow a lawn in southern Peru.
la **paja**	straw
La paja aún está en el campo para que se seque.	The straw is still in the field, so that it can dry.

la **flora**	flora
Hay que proteger más la flora y fauna en todo el mundo.	The flora and fauna of the entire world must be better protected.
silvestre	wild
En la montaña crecen muchas plantas silvestres.	Many wild plants grow in the mountains.
la **seta**/el **hongo**	mushroom
Hay que tener mucho cuidado cuando se recogen setas porque algunas son muy venenosas.	You have to be very careful when gathering mushrooms, because some are quite poisonous.

el **rosal** El rosal ha crecido tanto que ya no se ve el muro del jardín.	rosebush The rosebush has grown so much that you can't see the garden wall anymore.
el **geranio** En nuestro chalet teníamos geranios muy bonitos.	geranium In our vacation cottage we had very pretty geraniums.
el **clavel**	carnation
el **tulipán**	tulip
la **margarita**	daisy
la **margarita silvestre**	wild daisy
la **lila**	lilac
el **alhelí**	stock, wallflower

18.7 Animals, Keeping an Animal

el **animal**	animal
la **pata** En español sólo los animales y muebles tienen patas.	foot or leg of an animal In Spanish only animals and furniture have patas (legs).
el **hocico**	snout, muzzle, nose (of animal)

el **pájaro**	bird
el **ala** f	wing
cantar Por las mañanas cantan los pájaros.	sing; crow In the mornings the birds sing.
el **pico**	beak
la **pluma**	feather
la **paloma** Esta paloma debe estar enferma porque pierde muchas plumas.	dove; pigeon This dove must be ill, because it's losing a lot of feathers.
el **pollo** Los pollos se crían en granjas.	chicken Chickens are raised on poultry farms.
picar Los pollos pican los granos de maíz cuando comen. **Esta noche** me han picado los mosquitos.	peck; pick at; bite, sting The chickens peck at the grains of corn when they eat. Last night the mosquitoes bit me.
el **pato** Hemos **dado de comer a** los patos y a los cisnes en el lago.	duck We've just fed the ducks and swans at the lake.
el **águila** f	eagle

el **ganado**	cattle
el **conejo**, la **coneja**	rabbit
el **cerdo**, la **cerda**	pig; sow
Del cerdo se aprovecha todo.	All parts of the pig are put to use.
el **cordero**	lamb (animal)
la **carne de cordero**	lamb (meat)
la **cabra**	goat
La leche de cabra es muy sana.	Goat's milk is very healthful.
la **oveja**	sheep
Con la lana de tus ovejas nos podemos hacer dos suéteres.	We can make ourselves two sweaters from the wool of your sheep.

la **vaca**	cow
la **ternera**, el **ternero**	calf
Este ternero va a ser un toro bravo.	This bull calf is going to be a wild bull.
el **toro**	bull
Después de las corridas se puede comprar la carne de los toros muertos.	After the bullfights you can buy the meat of the dead bulls.
el **cuerno**	horn
la **mula**, el **mulo**	mule
el **burro**, la **burra**	donkey, ass
La mula es un cruce de caballo y burra.	The mule is a cross between the horse and the donkey.
el **caballo**	horse; stallion
la **yegua**	mare

la **cola**	tail
el **perro**, la **perra**	dog; bitch
morder	bite
Este perro no muerde.	This dog doesn't bite.
la **raza**	breed
Teófilo tiene un **perro de raza**.	Teófilo has a purebred dog.
la **correa (del perro)**	leash (dog), lead
Los **perros de pelea** deben ir atados y llevar bozal.	Fighting dogs have to be on a leash and wear a muzzle.

el **zorro**, la **zorra**	fox; vixen
el **lobo**, la **loba**	wolf
el **oso**, la **osa**	bear
En la Península Ibérica viven pocos osos en libertad.	Only a few bears live in the wild on the Iberian Peninsula.

el **gato**, la **gata**	cat

| el **ratón** | mouse |
| la **rata** | rat |

el **león**, la **leona**	lion, lioness
el **mono**, la **mona**	monkey, ape
el **gorila**	gorilla
el **elefante**, la **elefanta**	elephant (bull); elephant (cow)
el **cocodrilo**	crocodile
la **serpiente**	snake, serpent
venenoso, a	poisonous

la **mariposa**	butterfly
el **mosquito**	mosquito
la **mosca**	fly
la **araña**	spider

el **pez**	fish
el **tiburón**	shark
el **delfín**	dolphin

la **fauna**	fauna
el **macho**	male
la **hembra**	female
estar en celo	be in heat
la **cría**	litter; brood
comer	eat
echar de comer	feed
Por favor, no **echen de comer** a los peces.	Please don't feed the fish.
dar de comer	feed

ladrar	bark
Perro que ladra no muerde. *refrán*	Barking dogs don't bite.
el **olfato**	sense of smell
Los perros policías tienen un olfato muy educado.	Police dogs have a very keen sense of smell.
aullar	howl
Cuando estuvimos en los Pirineos oímos aullar a los lobos.	When we were in the Pyrenees, we heard wolves howling.
maullar	meow

manso, a	tame
doméstico, a	domestic, house
los **animales domésticos**	domestic animals, house pets
inofensivo, a	harmless
bravo, a	wild; untamed

salvaje
Muchos animales salvajes están
desapareciendo.

wild
Many wild animals are
disappearing.

la **jaula**
En el zoológico viven los lobos y
los zorros en jaulas **igual que** las
águilas.

cage
In the zoo wolves and foxes, as
well as eagles, live in cages.

la **bestia**
La mula y el burro eran tradi-
cionalmente las **bestias de carga.**

beast; animal
The mule and the donkey are
traditional beasts of burden.

el **asno**, la **asna**

donkey, ass

el **buey**

ox

el **rebaño**
El pastor ha vendido su rebaño.

herd
The herder has sold his herd.

el **gallo**

rooster

la **gallina**
Estas gallinas ponen unos huevos
enormes.

hen
These hens lay enormous eggs.

el **pavo**
El **pavo real** no vuela casi.

turkey
The peacock flies almost not at all.

el **ave** f

bird; fowl

el **ruiseñor**

nightingale

el **nido**
Un ruiseñor tiene su nido en mi
jardín.

nest
A nightingale has a nest in my
garden.

el **cisne**

swan

el **loro**

parrot

la **cigüeña**

stork

la **rana**

frog

el **gusano**
Las cigüeñas se alimentan de
ranas y gusanos.

worm
Storks feed on frogs and worms.

el **caracol**
Maruja sabe cocinar unos
caracoles muy ricos.

snail
Maruja knows how to fix
delicious snails.

el **insecto**
Los insectos han estropeado la
cosecha.

insect
Insects have destroyed the crop.

el **bicho**

bug, insect

la **hormiga**

ant

la **pulga**
La pulga y la hormiga son bichos
que no pican pero muerden.

flea
Fleas and ants are bugs that
don't sting, but bite.

la **abeja**	bee
Las abejas producen miel y cera.	Bees produce honey and wax.
la **avispa**	wasp

la **ostra**	oyster
Las ostras son carísimas.	Oysters are very expensive.
la **concha**	shell
el **pulpo**	octopus
la **piraña**	piranha
la **espina**	fishbone
No me gusta comer pescado por las espinas.	I don't like to eat fish because of the bones.

la **res**	head of cattle
la **liebre**	hare
Las liebres **viven salvajes** pero los conejos **se crían en granjas.**	Hares live in the wild, but rabbits are raised on farms.
la **huella**	track; trace; trail
Los perros perdieron la huella de la liebre. •	The dogs lost the hare's trail.
el **ciervo**, la **cierva**	deer, stag; hind, doe
El ciervo macho tiene cuernos pero no las hembras.	The stag has horns, but the does do not.
la **uña**	hoof, claw; fingernail; toenail
Los osos tienen uñas muy fuertes.	Bears have strong claws.

18.8 Town, Country, Infrastructure

la **ciudad**	city, town
Pamplona es una ciudad conocida por sus fiestas.	Pamplona is a city well known for its festivals.
la **capital**	capital
Lérida es una capital catalana.	Lérida is a Catalonian provincial capital.
local	local
Llegaré a Jalisco a las tres y media **hora local.**	I will arrive in Jalisco at 3:30 local time.
el **barrio**	quarter, part of town
Los vecinos de este barrio han formado una comunidad.	The inhabitants of this part of town have formed a community.

la **manzana**	block of houses
Al volver la manzana está el ayuntamiento.	The town hall is around the block.
los **alrededores** *pl*	environs, outskirts
En los alrededores de Caracas hay ciudades-dormitorio.	There are satellite towns in the outskirts of Caracas.
la **zona**	zone
el **polígono industrial**	industrial zone
el **suburbio**	suburb
Las empresas industriales están en los suburbios de Valencia.	The industrial firms are located in the suburbs of Valencia.
la **central**	headquarters, central office

el **pueblo**	village
Algunas capitales parecen más bien pueblos.	Some capitals look more like villages.
el **ayuntamiento**	town hall, city hall
inaugurar	inaugurate; open; unveil
El alcalde ha inaugurado el nuevo ayuntamiento.	The mayor has inaugurated the new town hall.
municipal	municipal
Los policías municipales llevan generalmente uniformes azules.	The municipal police generally wear blue uniforms.

el **edificio**	building
Estos edificios modernos son horribles.	These modern buildings are horrible.
la **torre**	tower; skyscraper
En Toledo hay muchas torres; por eso se dice que es la ciudad de las torres.	There are many towers in Toledo; that is why they say that Toledo is the city of towers.
la **biblioteca**	library
¿A qué hora abre la biblioteca?	What time does the library open?
la **piscina**	swimming pool
En España hay muchas piscinas públicas.	There are many public swimming pools in Spain.
el **cementerio**	cemetery
En los pueblos los cementerios están cerca de la iglesia.	In the villages, the cemeteries are near the church.

el **habitante**	inhabitant
¿Cuántos habitantes tiene Santo Domingo?	How many inhabitants does Santo Domingo have?
el **ciudadano**, la **ciudadana**	citizen

Los ciudadanos tienen que mantener la ciudad limpia.	The citizens have to keep their town clean.
el **vecino**, la **vecina**	neighbor; resident
la **población**	population
Madrid y Barcelona son las ciudades de mayor población de España.	Madrid and Barcelona are the cities with the highest population density in Spain.

la **infraestructura**	infrastructure
la **planificación territorial**	area planning
el **sitio**	site, place
En esta ciudad no había mucho sitio para construir más casas.	In this city there were few places to build more houses.
el **camino**	way; road; path
el **parque**	park
Este parque es tan nuevo que todavía no han hecho los caminos.	This park is so new that the paths have not been laid out yet.
la **plaza**	plaza, square
En esta plaza siempre hay muchas palomas.	There are always many pigeons in this square.
el **puente**	bridge
¿Cuántos puentes hay en Sevilla sobre el Guadalquivir?	How many bridges across the Guadalquivir are there in Seville?
el **pozo**	well
El agua del pozo es muy pura.	The well water is very pure.
el **canal**	canal
El Canal de Panamá une el Océano Atlántico con el Pacífico.	The Panama Canal links the Atlantic Ocean with the Pacific.

la **villa**	small town
Algunas ciudades latinoamericanas están relacionadas con países extranjeros por un **hermanamiento de ciudades**.	Some Latin American cities are linked with other countries through a sister-city program.
poblar	populate
Los españoles poblaron parte de América.	The Spaniards populated part of America.
residente	resident
¿**Es usted residente** en Cuba?	Are you a Cuban resident?
residir	reside, live
nativo, a	native
En verano residen en Benidorm más turistas que **habitantes nativos**.	In summer more tourists than natives reside in Benidorm.

urbano, a	urban
El alcalde ha presentado un proyecto de limpieza urbana.	The mayor has proposed an urban sanitation project.

el **rascacielos** *sg*	skyscraper
las **afueras** *pl*	suburbs; outskirts
Mucha gente vive en las afueras de la ciudad porque son más tranquilas.	Many people live in the city's suburbs because it is quieter there.
la **barriada de chabolas/ villamiseria**	slum; shantytown
la **urbanización**	development
Enrique vive en esa urbanización.	Enrique lives in that development.

la **aldea**	small village
rural	rural
La **vida rural** es muy tranquila.	Rural life is very tranquil.
rústico, a	rustic
la **finca**	farm, country estate; landed property
la **hacienda**	landed property; plantation; estate; ranch
Aquello era una finca o una hacienda, hoy sólo es una ruina.	That was a farm or an estate; today it is only a ruin.

el **callejón**	narrow street
el **farol**	streetlight
el **túnel**	tunnel
Los túneles son peligrosos cuando hay incendios.	Tunnels are dangerous when there's a fire.
el **paso subterráneo**	underpass
el **centro comercial**	shopping center
A las afueras de Sabadell hay un centro comercial enorme.	In the outskirts of Sabadell there is a gigantic shopping center.

18.9 Ecology, Environmental Protection

el **medio ambiente**	environment
la **ecología**	ecology
ecológico, a	ecological
el **aire**	air
el **agua** *f*	water
la **tierra**	earth, ground, soil
Los ecologistas han presentado un programa ecológico para disminuir la **contaminación del aire, del agua y de la tierra.**	Ecologists have proposed a program to reduce the pollution of the air, water, and soil.

puro, a
En el campo el aire es más puro
que en la ciudad.

pure, clean
In the country the air is cleaner
than in town.

la **naturaleza**
proteger
Hay que proteger mucho más la
naturaleza.
natural
Los bosques son el ambiente
natural de muchos animales.
conservar
Se debe conservar la selva para
las próximas generaciones.

nature
protect
Nature has to be protected much
more.
natural
Forests are the natural environ-
ment of many animals.
conserve, maintain, preserve
The jungle should be preserved
for future generations.

la **contaminación**
La contaminación de los mares ha
dañado la pesca.
la **contaminación del medio
ambiente**
la **contaminación del suelo**
la **fuente de contaminación**
contaminante *adj*
no **contaminante**
poco **contaminante**
contaminar
El tráfico contamina el aire.
contaminado
el **daño**
el **incendio**
el **bombero**
¡Llama a los bomberos, que hay
un incendio en la montaña!

pollution; contamination
The pollution of the seas has
hurt fishing.
environmental pollution

soil pollution
source of pollution
environmentally harmful
environmentally friendly
low in pollutants
pollute; contaminate
Traffic pollutes the air.
polluted; contaminated
harm, damage
fire
fireman
Call the fire department! There's
a fire in the mountains!

la **basura**
el **depósito de basuras**
la **recogida de basuras**
la **recogida selectiva de basuras**
el **basurero**
el **contenedor de vidrio**
el **vidrio blanco**
el **vidrio verde**
el **vidrio marrón**
el **contenedor de basura**
el **contenedor de papel**
el **punto verde**

trash, garbage, refuse
garbage dump
garbage collection
separate collection of garbage
unauthorized garbage dump
glass container
clear glass
green glass
brown glass
garbage can/container
wastepaper basket
green dot (Spanish recycling
symbol)

la **energía solar**	solar energy
La energía solar se tiene que desarrollar todavía más.	Solar energy still requires further development.
la **energía eólica**	wind energy
la **energía nuclear/atómica**	nuclear/atomic energy
la **central nuclear**	nuclear power plant
La manifestación de hoy ha sido contra las **centrales nucleares.**	Today's demonstration was in opposition to nuclear power plants.
el **reactor (nuclear)**	reactor (nuclear)
las **energías renovables**	renewable energy sources
las **energías alternativas**	alternative energy sources
el **hábitat**	habitat, natural environment
hábitat amenazado	threatened habitat
Todos los seres vivos están amenazados.	All living beings are threatened.
la **protección**	protection
la **protección ambiental**	environmental protection
el **biotopo**	biotope
la **política del medio ambiente**	environmental policy
la **destrucción del medio ambiente**	destruction of the environment
el **deterioro ambiental**	environmental damage
la **catástrofe (natural)**	catastrophe (natural)
la **catástrofe ecológica**	environmental/ecological catastrophe
la **polución atmosférica**	atmospheric pollution
la **polución del suelo**	soil pollution
la **lluvia ácida**	acid rain
la **marea negra**	oil pollution
la **muerte del bosque**	death of the forest (due to environmental pollutants)
desaparecer	disappear; die out, become extinct
Los animales desaparecen cuando no tienen un ambiente natural.	Animals disappear when they find no natural environment.
La protección de animales y plantas que están **condenados a desaparecer** es una tarea de los **parques naturales y nacionales.**	The protection of animals and plants that are threatened by extinction is a task of nature parks and national parks.
las **especies en peligro de desaparición**	species threatened by extinction
perjudicar	harm, damage
Los productos químicos pueden perjudicar la naturaleza.	Chemical products can be harmful to nature.
el **efecto invernadero**	greenhouse effect

el **ozono**	ozone
El **agujero de ozono** es una consecuencia de la contaminación del aire.	The hole in the ozone layer is a consequence of air pollution.
la **bioquímica**	biochemistry
el **biopesticida**	organic pesticide
los **residuos contaminantes**	special refuse
la **depuradora (de aguas)**	purification plant (water)

el **ecologismo**	environmentalism
el, la **ecologista**	ecologist
la **agricultura biológica**	organic farming
el **sistema ecológico**	ecosystem
la **tienda ecológica**	ecostore
el **impuesto ecológico**	ecological tax, environmental tax
la **ecotasa**	ecotax
el **automóvil no contaminante**	non-polluting car

reciclar	recycle
El papel y el cristal se pueden reciclar.	Paper and glass can be recycled
el **reciclaje**	recycling
Con el reciclaje de algunos productos se pueden ahorrar materias primas.	By the recycling of certain products, natural resources can be saved.
reciclable	recyclable
biodegradable	biodegradable
el **papel ecológico/reciclado**	recycled paper
el **envase retornable**	returnable container
el **envase no retornable**	non-returnable container
el **tragabasuras** *sg*	garbage disposal

el **ruido**	noise
ruidoso	noisy
la **pantalla antirruidos**	noise-prevention wall

False Friends

Spanish Word	Thematic Meaning(s)	False Friend	Spanish Equivalent(s)
el carton	cardboard	carton	la caja
el bombero	fireman	bomber	el avión de bombardeo

19.1 Days of the Week and Dates

el **lunes**	Monday
el **martes**	Tuesday
el **miércoles**	Wednesday
Trabajo **los lunes, martes y miércoles.**	I work Mondays, Tuesdays, and Wednesdays.
el **jueves**	Thursday
el **viernes**	Friday
¡Hasta el **viernes que viene!**	See you next Friday!
el **sábado**	Saturday
el **domingo**	Sunday

la **fecha**	date
¿Qué fecha es hoy?	What is today's date?
– Hoy es **30 de junio de 2000.**	– Today is June 30th, 2000.
¿a cuántos?	what's today?
¿A cuántos estamos? – Estamos a miércoles, doce de diciembre.	What's today? – Today is Wednesday, December 12th.
la **semana**	week
La semana pasada invitamos a Nicolás y Rosa.	Last week we invited Nicolás and Rosa.

el **fin de semana**	weekend
El próximo fin de semana será la fiesta de Roberto.	Roberto's party will be next weekend.
a **partir de**	from ... on; starting (from)
A partir del martes no hay clases.	From Tuesday on, there are no classes.
el **día laborable**	workday
el **día festivo**	holiday

19.2 Months

el **mes**	month
Honorio estuvo dos meses en Honduras.	Honorio was in Honduras for two months.
mensual	monthly
enero	January
Bernardo tiene cumpleaños el **once de enero.**	Bernardo's birthday is the 11th of January.
febrero	February
En febrero aún hace calor en Uruguay.	In February it is still hot in Uruguay.

marzo	March
A primeros de marzo nos vamos a Grecia.	In early March we're going to Greece.
abril	April
A mediados de abril tendrás que sacar los billetes para el viaje.	In mid-April you'll have to get the tickets for the trip.
mayo	May
A finales de mayo hay que pagar esta factura.	In late May this bill has to be paid.
junio	June
julio	July
agosto	August
Agosto es el mes más caluroso.	August is the hottest month.
septiembre	September
octubre	October
noviembre	November
diciembre	December

al comienzo de	at the start of
a principios de	at the beginning of
A principios de mes vivo como un rey.	At the beginning of the month I live like a king.
a mediados de	in the middle of
a finales de	at the end of
A finales de marzo ya no es fácil reservar apartamentos para el verano.	At the end of March it's no longer easy to reserve vacation apartments for the summer.

19.3 Year, Seasons

el **año**	year
la **estación (del año)**	season
El año tiene cuatro estaciones, doce meses y 365 días.	The year has four seasons, 12 months, and 365 days.
la **primavera**	spring
En primavera muchas plantas están en flor.	Many plants bloom in spring.
el **verano**	summer
El verano pasado estuvimos en Málaga.	Last summer we were in Málaga.
el **otoño**	autumn, fall
El otoño es muy bello en Madrid.	Fall is very lovely in Madrid.

el **invierno** En la cordillera no nevó el invierno pasado.	winter It did not snow last winter in the cordillera.
anual el **semestre** el **trimestre** El seguro del coche se puede pagar anual, **por semestres,** trimestres o mensualmente.	annual half year; semester quarter year The car insurance can be paid annually, semiannually, quarterly, or monthly.
el **calendario** el **siglo** Mi abuela nació **a principios del** siglo XX.	calendar century My grandmother was born at the beginning of the twentieth century.
antes de (Jesucristo) Cristo (a.c.) Los romanos llegaron a España **el** **año 300 a.c.** **después de (Jesucristo) Cristo** **(d.c.)** El filósofo español Seneca murió en Roma **el año 65 d.c.**	B.C. The Romans came to Spain in 300 B.C. A.D. The Spanish philosopher Seneca died in Rome in 65 A.D.

19.4 Time, Time of Day, Periods of Time

la **hora** ¿A qué hora llegáis? ¿Qué hora es? – Son las ocho menos cinco. Perdone, ¿tiene hora? **a, al** ¿A qué hora empieza el teatro? – A las ocho. Se levantan **al amanecer.** **menos** Tengo que tomar el autobús a las **ocho menos veinte** para no llegar tarde. **y** El avión para Mallorca sale **a las** **diez y cinco,** o sea que tenemos que estar en el aeropuerto **a las** **nueve y pico.**	hour; time What time will you arrive? What time is it? – It's five to eight. Excuse me, do you have the time? at At what time does the theater begin? – At eight. They rise at dawn. before; minus, less I have to take the bus at twenty to eight so that I don't arrive late. after; plus; and The plane to Mallorca leaves at five after ten. That means we have to be at the airport shortly before nine.

media
La conferencia duró **media hora**.

el **cuarto**
¿Qué hora es?
– **Es la una y cuarto**.
¡Son ya **las cuatro y cuarto**! A las
cinco menos cuarto tengo una
cita.

el **cuarto de hora**
Laura saldrá **dentro de** un cuarto
de hora de la oficina.

half
The lecture lasted half an hour.

quarter
What time is it?
– It's a quarter after one.
It's already a quarter after four! I
have an appointment at a quarter
to five.

quarter hour
In a quarter of an hour Laura
will leave the office.

dentro de
Dentro de dos días acabaré este
trabajo.

entre
Podemos vernos **entre las seis y
las siete**.

de ... a
Julio trabaja **de ocho a tres** en
verano.

desde ... hasta
La biblioteca está cerrada **desde
las dos hasta las cinco**.

desde
Pablo está esperándote **desde la
una**.

hasta
La biblioteca está cerrada desde
las dos hasta las cinco.
Hoy **no** termino **hasta** las nueve y
media.

in, within
I will finish this job in two days.

between
We can meet between six and
seven.

from ... to
In summer Julio works from
eight to three.

from ... until
The library is closed from two
until five.

since; from
Pablo has been waiting for you
since one.

until, till
The library is closed from two
until five.
Today I won't finish till half past
nine.

hoy
el **día**
Algún día se acordarán de mis
consejos.
El verano pasado estuvimos
quince días en Lima.
de día
En invierno los días son muy
cortos porque hasta las siete no
es de día.
diario, a
El trabajo diario puede ser muy
aburrido.

today
day
One day you'll remember my
advice.
Last summer we were in Lima
for two weeks.
daylight
In winter the days are very short
because there is no daylight
until seven.
daily
One's daily work can be very
boring.

| Soledad tiene que tomar dos pastillas **a diario**. | Soledad has to take two pills daily. |

mañana	tomorrow
la **mañana**	morning
Esta mañana ha nevado un poco.	This morning it snowed a little.
Mañana por la mañana tendré que ir al médico.	Tomorrow morning I have to go to the doctor.
por la mañana	in the morning
el **mediodía**	noon, midday
No cerramos **a mediodía**.	We don't close at noon.
la **tarde**	afternoon
Te llamé por la tarde pero no estabas en casa.	I called you in the afternoon, but you weren't at home.
de la tarde	in the afternoon

la **noche**	night; evening
Los vecinos han estado de fiesta **toda la noche**.	The neighbors partied all night long.
A las cinco ya **es de noche** en invierno.	In winter it's already dark at five.
la **medianoche**	midnight
En verano las terrazas de los cafés están llenas a medianoche.	In summer the terraces of the cafes are full at midnight.
anoche	last night
Anoche vi una película muy emocionante en el cine.	Last night I saw a very exciting film at the movie theater.
ayer	yesterday

hacia	toward; about; near
Te recogeré **hacia las ocho**.	I'll pick you up about eight.
hasta que	until
Mi abuela me guarda una pipa hasta que sea mayor.	My grandmother is keeping a pipe for me until I'm grown.
para	for; (at the latest) by
¿**Para cuándo** necesita el coche?	By when do you need the car?
por	for
José se ha ido por un año a la Argentina.	José has gone to Argentina for a year.

el **minuto**	minute
Esto **está hecho** en cinco minutos.	It will be done in five minutes.
el **segundo**	second

en punto	on the dot, exactly
Son las tres en punto.	It's three o'clock on the dot.

atrasarse	be late; be slow
ir atrasado, a	be slow
Tu reloj va atrasado.	Your watch is slow.
atrasado, a	behind (time); back up
Tenemos mucho trabajo atrasado.	We have a lot of work backed up.
ir adelantado, a	be fast

anteayer	day before yesterday
Anteayer estuvo lloviendo todo el día y ayer empezó a hacer frío.	The day before yesterday it rained all day, and yesterday it turned cold.
pasado mañana	day after tomorrow
Pasado mañana podré recoger el reloj.	The day after tomorrow I can pick up the watch.
el **amanecer**	dawn
la **madrugada**	daybreak
De **madrugada** salimos de Vigo y llegamos a mediodía a Madrid.	At daybreak we left Vigo, and we reached Madrid at noon.
la **víspera**	eve, day before
nocturno, a	nocturnal
cotidiano, a	daily

19.5 Other Time Concepts

el **tiempo**	time
El tiempo pasa volando cuando se tiene muchas cosas que hacer.	Time flies when you have many things to do.
¿cuánto tiempo?	how long?
en	in
En el siglo XIX empezó la revolución industrial.	The Industrial Revolution began in the nineteenth century.
hace	ago
Hace un año nos vimos en Sevilla.	A year ago we met in Seville.

pasado, a	past, last
La semana pasada hubo un atentado en Tegucigalpa.	Last week there was an assassination attempt in Tegucigalpa.
pasar	spend, pass
¿Cómo ha pasado el fin de semana?	How did you spend the weekend?

tardar
Estamos preocupados porque el niño **tarda en volver** a casa.

take a long time; be late; delay
We're worried because the boy is so late coming home.

mientras
Mientras pones la mesa, se acaba de hacer la comida.

while; whereas
While you're setting the table, the meal will be ready.

¿Qué ha ocurido **mientras tanto?**

What has occurred in the meantime?

He limpiado la casa **mientras que** tú te has divertido con los amigos.

I cleaned the house while you enjoyed yourself with your friends.

cuando
Cuando llegué a casa, no había nadie.

when; whenever
When I came home, there was nobody there.

Cuando vengas, te daré el regalo.

When you come, I'll give you the present.

durante
durar
¿Cuánto dura la película?

during
last
How long does the film last?

---

estar haciendo
Este junio **está haciendo frío.**

be doing (something)
It's cold this June.

Estaba leyendo cuando sonó el teléfono.

I was reading when the telephone rang.

ir a + *infinitivo*
acabar de + *infinitivo*

be going to do (something)
have just done (something)

---

ir a – acabar de

To express an *intention* or refer to *an action that is about to happen,* use **ir a** + *an infinitive*:

¡**Vamos a ver!**   *We'll see!*
Voy a terminar de limpiar la casa.   *I'm going to finish cleaning the house.*

To refer to *an action that has just ended,* use the construction **acabar de** + *an infinitive*:

Acabamos de llegar a casa.   *We've just come home.*
Ya podemos salir, acabo de escribir esas cinco cartas.   *We can go now; I've finished writing those five letters.*

¿**cuándo?**
antes
En este país antes todo era diferente.

when?
before; formerly
In this country everything was different before.

pronto
¡Adiós, Luisa! ¡Hasta pronto!
ahora
Ahora nos vamos a la playa.
ahora mismo
Iba a llamarte ahora mismo.
Quieren hablar ahora mismo con el jefe.
el momento
En este momento no me acuerdo qué tenía que hacer.
De momento no podemos ayudarles.
enseguida
Enseguida le traigo la cuenta.

de repente
De repente se abrió la puerta y entró un hombre.
luego
¡Hasta luego!
después
Después de comer tomamos el café.

soon
Bye, Luisa! See you soon!
now
Now we're going to the beach.
right now; at once; just now
I was just now going to call you.
They wanted to speak to the boss at once.
moment
At the moment I can't remember what I had to do.
At the moment we can't help you.
at once; right away
I'll bring you the check right away.

suddenly
Suddenly the door opened and a man came in.
afterward; later; next; then
See you later!
after
After eating, we drink coffee.

---

ocurrir
El accidente ocurrió el lunes.

empezar
¿A qué hora empiezas a trabajar?
comenzar
La misa comienza a las ocho de la mañana.
dejar de
Roberto ha dejado de fumar.
acabar
¿Cuándo acabas la carrera?
terminar
¿Cuándo terminan sus vacaciones?
seguir
Esta noche tenemos que seguir trabajando un rato.
continuar
¡No continuaré la novela hasta julio!

occur
The accident occurred on Monday.
start
What time do you start work?
begin
The trade fair begins tomorrow morning at eight.
stop
Roberto has stopped smoking.
finish
When do you finish your studies?
complete; end
When does your vacation end?

keep on
This evening we have to keep on working for a while.
continue
I won't continue the novel until July!

continuo, a
En este cine hay **sesión continua**.

continuous
In this movie theater there are continuous showings.

siempre
siempre que
Siempre que te veo, has adelgazado más.

always
whenever
Every time I see you, you've gotten thinner.

---

desde hace
Desde hace dos años estoy buscando este libro.
hace poco
Hace poco vi a Clara.
desde que
Desde que estamos aquí hace muy buen tiempo.

since ... ago
I've been looking for this book for two years.
a short time ago
I saw Clara a short time ago.
since (ever)
Since we've been here, the weather has been very good.

---

frecuente
No es frecuente que los alumnos no vengan a clase.
la **vez**
Llamamos **varias veces** pero no contestó nadie.
¿**Es la primera vez que** está en España? – No, ya he estado **muchas veces** aquí.
pocas veces
Pocas veces te he visto tan enfadado.
de vez en cuando
a veces
cada vez
Cada vez que te veo estás más gordo.
nunca
No hemos ido nunca a Sevilla.
jamás
¡Jamás te prestaré dinero!

frequent
It's not often that the students don't come to class.
time
We called several times, but no one answered.
Is this the first time you've been to Spain? – No, I've been here many times now.
seldom
Seldom have I seen you so angry.
from time to time, now and then
sometimes, at times
every time
Every time I see you, you're fatter.
never
We've never gone to Seville.
never
I'll never loan you money!

---

ya
Emilia ya tiene dos hijos.
ya no
Ya no tenemos ganas de jugar.

already
Emilia already has two children.
no longer
We don't want to play anymore.

aún
Aún no me han pagado.
todavía
Todavía hace buen tiempo en septiembre.
a tiempo
¿Llegaste a tiempo o ya estaba cerrada la tienda?

yet
I haven't been paid yet.
still
In September the weather is still good.
on time; in time
Did you come in time, or was the store already closed?

presente
En la situación presente será mejor esperar.
la **actualidad**
En la actualidad hay muchos **problemas por solucionar.**
actual
¿Qué te parece la moda actual?

coincidir

present
In the present situation it will be better to wait.
presently
Presently there are many problems to solve.
current
What do you think of the current fashions?

coincide

el **futuro**
No conocemos nuestro futuro.
el **pasado**
de antemano
Ya sabíamos de antemano que llegarías tarde.
recién
recien pintado

el **rato**
Dentro de un rato va a llamarme Isidro.
entretanto
Estuve cinco años en Chile y entretanto he perdido el contacto con mis amigos españoles.

future
We don't know our future.
past
in advance, beforehand
We already knew in advance that you would come too late.
recently; lately; newly
fresh paint (sign); freshly painted
while, short time
Isidro will call me in a while.
in the meantime, meanwhile
I was in Chile for five years, and in the meantime I lost touch with my Spanish friends.

la **duración**
Esta cinta tiene una duración de tres horas.
eterno, a
Esta serie de televisión parece eterna.

duration
This tape has a playing time of three hours.
eternal
This TV series seems to go on forever.

breve	brief
Nuestra visita fue muy breve porque teníamos mucha prisa.	Our visit was very brief because we were in a great hurry.
anterior	previous, former
Me gustaba más tu casa anterior.	I liked your previous apartment better.

antes (de) que	before
Tenemos que buscar un hotel antes de que **sea de noche.**	We have to look for a hotel before night falls.
al principio	at first
Al principio creía que eras su hermana.	At first I thought you were his sister.
tan pronto como	as soon as
¡Escríbeme tan pronto como puedas!	Write to me as soon as you can!
Tan pronto como hayas leído el libro, ¡devuélvemelo!	As soon as you've read the book, give it back to me.
en cuanto	as soon as
En cuanto haga más calor, iremos a la playa.	As soon as it's warmer, we'll go to the beach.
recientemente	recently

ponerse (a)	start, begin (to)
A las tres **me he puesto a** trabajar.	At three I started to work.
producirse	come about, happen
Se ha producido un accidente en la autopista.	An accident happened on the highway.
acontecer	come about, happen
En la política actual acontecen pocos hechos positivos.	Few positive things are happening in politics today.

a la vez	at once, at the same time
Por favor, no hablen todos a la vez.	Please, don't all talk at once.
inmediato, a	immediate
Gracias a la intervención inmediata de la policía se evitó una catástrofe.	Thanks to the immediate intervention of the police, a catastrophe was avoided.
de pronto	suddenly
Íbamos por la calle, cuando de pronto nos llamó alguien.	We were walking down the street when someone suddenly called out to us.
el **instante**	instant
La policía llegó **al instante de** sonar la alarma.	The police came the instant the alarm sounded.

después (de) que
Después que hayas terminado de comer, ¡lava los platos!

after
After you've finished eating, wash the dishes!

entonces
El jefe me explicó entonces por qué el negocio va bien.

then
The boss explained to me then why business is going well.

parar
Está lloviendo quince días **sin parar.**

stop, cease
It has rained for two weeks without stopping.

el **fin**
Aún no sabemos dónde estaremos **el fin de mes.**

end
We don't know yet where we'll be at the end of the month.

por fin
¡Por fin lo hemos conseguido!

finally
We finally did it!

por último

at last

acabarse
¡Se acabó!

end, be over
That's enough of that!

estar listo, a
El equipaje está listo para el viaje.

be ready
The baggage is ready for the trip.

la **frecuencia**

frequency

la **continuación**

continuation

temprano
Juanjo se levanta todos los días temprano para hacer deporte.

early
Juanjo gets up early every day to play sports.

tarde
¡Vámonos, que ya es tarde!

late
Let's go, it's already late!

suceder
¿Quién **sucederá al** Presidente?

follow, succeed
Who will the president's successor be?

el **acontecimiento**

event

el **suceso**

event, happening

de nuevo
Este trabajo hay que hacerlo de nuevo.

again
This work has to be done again.

a menudo
¿Vas a menudo al cine?
– No, apenas.

often, frequently
Do you go to the movies often?
– No, rarely.

la mayoría de las veces
La mayoría de las veces tienes razón.

usually, most of the time
Most of the time you're right.

apenas Apenas tenemos tiempo para dormir.	scarcely, barely, hardly We scarcely have time to sleep.
raro, a Este es un libro muy raro.	rare This is a very rare book.
poco a poco El enfermo va mejorando poco a poco.	little by little, bit by bit The patient is improving little by little.
despacio Por favor, hable un poco más despacio para que le entienda mejor.	slowly Please speak a bit more slowly so that I can understand you better.
lento, a Este tren es lento.	slow This train is slow.
deprisa ¡Deprisa, Marisa, que llegas tarde!	quickly Quickly, Marisa, you'll be late!
rápido, a Emilia es muy rápida para algunas cosas.	quick, fast Emilia is very quick at some things.

19.6 Length, Volume, and Size

grande, gran   large, big; great, grand

---

grande ≠ gran

Grande becomes gran when it precedes a singular noun, and it undergoes a change in meaning:

El tío Paco tiene un **coche muy grande**.	*Uncle Paco has a very **large** car.*
Verónica me ha regalado un **gran libro**.	*Veronica gave me a **great** book.*
una **gran mujer**	*a **great** woman*
una **casa grande**	*a **large** house*

---

enorme La Sagrada Familia es una iglesia enorme.	enormous, huge Sagrada Familia is an enormous church.
pequeño, a Esta casa es pequeña para tanta gente.	small This house is too small for so many people.
bajo, a Las antiguas casas de campo son muy bajas.	low The old farmhouses are very low.

alto, a
¿Cuál es la montaña más alta de España?

tall
What is Spain's tallest mountain?

profundo, a
El Mar Mediterráneo no es tan profundo como el Océano Pacífico.

deep
The Mediterranean is not as deep as the Pacific Ocean.

hondo, a
Algunos pozos de petróleo son muy hondos.

deep
Some oil wells are very deep.

estrecho, a
En los pueblos hay calles muy estrechas.

narrow
In the villages there are very narrow streets.

---

la **altura**
El Teide mide 3.718 metros **de altura.**

height, altitude
The Teide has an altitude of 3,718 meters.

el **largo**
Clara quiere cambiar el largo del vestido.

length
Clara wants to change the length of her dress.

el **ancho**
El armario tiene dos metros **de ancho.**

width, breadth
The wardrobe is two meters wide.

la **longitud**
la **profundidad**
¿**Cuánta profundidad tiene** esta cueva?

length, longitude
depth
How deep is this cave?

---

la **extensión**
España tiene una extensión de casi medio millón de kilómetros cuadrados.

extension; extent, length; expanse
Spain has an area of almost half a million square kilometers.

extenderse
Los Pirineos se extienden del Cantábrico hasta el Mediterráneo.

extend; stretch
The Pyrenees extend from the Cantabrian Sea to the Mediterranean.

la **superficie**
La menor parte de **la superficie de la tierra** la ocupan los continentes.

surface
The smaller part of the earth's surface is occupied by the continents.

el **nivel**
Valencia está **al nivel del mar.**

level
Valencia is at sea level.

19.7 Distance

la **distancia**
¿Qué **distancia hay** entre Lima y
Quito?
entre
Entre tú y yo hay una confianza
absoluta.
cerca (de)
Perdone, ¿está cerca de aquí el
Palacio de la Moncloa?
– No, está lejos.
cercano, a (a)
Aranjuez es un pueblo **cercano a**
Madrid.
la **proximidad**
Antes de llegar al mar se siente su
proximidad.
acercar a
La cultura acerca a los pueblos.

próximo, a
El chalet próximo al nuestro es de
mi prima.

distance
What is the distance between
Lima and Quito?
between
Between you and me there is
absolute trust.
near, close
Excuse me, is the Moncloa
Palace near here?
– No, it's far away.
near
Aranjuez is a village near
Madrid.
proximity, nearness
Before reaching the sea, you
sense its nearness.
bring closer
Culture brings peoples closer
together.
next
The vacation cottage next
to ours belongs to my
cousin.

lejos (de)
alejarse
¡No **te alejes de** la orilla!
marcharse
a través de
Marcos consiguió trabajo a través
de un amigo.

far (from), distant (from)
go away, distance oneself
Don't go away from the shore!
go away
through
Marcos found work through a
friend.

lejano, a
Tengo una casa en un rincón
lejano.
apartarse
¡Apártese, por favor! ¡**Deje pasar
a** la ambulancia!
el **extremo**
Marisa se sentó **a un extremo de**
la mesa.
el **horizonte**

remote
I have a house in a remote area.

go away, move aside
Please move aside! Let the
ambulance through!
far end, extreme (end)
Marisa sat down at the far end
of the table.
horizon

Cuando los barcos desaparecieron en el horizonte las madres y mujeres de los pescadores volvieron a casa.

When the ships had vanished on the horizon, the fishermen's mothers and wives returned home.

19.8 Place

el **lugar**
Todavía no conocía este lugar tan bonito.
¿dónde?
¿Dónde estarán mis papeles?
donde
Ésta es la casa donde nació Velázquez.
estar
aquí
Aquí en la costa el clima es muy agradable.
acá
¡Miguel, ven acá!
ahí
Ahí está Correos.
allí
allá
¿Conoces a la señora que está allí? – ¿Cuál? – Ésa que está allá.

place
I was not yet familiar with this very pretty place.
where?
Where can all my papers be?
where
This is the house where Velázquez was born.
be (located)
here
Here on the coast the weather is very pleasant.
here
Miguel, come here!
there
There is the post office.
there
there
Do you know the woman over there? – Which one? – That one over there.

---

i **Is everything within reach?**

Acá, Aquí	refer to something within easy reach.
Ahí	refers to something near the speaker, but not within reach.
Allá, Allí	refer to something far away from the speaker.

---

el **lado**
Al otro lado de la calle hay una farmacia.
al lado (de)
El mercado central está al lado del ayuntamiento.
junto a

side
There's a pharmacy on the other side of the street.
next door (to); near at hand
The central marketplace is next to the town hall.
next to, by, beside

Hemos dejado el coche junto al tuyo para luego no tener que buscarlo.

We left the car next to yours, so that we don't have to look for it later.

enfrente (de)
Enfrente de la escuela hay una parada de autobús.

across from, facing
Across from the school there is a bus stop.

frente a
Frente a la oficina hay un bar muy barato.

directly facing
Directly facing the office there is a very inexpensive bar.

delante (de)
Delante del cine hay una cola enorme.
No **te pongas delante**, porque no veo.

in front (of)
In front of the movie theater there's a huge waiting line.
Don't stand in front of me, because I can't see.

---

en
En la mesa sólo hay dos tazas.

on; in
There are only two cups on the table.

El regalo está en el paquete.

The gift is in the package.

encima de
¡No pongas los pies encima de la mesa!

on (top of)
Don't put your feet on the table!

sobre
Gerardo te ha dejado las llaves sobre la mesa.
Los pájaros volaban sobre nuestras cabezas.

on; over; above
Gerardo put the key on the table for you.
The birds were flying above our heads.

debajo de
El gato está debajo del coche.

underneath, under
The cat is under the car

derecho, a
Carolina se ha roto la mano derecha.

right
Carolina has broken her right hand.

a la derecha
Vamos a correr la mesa un poco a la derecha.

on the right, to the right
We're going to move the table a little to the right.

izquierdo, a
Tomás sólo sabe escribir **con la izquierda**.

left
Tomás can only write with his left hand.

a la izquierda
Para ir al ayuntamiento tiene que torcer la siguiente calle a la izquierda.

on the left, to the left
To get to the town hall, you have to turn left at the next street.

---

atrás
Deja la maleta atrás en el coche.

back; behind
Leave the suitcase behind in the car.

detrás (de)
Detrás de aquellas montañas está el mar.
detrás
En los conciertos me siento detrás.
alrededor de
Alrededor de la casa hemos plantado pinos.
por
Lisa pasea por la calle sola.

¡Vamos a tomar algo **por aquí**!

behind
Behind those mountains is the sea.
in the rear
At concerts I always sit in the rear.
around
All around the house we've planted pines.
by; for; through; across
Lisa strolls through the street alone.
Let's go drink something over here!

---

hallarse
Madrid se halla en Castilla.
instalarse
central
Miguel vive en un barrio central.

céntrico, a
Las Ramblas están en una zona céntrica de Barcelona.
la **mitad**
¿Corto el pan por la mitad?

el **rincón**
He buscado los libros **por todos los rincones** y no los he encontrado.
el **agujero**
depositar
He depositado las joyas en la caja fuerte del hotel.

be located, be found
Madrid is located in Castile.
settle down
central
Miguel lives in a centrally located part of town.
central
The Ramblas are in a central area of Barcelona.
middle, center
Shall I slice the bread through the middle?
corner
I looked for the books everywhere, but I didn't find them.
hole
deposit
I deposited the jewelry in the hotel safe.

---

la **posición**
paralelo, a
horizontal
vertical

position
parallel
horizontal
vertical

---

fuera
Fuera está haciendo un frío terrible.
fuera de
Jorge vive **fuera de la ciudad**.
Fuera de los domingos es fácil aparcar aquí.

outside
It's terribly cold outside.
outside of; except for
Jorge lives outside of town.
Except for Sundays, it's hard to park here.

exterior	exterior, outer, outside
Hay que pintar las **paredes exteriores** de la casa.	The exterior walls of the house have to be painted.
interior	interior, inner, inside
La **reforma interior** del piso ha sido muy barata.	The interior renovation of the apartment was very inexpensive.
superficial	superficial
La herida de Ventura es sólo superficial.	Ventura's wound is only superficial.
superior	upper; superior
En el piso superior viven mis abuelos.	My grandparents live in the upstairs apartment.
inferior	lower; inferior
Las camisas están en el cajón inferior.	The shirts are in the lower drawer.
el **fondo**	background
Al fondo de la foto se ven los padres de Mayte.	In the background of the photo one sees Mayte's parents.

aparte	aside, to one side
¡Pon este libro aparte!	Set the book aside!
separar	separate
El Estrecho de Gibraltar separa a España de África.	The Strait of Gibraltar separates Spain from Africa.
unir	join, unite, link
El Peñón de Ifach y Calpe están unidos por un istmo.	The Rock of Ifach and Calpe are linked by an isthmus.
por todas partes	everywhere
Por todas partes vimos carteles de la Olimpiada.	Everywhere we saw posters for the Olympics.
en todas partes	everywhere
En verano hay mucha gente en todas partes.	In summer there are many people everywhere.
en ninguna parte	nowhere
No encuentro en ninguna parte mis gafas y ya he buscado por todas partes.	I can't find my glasses anywhere, and I've already looked everywhere.

19.9 Direction

la **dirección**	direction
¿**adónde?**	where (to)?
¿Adónde vas **de** vacaciones?	Where are you going on vacation?

adonde
El pueblo adonde iremos es muy bonito.

a, al
Dolores va a comprar.
Leopoldo hizo un viaje a Chile.
A la salida de la autopista hay una gasolinera.
Marisa fue al cine con Quique.

hacia
Este autobús va hacia León.

para
El tren para Huelva sale a la una de la tarde.

contra
El camión chocó contra un autobús.

adelante
Por este camino no podemos seguir adelante; hay que volver atrás.

hacia atrás

where
The village where we're going is very pretty.

to; in; at; by; for
Dolores is going shopping.
Leopoldo took a trip to Chile.
At the highway exit there's a gas station.
Marisa went to the movies with Quique.

toward; to; near
This bus goes to León.

for; to; toward
The train to Huelva departs at 1 P.M.

against
The train crashed into a bus.

ahead; forward; farther on
We can't go any farther on this road; we have to turn back.

backward

¿de dónde?
¿De dónde venís a estas horas?

de
Lola es de Tacna.

desde
Desde nuestras ventanas veíamos la montaña.

hasta
Continúen hasta el final de esta calle, allí verán el monumento.

from where?
Where are you coming from at this hour?

from; of; by
Lola is from Tacna.

from
From our windows we saw the mountains.

till, until; to; as far as
Keep going till the end of the street; you'll see the monument there.

---

el **norte**
En el norte de España está la Cordillera Cantábrica.

el **sur**
Al sur de Perú está Chile.

el **este**
Venezuela está al este de Ecuador.

el **oeste**
Al oeste de Argentina está Chile.

north
The Cantabrian Mountains are in the north of Spain.

south
Chile is south of Peru.

east
Venezuela is east of Ecuador.

west
Chile is west of Argentina.

occidental western, occidental
el **occidente** west, occident
el **oriente** east, orient
El sol sale **por oriente** y se pone The sun rises in the east and sets
por occidente. in the west.
oriental eastern, oriental
Alemania estuvo dividida hasta Until 1990 Germany was divided
1990 en Alemania Occidental y into West Germany and East
Alemania Oriental. Germany.

False Friends			
Spanish Word	**Thematic Meaning(s)**	**False Friend**	**Spanish Equivalent(s)**
el rato	while; short time	rat	la rata

20.1 Colors

el **color**	color
¿**De qué color** quieres que pinten tu coche?	What color do you want your car painted?
De viaje hacemos **fotos en color** y **en blanco y negro.**	On trips we take color and black-and-white photos.
de muchos (**varios**) **colores**	multicolored
claro, a	light
oscuro, a	dark
¿Te gustan más los colores claros o los oscuros?	Do you like light or dark colors more?

blanco, a	white
negro, a	black
El negro **está de moda.**	Black is in fashion.
gris	gray
En casa tengo una alfombra **gris clara.**	At home I have a light-gray carpet.
marrón	brown
amarillo, a	yellow
verde	green
Catalina se ha comprado unos zapatos **verde oscuro.**	Catalina has bought herself a pair of dark-green shoes.
azul	blue
rojo, a	red
rosa	pink, rose-colored
¿Te gustan las rosas rojas?	Do you like red roses?
– No, prefiero los **claveles rosa.**	– No, I prefer pink carnations.

Nouns used as adjectives that denote a *color* are *invariable* in number and gender.

la rosa	*the rose*
el vestido **rosa**	*the pink dress*
los vestidos **rosa**	*the pink dresses*

That applies also to *compound words* if one element has a *metaphoric* (figurative) meaning:

la rana	*frog*
el hombre **rana**	*frogman*
los hombres **rana**	*frogmen*

---

lila	lilac
Carmen tiene **una blusa y un pantalón lila** muy bonitos.	Carmen has a very pretty lilac blouse and pair of pants.

violeta
Margarita quiere teñirse el pelo color violeta.

violet
Margarita wants to dye her hair violet.

morado, a
Rocío tiene una blusa morada que hace juego con su falda.
Tomás le puso a Luis un ojo morado.

purple
Rocío has a purple blouse that goes well with her skirt.
Tomás gave Luis a black (purple) eye.

incoloro, a
¿Tiene crema incolora para zapatos?

colorless
Do you have colorless shoe polish?

el brillo
mate
Antes esta estantería estaba mate pero ahora tiene mucho brillo.

shine, gloss
dull, matte
Previously this bookshelf was matte, but now it's very glossy.

pardo, a
Por la noche no todos los gatos son pardos. *refrán*

dark gray
At night not all cats are gray.

encarnado, a
color naranja
Tomás tenía una boina color naranja.

red; flesh-colored
orange
Tomás had an orange beret.

beis
Emilio pintó el dormitorio de beis y ahora no le gusta.

beige
Emilio painted the bedroom beige and now he doesn't like it.

dorado, a
plateado, a

golden, gilt
silver

20.2 Shapes

la **forma**
Estas tazas tienen una forma horrible.

shape; form
These cups have a terrible shape.

formar
En el cabo las rocas forman una cueva.

form; shape
At the cape the rocks form a cave.

el **círculo**
¿Sabes dibujar un círculo sin compás?

circle
Can you draw a circle without a pair of compasses?

redondo, a
La boina es redonda y plana.
ovalado, a
cuadrado, a
Como no teníamos sitio **hemos**
cambiado la mesa ovalada **por**
una cuadrada.

round
The beret is round and flat.
oval
square
Since we didn't have enough
room, we traded the oval table
for a square one.

la **línea**
la **raya**
Tengo un pijama **a rayas**.
la **cruz**
Las personas que no saben
escribir firman con una cruz.

line
stripe
I have striped pajamas.
cross
People who don't know how to
write sign with a cross.

la **punta**
Se ha partido la punta del lápiz.
puntiagudo, a
¡Ten cuidado con ese cuchillo
puntiagudo!
sin punta
la **esquina**
Pablo te está esperando en la
esquina.
plano, a

point, tip
The pencil tip broke off.
sharp
Be careful with that sharp knife!

blunt, dull
corner, angle
Pablo is waiting for you on the
corner.
flat

la **bola**
una **bola de cristal**
la **esfera**
Desde la tierra la luna tiene
forma de esfera.

ball; globe
crystal ball
sphere; globe; ball
From the earth, the moon has
the shape of a sphere.

el **triángulo**
triangular
el **rectángulo**
el **cuadrilátero**
el **cuadrado**

triangle
triangular
rectangle
quadrangle, quadrilateral
square

la **pirámide**
Julián tiene altavoces **en forma**
de pirámide.

pyramid
Julián has pyramid-shaped
loudspeakers.

el **cubo**	cube
¿Cuántas esquinas tiene un cubo?	How many angles does a cube have?
el **cilindro**	cylinder
llano, a	flat, level
Este campo es tan llano como para construir una casa.	This land is level enough to build a house.
el **tamaño**	size
¿**De qué tamaño** desea los sobres?	What size envelopes do you want?

21.1 Concepts of Quantity

más
Lucas es **el más listo**, por lo menos tanto como su hermana.

more; most
Lucas is the smartest, at least as smart as his sister.

más que, más de
Braulio come **más que** todos nosotros juntos.
Este coche es **más caro que** el vuestro.
Fidadelfo tiene **más de** 60 años.

more than
Braulio eats more than all of us together.
This car is more expensive than yours.
Fidadelfo is more than 60 years old.

demasiado, a
muchos, as
A mis fiestas vienen siempre **muchos** amigos.

too much
many; a great deal of
Many friends always come to my parties.

mucho
Aquí no trabajamos **mucho**.
Dice que te quiere **mucho**, pero yo no estoy tan seguro.

much; very much
We don't work much here.
He says that he loves you very much, but I'm not so sure.

If **mucho** accompanies a *verb*, it is *invariable*. With *nouns*, **mucho** is *variable* and must agree in number and gender.

bastante
demasiado
¿Has comido bastante o quieres más? – Gracias, creo que ya he comido demasiado.

enough
too much
Have you had enough to eat, or would you like some more? – Thank you, I think I've already eaten too much.

menos
menos que, menos de

less; least
less than; fewer than

In comparisons, *more/less than* is rendered as **más/menos que**, but before numbers and statements of quantity, **más/menos de** is used.

Este invierno es **menos** frío **que** el anterior.
Catalina tiene **más** temperamento **que** su hermana.
Trabajas **menos que** yo, pero ganas más.
Este coche corre **menos de** 90 kilómetros por hora.
más de cien euros
más de media hora

This winter is less cold than the preceding one.
Catalina is more temperamental than her sister.
You work less than I do, but you earn more.
This car goes less than 90 kilometers per hour.
more than one hundred euros
more than half an hour

poco, a
Fernando tiene **pocas ganas de** trabajar.

little; few, some
Fernando has little desire to work.

poco
¿Me da **un poco de** queso?
Los profesores ganan poco en Hispanoamérica.

a little
Will you give me a little cheese?
Teachers earn little in Spanish America.

tanto, a
No esperábamos tanta gente.

so much, so many
We weren't expecting so many people.

tan ... que
Es tan caro que no lo podemos comprar.

so ... that
It is so expensive that we can't buy it.

tanto ... como
Luis no tiene tanto dinero como Carlos.

as much ... as
Luis does not have as much money as Carlos.

más o menos
Arreglar el coche me va a costar más o menos un sueldo.

more or less, approximately, about
Repairing the car will cost me approximately a month's pay.

solo, a
juntos, as
¿Vamos juntos al teatro?

only, sole; alone
Shall we go to the movies together?

último, a
A **última hora** vienen las prisas.
loc

last
At the last minute everything has to go quickly.

siguiente
sucesivo, a
Al día siguiente y los sucesivos dormí mal.

next
following; successive
The next day and the following days, I slept poorly.

la **parte**
La tercera parte de la novela es muy emocionante.

part
The third part of the novel is very exciting.

el **tanto por ciento**
todo
Entiendo **todo lo que** me has explicado.

percent
everything, all
I understand everything that you've explained to me.

todo, a
Beatriz se ha comido **todo el chocolate**.
Todos estos niños son mis hijos.

all, entire, whole
Beatriz has eaten all the chocolate.
All these boys are my children.

entero, a
¿Se han comido el **melón entero**? – No, aún queda medio.

entire, whole
Have you eaten the entire melon? – No, half is still left.

el **doble**
Déme un **brandy doble.** – Sí, pero cuesta **el doble.**

double, twofold
Give me a double brandy. – Fine, but it costs twice as much.

incluido
Haremos un viaje con todo incluido.

included
We're going to take a trip with everything included.

incluso adv
Todos los días sale de paseo, incluso cuando llueve.

including; even
He goes out for a walk every day, even when it rains.

la **cantidad**
¡Qué **cantidad de arroz** has hecho!

quantity, amount
What an enormous amount of rice you've made!

el **total**

total

ser
¿Cuánto es **en total?**
– En total son quinientos quince euros.

be
How much is it all together?
– The total is 515 euros.

faltar
Nos faltan diez euros para poder pagar la cuenta.

be lacking; be needed; fall short
We need 10 euros to be able to pay the tab.

vacío, a
Esta botella está vacía. Tendré que abrir otra.

empty
This bottle is empty. I'll have to open another.

lleno, a
No pudimos entrar porque la discoteca estaba llena.

full
We couldn't get in because the disco was full.

quedar

remain; be left (over)

algo
¿Quieres tomar algo? – No, no quiero nada, gracias.

something
Would you like something to eat or drink? – No, I don't want anything, thanks.

sumar

add

restar
Clara sabe restar muy bien.

subtract
Clara knows how to subtract very well.

multiplicar
2 por 3 son 6.

multiply
2 times 3 is 6.

dividir
9 dividido por 3 son 3.

divide
9 divided by 3 is 3.

bastar
Dos kilos me bastan.

suffice, be enough
Two kilos are enough for me.

suficiente
Tenemos suficiente trabajo para todo el año.

sufficient, enough
We have enough work for the entire year.

numeroso, a
Numerosas personas vieron el accidente.

numerous
Numerous persons saw the accident.

incluir
include

excluir
exclude

ambos, as
both

contener
Este paquete contiene veinte cigarrillos.

contain
This pack contains twenty cigarettes.

el contenido
¡Cuidado! El contenido de ese bidón es inflamable.

content(s)
Caution! The contents of this box are flammable.

---

por lo menos
at least

al menos
Al menos me podrías ayudar.

at least
You could at least help me.

a lo sumo
Vinieron pocos amigos, a lo sumo quince.

at most
Few friends came, at most fifteen.

insuficiente
Este trabajo ha resultado insuficiente.

insufficient, inadequate
This work has turned out to be inadequate.

reducido, a
Sólo hemos invitado a un grupo reducido.

limited; small; narrow
We've invited only a small group.

---

excepto

excepting, except, with the exception of

escaso, a
Este mes voy escaso de dinero.

small; limited; scarce
This month I'm short of cash.

en parte
Reconozco que en parte tienes razón.

in part
I admit that you're right in part.

aparte de
Aparte de lo que me has pedido, ¿te mando algo más?

apart from, aside from
Aside from what you asked me for, should I send you anything else?

---

el montón
Tengo un montón de cosas por hacer.

heap, pile; great number; mass
I have a heap of things to do.

Hay un montón de ropa que lavar.

There's a pile of laundry to wash.

la **masa**
Al fútbol van masas de espectadores.

mass; crowd (of people)
Crowds of spectators go to watch soccer.

el **todo**
No comprendimos **del todo** lo que querías decir.

whole; total; entirety
We didn't understand at all what you were trying to say.

el **porcentaje**
¿Qué porcentaje de mexicanos vienen todos los años a Cuba?

percentage
What percentage of Mexicans come to Cuba every year?

el **promedio**

average

el **exceso**
excesivo, a
sobrar
¿Ha sobrado mucha comida?

excess
excessive
be in excess; be left over
Was much food left over?

relleno, a
completar
cargar
¿Cuántos litros carga tu coche?

full, filled
complete
load; fill
How many liters does your car hold?

precedente
seguido, a
posterior
El Siglo de Oro **es posterior al** Renacimiento.

preceding, prior
continued; successive
later, subsequent
The Golden Age comes after the Renaissance.

penúltimo, a
No se bebe nunca la última copa sino siempre la penúltima.

next to last, penultimate
One never drinks the last glass, but always the next to last.

21.2 Numbers and Counting Words

el **número**
Todavía **no me sé** tu número.

number
I don't know your number by heart yet.

cero
uno, un, una
dos
tres

zero
one
two
three

cuatro
Es tan cierto como dos y dos son cuatro. *loc*

four
It's as sure as two and two make four.

cinco

five

seis	six
siete	seven
ocho	eight
Ocho y ocho son dieciséis.	Eight and eight are sixteen.
nueve	nine
diez	ten

once	eleven
En Chile *tomar las once* significa *tomar la merienda.*	In Chile `tomar las once` means "to have a mid-morning snack." (Brit. "elevenses")
doce	twelve
la **docena**	dozen
¡**Póngame** una docena de langostinos!	Give me a dozen giant prawns.
trece	thirteen
catorce	fourteen
quince	fifteen

dieciséis	sixteen
diecisiete	seventeen
dieciocho	eighteen
diecinueve	nineteen

veinte	twenty
veintiuno, veintiún, veintiuna	twenty-one
Nací el día 21 de Mayo, tengo veintiún años y me han regalado **veintiuna rosas.**	I was born on the 21st of May, I'm 21 years old, and I was given 21 roses as a gift.
veintidós	twenty-two
veintitrés	twenty-three
veinticuatro	twenty-four
veinticinco	twenty-five
veintiséis	twenty-six
veintisiete	twenty-seven
veintiocho	twenty-eight
veintinueve	twenty-nine

treinta	thirty
treinta y uno, treinta y un, treinta y una	thirty-one
treinta y dos	thirty-two

cuarenta	forty
cincuenta	fifty
sesenta	sixty
setenta	seventy

ochenta	eighty
noventa	ninety
cien, ciento	one hundred

> ℹ️ From 101 through 199, **ciento** is used:
> **ciento uno**   *101*
> **ciento noventa y nueve**   *199*
> **But:**
> Sólo me quedan **cien** euros.   *I have only one hundred euros left.*

ciento uno, ciento un, ciento una	one hundred one
doscientos, as ¡Imagínate, tengo doscientos libros!	two hundred Imagine, I have 200 books!
trescientos, as	three hundred
cuatrocientos, as	four hundred
quinientos, as	five hundred
seiscientos, as	six hundred
setecientos, as	seven hundred
ochocientos, as	eight hundred
novecientos, as ¿Cuántos euros te dan por novecientas pesetas?	nine hundred How many euros do you get for 900 pesetas?
mil En **mil novecientos noventa y nueve** me tocó la lotería.	one thousand In 1999 I won the lottery.
dos mil	two thousand
un **millón**	one million
mil millones	one billion
el **millardo**	one billion (Spain)
la **cifra** De lejos no puedo leer esas cifras.	figure, number From a distance I can't read the numbers.
la **numeración**	numbering
numerar ¿Has numerado las cajas?	number Have you numbered the boxes?
1°, 1ª; primer; primero, a En primer curso fui el primero.	first In the first grade I was first in my class.
2°, 2ª; segundo, a La **primera vez** me entusiasmé pero al **segundo día** me desilusioné.	second The first time I was enthusiastic, but on the second day I was disappointed.

3°, 3ª, tercer, tercero, a	third
4°, 4ª; cuarto, a	fourth
Cuesta cuatro cuartos. *loc*	It costs a few cents.
5°, 5ª; quinto, a	fifth
6°, 6ª; sexto, a	sixth
7°, 7ª; séptimo, a	seventh
8°, 8ª; octavo, a	eighth
9°, 9ª; noveno, a	ninth
10°, 10ª; décimo, a	tenth
11°, 11ª; undécimo, a	eleventh
12°, 12ª, duodécimo, a	twelfth
13°, 13ª; decimotercer; deci-	thirteenth
motercero, a	

Especially in *colloquial speech*, the ordinal numbers from 11 on are replaced by the cardinal numbers.

Alfonso XIII (trece)   *Alfonso XIII (the thirteenth)*
But:
Juan Carlos I (primero)   *Juan Carlos I (the first)*

21.3 Measures and Weights

el **milímetro**	millimeter
el **centímetro**	centimeter
¿Cuántos milímetros mide un centímetro?	How many millimeters are there in a centimeter?
el **metro**	meter; measuring tape, measuring stick
Esta casa tiene **cien metros cuadrados.** – ¿Lo has medido con el metro?	This house has an area of 100 square meters. – Have you measured it with the measuring stick?
el **kilómetro**	kilometer
¿**Faltan muchos kilómetros** hasta Asunción?	Is it many more kilometers to Asunción?

pesar	weigh
¿Cuánto pesa este melón?	How much does this melon weigh?
el **peso**	weight; scale(s)
Vamos a comprarnos un peso para controlar mejor nuestro peso.	We're going to buy scales to monitor our weight better.
el **gramo**	gram
Déme **doscientos gramos de** queso.	Give me 200 grams of cheese.

el **kilo(gramo)**	kilo(gram)
Pónganos **medio kilo de** patatas.	Give us half a kilo of potatoes.
la **tonelada**	ton
el **tercio**	one third
el **quinto**	one fifth
¿Quieres un tercio o un quinto (de cerveza)?	Would you like a large beer (0.3 liters) or a small beer (0.2 liters)?
el **cuarto**	one fourth, one quarter
Déme **un pan de cuarto.**	Give me a quarter-kilo (250 grams) loaf of bread.
el **litro**	liter
Ayer nos tomamos **un litro de** vino comiendo.	Yesterday we drank a liter of wine with dinner.
la **mitad**	half
¿Quieres la mitad de mi bocadillo?	Would you like half of my sandwich?
medio, a	half
el **par**	pair
Julio se ha comprado **un par de** zapatos.	Julio bought himself a pair of shoes.
el **pedazo**	piece
el **trozo**	piece
He desayunado sólo un trozo de pan con mantequilla.	For breakfast I had only a piece of bread with butter.
medir	measure
la **medida**	measure(ment)
¿**Tomaron las medidas** de la cocina?	Did you measure the kitchen?
la **milla**	mile
En el mar se mide la distancia **por millas.**	At sea distance is measured in miles.
la **hectárea**	hectare
el **barril**	barrel, cask
el **volumen**	volume
el **metro cúbico**	cubic meter
pesado, a	heavy
Esta caja es demasiado pesada para ti.	This box is much too heavy for you.
ligero, a	light
Esta maleta es más ligera que la negra.	This suitcase is lighter than the black one.

la diferencia

hay que

por lo tanto

el resultado

en absoluto

22.1 Degree and Comparison

igual
¿Quieres un café o un té?
– Me es igual.

equal; even
Would you like coffee or tea?
– It makes no difference to me.

parecido, a
Esos zapatos son **parecidos a** los
que lleva Dolores.

similar
These shoes are similar to the
ones Dolores is wearing.

comparable
Estas motos no son comparables.

comparable
These motorcycles are not
comparable.

extremo, a
Carlos no soporta las temperaturas
extremas.

extreme
Carlos can't tolerate extreme
temperatures.

que
Mi casa es más pequeña que la
tuya.

than
My house is smaller than yours.

como
Marisa come como un pajarito.
Jorge es como su padre.

like, as
Marisa is like a sparrow.
Jorge is just like his father.

también
El señor Vázquez habla inglés,
español y también portugués.

also, too
Mr. Vázquez speaks English,
Spanish, and also Portuguese.

tampoco

Marta no viene a la fiesta y
tampoco su hermana.

neither, not either; either (after
negative)
Marta isn't coming to the party
and neither is her sister.

la **diferencia**
Entre las provincias españolas hay
diferencias en las costumbres.

difference
There are differences in customs
among the Spanish provinces.

diferente
Los hombres no son tan diferentes
como a veces parece.

different
People are not so different as it
sometimes seems.

distinto, a
Tu abrigo es **distinto del** suyo
aunque sea de la misma marca.

different
Your coat is different from his,
although it's the same brand.

distinguir

distinguish

mucho
Me gusta mucho la blusa que
llevas.

much; very much
I very much like the blouse
you're wearing.

muy
¿Te encuentras mal? Estás muy pálido.

very, quite
Do you feel ill? You're very pale.

 Muy is used with *adjectives* and *adverbs*. Muy is *invariable*.

tan
Pensábamos que la cola no sería tan larga.

tan ... como
Eduardo es tan listo como su tío.

tanto
El médico me ha dicho que no trabaje tanto.

tanto, a
Hace tanto calor que no puedo dormir.

tanto, a ... como

Jamás he visto tanta gente como en esta playa.

so
We didn't think the line would be so long.

(just) as ... as
Eduardo is as clever as his uncle.

so much; so hard
The doctor told me I shouldn't work so much.

so much, as much; so many, as many
It's so hot that I can't sleep.

so much/many ... as; as much/many ... as
I've never seen so many people as on this beach.

de ninguna manera
No iremos de ninguna manera a la exposición.

en absoluto

¿Le molestamos? – No, en absoluto.

casi
Mi abuela tiene casi cien años.

in no way; by no means, not at all
By no means will we go to the exhibition.

absolutely; (in negative sentences) not at all
Are we disturbing you? – No, not at all.

almost
My grandmother is almost 100 years old.

más bien
Esto no es cuero, más bien es plástico.

mayor
Nuestros **mayores gastos** este año han sido los salarios.

mayor
¿Eres tú **el mayor?** – No, mi hermana es **mayor que** yo.

máximo, a
La victoria máxima de mi vida fue la medalla olímpica.

mínimo, a
¡No has hecho **el más mínimo** esfuerzo para no suspender estos exámenes!

rather; more likely
This isn't leather; more likely, it's plastic.

greatest; main, principal
Salaries have been our greatest expenses this year.

older
Are you the eldest? – No, my sister is older than I.

greatest
The greatest victory of my life was the Olympic medal.

least
You haven't made the least effort to keep from failing these exams!

menor	smallest; least; slightest
El médico me ha prohibido el **menor movimiento**.	The doctor has forbidden me to make the slightest movement.
El menor defecto en estas instalaciones puede causar una catástrofe.	The smallest defect in this facility can cause a catastrophe.
principal	principal

por poco	almost
Por poco me caigo.	I almost fell.
apenas	barely, hardly
Miguel apenas conoce a su primo Rafael.	Miguel barely knows his cousin Rafael.
realmente	really

22.2 Modal Expressions

¿cómo?	what?, how?, why?, what did you say?
¿Cómo está usted?	How are you?
hasta	even
He perdido todo, hasta mis llaves.	I've lost everything, even my keys.
¡qué ...!	how ...!
¡Qué bonito es aquel barco!	How beautiful that ship is!
así	so; thus; like this or that
¡Así es la vida! *loc*	That's life!
¡No te pongas así!	Don't behave like that!

poder	can; be able; may
Esta tarde no nos podemos ver.	We can't see each other this afternoon.
deber	must; ought; should
Deben de ser las cuatro.	It must be four o'clock.
hay que	one has to; you have to
Hay que ser más puntual.	You have to be more punctual.

---

i

Hay (there is, there are) is the impersonal form of the third person singular of the verb **haber**; it does not refer to any specific thing.

Hay (and its variants in other tenses) is used:

before nouns without an article:

¿**Había plátanos?**	*Were there (any) bananas?*

before statements of indefinite quantity:

Hubo poca gente.	*There were few people present.*

before numbers:

Habrá mil personas.	*There will probably be a thousand people present.*

tener que	must; have to
Tienen que darse prisa para no llegar tarde.	You have to hurry so that you don't arrive too late.
haber de	must, have to
He de buscar una solución.	I have to search for a solution.

la **manera**	way; manner; mode
¡No hay manera de localizarte!	There's no way to reach you!
de manera que	so that; so as to; so then
De manera que no has terminado el trabajo.	So then you haven't finished the work.
Organiza tu trabajo de manera que no pierdas el tiempo.	Organize your work so that you lose no time.
de otra forma	in another way; differently
No sé cocinar de otra forma.	I can't cook any other way.
de (tal) forma que	so that; so as
Pinta el armario de forma que no se note.	Paint the cabinet so that it is not noticeable.
el **modo**	way, manner
Trabaja de modo que no te canses.	Work in such a way that you don't get tired.

generalmente	generally
en general	in general
En general estamos satisfechos con su servicio.	In general we are satisfied with your service.
normal	normal
en especial	especially
A Marta le gusta leer, en especial novelas policíacas.	Marta likes to read, especially crime novels.
eficaz	efficacious, effective
Este medicamento es muy eficaz contra el resfriado.	This medication is very effective against colds.
sobre todo	above all; especially
Han subido mucho los precios, sobre todo el pescado está muy caro.	The prices have risen a great deal; fish, above all, is very expensive.
sólo	only
Prefiero trabajar sólo por las mañanas para estar con mis hijos.	I prefer to work only in the mornings, so that I can be with my children.

particular	particular; special
único, a	unique
Este libro es único.	This book is unique.

exclusivo, a	exclusive
En este comercio se venden productos muy exclusivos.	Very exclusive merchandise is sold in this store.
en el fondo	essentially
En el fondo, Luis es una buena persona.	Essentially Luis is a good person.
en principio	basically, in principle
En principio no estamos de acuerdo con ustedes.	We do not agree with you in principle.
por lo visto	obviously
Por lo visto no has aprendido nada.	Obviously you've learned nothing.
total	total, complete
En esta oficina hay un desorden total.	This office is in a total mess.
de esta forma	in this way
No sé cómo puedes vivir de esta forma.	I don't know how you can live this way.
incluso	even
Ayer nevó incluso en Sevilla.	Yesterday it snowed even in Seville.
no ... más que	only
No tenemos más que llamar a Vicente para que nos recoja.	We have only to call Vicente and he will pick us up.
aproximado, a	approximate
En esta estadística sólo hay resultados aproximados.	These statistics contain only approximate results.

22.3 Cause, Effect, Aim, Purpose

la **causa**	cause
causar	cause, to
El terremoto causó la muerte de muchas personas.	The earthquake caused the death of many persons.
el **motivo**	motive, cause, reason; occasion
¿Cuál fue el motivo para cerrar la tienda?	What was the reason for closing the store?
la **razón**	reason, cause
¿Qué razón te dio el jefe para despedirte?	What reason did your boss give you for laying you off?
Tienes razón.	You're right.

conducir
Ese programa económico condujo
a la crisis.

resultar
La venta de la casa **ha resultado**
un buen negocio.
Ángel no encontró a sus amigos
porque **resulta que** se habían ido
al teatro.

lead
That economic program led to
the crisis.

result, follow; turn out (to be)
The sale of the house turned out
to be a good deal.
Ángel didn't meet his friends,
because it turned out that they
had gone to the theater.

para
Este regalo es para tus padres.
Carmen se va a Vigo para estar con
su familia.
¿para qué?
para que
¿Para qué vas a lavar el coche si va
a llover? – Para que esté limpio.

¿a qué?
¿A qué han venido?
a que ...
¡A que no te atreves!
¡A que gana el Madrid!
– **¡A que no!**

for; (in order) to
This gift is for your parents.
Carmen is going to Vigo to be
with her family.
what for?; why?
so that
Why are you going to wash the
car if it's about to rain? – So that
it will be clean.
what for?; for what purpose?
Why have you come?
I'll bet that ...
I bet you don't dare!
I'll bet my life that Real Madrid
wins! – I bet it won't!

por
Jaime no se casa **por amor,** sino
por el dinero de Clara.
Toma esta flor, **por simpática.**
Por mí puedes irte.

for; for the sake of; through
Jaime is not marrying for love,
but for Clara's money.
Take this flower, for being so nice.
As far as I'm concerned, you can
leave.

¿por qué?
porque
¿Por qué no fueron a la conferencia?
– Porque no tuvimos tiempo.

why?
because
Why didn't you come to the
lecture? – Because we didn't
have time.

como

since; as

ℹ️ **Como** is used as a conjunction when the causal clause introduces the statement:

Como no nos queda dinero, no pode-
mos cenar hoy en un restaurante.

Since we have no money left, we can't
eat in a restaurant today.

Como llegamos tarde al cine no había
entradas.

Since we got to the movie theater late,
there were no tickets left.

---

el **medio**
Los medios de comunicación **han mejorado con** el fax.

means
The means of communication have been improved by the fax.

a causa de
Muchos caballos murieron a causa de una enfermedad desconocida.

on account of, because of
Many horses died on account of an unknown illness.

debido a
Debido a la ayuda de muchos países, la población sobrevivió el invierno.

owing to, on account of
Owing to the assistance of many countries, the population survived the winter.

gracias a
Gracias a las computadoras trabajamos más rápido.

thanks to
Thanks to computers, we work faster.

la **consecuencia**
A **consecuencia de** la contaminación enferman muchas personas.

consequence
As a consequence of environmental pollution, many people become ill.

el **efecto**
Estas pastillas no **hacen el efecto** deseado.

effect
These pills do not have the desired effect.

la **casualidad**

chance event; accident; coincidence

¿**Por casualidad** eres hermano de Vicente?

By chance are you Vicente's brother?

el **objetivo**
Por fin hemos alcanzado el objetivo de nuestro proyecto.

objective, goal; purpose
At last we achieved the objective of our project.

el **fin**

goal; end

por eso
por esto
por lo tanto
Marta tiene que terminar este trabajo para mañana, por lo tanto no irá a la boda.

therefore; for that reason
therefore; for this reason
therefore
Marta has to finish this work by tomorrow; therefore she will not go to the wedding.

puesto que
Te quiero pedir un favor, puesto que vas a España.

since; inasmuch as; because
I want to ask you a favor, since you're going to Spain.

depender
Depende del tiempo que haga mañana que vayamos a esquiar o no.

depend
It depends on the weather whether we go skiing tomorrow or not.

22.4 State or Condition and Change

ser	be
estar	be; be located

---

ser – estar

Ser essentially expresses a *natural or inherent and lasting property* and is used, for example, to indicate origin, nationality, religion, occupation, marital status, date, and time, as well as to describe character and give definitions. Examples:

Carmen **es** simpática.	*Carmen is nice.*
Madrid **es** la capital de España.	*Madrid is the capital of Spain.*

Estar expresses a *condition that is accidental or temporary* or is used to show *location or position*, for example, to say how a person feels, to make evaluations, and to indicate presence or absence. Examples:

Estoy cansado.	*I am tired.*
Está muerto.	*He/She/It is dead.*
María **está** enamorada.	*María is in love.*
Carmelo **estuvo** muy enfermo.	*Carmelo was very ill.*
¿Cómo **estás**?	*How are you?*
La comida **está** mala.	*The food is bad.*
Está en casa.	*He/She/It is at home.*
¿Y Jorge? – No **está**.	*And Jorge? – He is not here.*
Juan **está** en la oficina.	*Juan is in the office.*
Mariano es actor pero **está** de camarero en un bar.	*Mariano is an actor, but he is working as a waiter in a bar.*

Be careful:
The meaning of some *participles* and *adjectives* changes, depending on whether they are used with **ser** or **estar**. Example:

Miguel **es** vivo.	*Miguel is smart.*
Miguel **está** vivo.	*Miguel is alive.*

---

hay	there is, there are
En Correos hay unas cartas para ti.	There are some letters for you at the post office.

---

cambiar	change
Con los años han cambiado sus costumbres.	With the years their habits have changed.
aumentar	increase, enlarge, augment
Este año hemos aumentado el volumen de negocios.	This year we have increased sales.
quedar	remain; stay; be left in a state or condition
Media casa **ha quedado por** pintar.	Half the house remains to be painted.

nuevo, a — new
¿Qué hay **de nuevo?** — What's new?
viejo, a — old

---

subir — rise; climb
Los precios siguen subiendo mucho. — Prices continue to rise sharply.
bajar — drop; fall; become lower
Ayer bajó el precio de la gasolina dos centavos. — Yesterday the price of gas dropped by two cents.
salir — leave; come out
Este dibujo **te ha salido muy bien.** — Your drawing came out quite well.
volver (a) — turn; do again
Esta mujer **me vuelve loco.** — This woman is driving me crazy.
Gerardo **ha vuelto a romper** la ventana. — Gerardo has broken the window again.
caer — fall
La nieve cae lentamente. — The snow falls slowly.

---

el **resultado** — result
la **situación** — situation, position
resuelto, a — solved; resolved
El problema ya está resuelto. — The problem is already solved.
roto, a — broken, out of order
El televisor estuvo quince días roto. — The TV was broken for two weeks
romperse — break (down); need repair
Se me han roto los zapatos. — My shoes are in need of repair.

---

cambiar(se) — change
Con los años el paisaje mediterráneo ha cambiado mucho. — Over time the Mediterranean landscape has changed a great deal.
volverse — become
Tu hermana se ha vuelto muy lista. — Your sister has become very resourceful.
ponerse — become, get
Creo que voy a ponerme enfermo. — I think I'm getting sick.
mejorar(se) — improve; recover
¡Que te mejores! — I hope you feel better!
La situación política ha mejorado en Nicaragua. — The political situation in Nicaragua has improved.
agravarse — get worse; become more serious
Se está agravando nuestra situación económica. — Our economic situation is getting worse.

become, get

This notion is expressed in various ways in Spanish. Examples:

Occupation:

Quiere ser astronauta.	*He wants to become an astronaut.*

Alteration of mood, appearance, state:

Se pone nervioso.	*He is getting nervous.*
Me pongo enfermo.	*I'm getting sick.*

Change, development, function:

Se ha hecho rico.	*He has become rich.*
Nos hacemos viejos.	*We're getting old.*
Os haréis famosos.	*You will become famous.*

Transformation:

Se convierte en una persona seria.	*He's becoming a dignified personality.*

---

el estado
state, condition
La enferma estuvo en un estado crítico.
The sick woman was in critical condition.
Mi mujer **está en estado.**
My wife is pregnant.

la circunstancia
circumstance
Las circunstancias de su muerte se están investigando.
The circumstances of his death are being investigated.

variar
change; vary
En Andalucía el clima puede variar bastante.
The climate in Andalucia can vary quite a lot.

el lío
mess, confusion, scrape
¡Vaya lío!
What a mess!
Carlos **no quiere saber nada de líos.**
Carlos doesn't want anything to do with it.

---

hacerse
become
Paquita se ha hecho católica.
Paquita has become a Catholic.

convertirse en
turn into; become
Este joven **se ha convertido en** un especialista.
This young man has become an expert.

convertirse a
convert; become
Mis padres **se han convertido al** budismo.
My parents have converted to Buddhism.

la **realidad**
La realidad puede ser muy triste.

reality
Reality can be very sad.

existir
En esta sociedad existen graves problemas.

exist
Serious problems exist in this company.

la **existencia**
La existencia de esta empresa **está en juego.**

existence
The existence of this firm is at stake.

la **alternativa**

alternative

surgir

appear, arise

disminuir
El número de alumnos de este curso ha disminuido mucho.

diminish, decrease
The number of students in this course has diminished greatly.

reducir
Los impuestos han sido reducidos en un cinco por ciento.

reduce
Taxes have been reduced by five percent.

el **aumento**
El aumento del paro es un problema muy difícil.

increase, rise
The increase in unemployment is a very difficult problem.

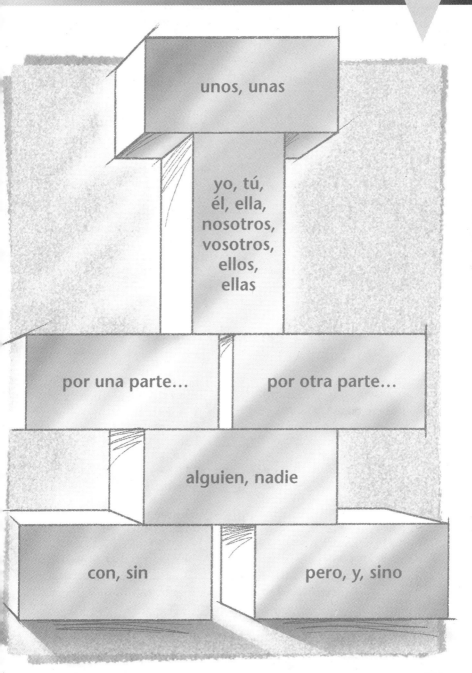

unos, unas

yo, tú,
él, ella,
nosotros,
vosotros,
ellos,
ellas

por una parte...   por otra parte...

alguien, nadie

con, sin   pero, y, sino

23.1 Articles

el, la El señor Martín cuida mucho la gata.	the (m. sing. and f. sing.) Mr. Martín takes good care of the cat.
los, las Los niños están jugando con las pelotas.	the (m. pl. and f. pl.) The children are playing with the balls.

un, una Déme un periódico y una revista.	a, an Give me a newspaper and a magazine.
unos, unas Quisiéramos unos lápices y unas libretas.	some We would like some pencils and some notebooks.

lo No me gusta hacer siempre lo mismo.	the (neuter; only before substantively used adjectives, pronouns, and numbers) I don't like always doing the same thing.

23.2 Personal Pronouns

yo Yo soy Rafael, ¿y tú?	I I'm Rafael, and you?
me ¡No me digas! ¿No me conoces? ¿Dígame? – ¿Está Carola? – No, no la he visto. – **Dígale**, por favor, que estoy buscándola desde ayer y que tengo que darle una noticia importante. – Bien, **se lo diré.** – ¡No se olvide! – **Me lo apuntaré.**	me; to me; for me; myself You don't say! Don't you recognize me? Hello! – Is Carola there? – No, I haven't seen her. – Please tell her that I've been looking for her since yesterday and that I have an important message for her. – Fine, I'll tell her that. – Don't forget! – I'll make a note of it.

The *direct and indirect object pronouns* are attached to the *affirmative command:*

¡Pídelo!	*Ask for it!*
¡Tráigamela!	*Bring it to me!*

To preserve the stress, an accent mark must be added.

> ℹ With the *negative command*, the direct or indirect object pronouns are placed between the word of negation and the verb:
>
> ¡No **lo** pidas!   *Don't ask for it!*
> ¡No **me la** traiga!   *Don't bring it to me!*

mí
Este regalo es para mí.
conmigo
¿Quién viene conmigo a la playa?

me
This gift is for me.
with me
Who's coming with me to the beach?

tú
te
¿Te devolvió Miguel el libro?

Te recojo de la oficina.
¿Te vas al cine?
ti
A ti no te conozco.
contigo
María irá contigo a Sevilla.

you
you; to you; yourself
Did Miguel return the book to you?
I'm picking you up at the office.
Are you going to the movies?
you
I don't know you.
with you
María will go with you to Seville.

él
Tomás e Isabel son muy simpáticos, pero él tiene más gracia que ella. Con él puedes contar.
le
Dile que vuelvo mañana.

le, lo
A Juan no lo he visto.
No le hemos visto **hace diás**.
¿Qué le parece este reloj?
– No sé, lo encuentro muy caro.

he; him
Tomás and Isabel are very nice, but he is funnier than she.
You can count on him.
him (to); her (to); you (to)
Tell him/her that I'm coming back tomorrow.
him; it
I haven't seen Juan.
We haven't seen him for days.
What do you think of this watch?
– I don't know. I find it very expensive.

ella
El reloj se lo he regalado a ella.
¿Se han despedido ya de ella?
le
Le he dicho que se tome vacaciones.
la
A Lucía no la veo.

she; (to) her
I gave her the watch.
Have you said goodbye to her yet?
her (to); him (to)
I told her/him that she/he should take a vacation.
her
I don't see Lucía.

La película la encuentro muy divertida.	I find the film very entertaining.

---

usted, Ud., Vd.
Dígale usted a la señora Marco que se puede marchar a casa.
A Vd. no la conozco.
¿Puedo ir con **Ud.**?
le
¿Qué **le** duele?
le, lo *m*
A usted no **le** (**lo**) recuerdo.
la *f*
¿Cuándo puedo llamar**la**?

you
Tell Mrs. Marco that she can go home.
I don't know **you**.
May I go with **you**?
you (to)
What hurts (**you**)?
you
I don't remember **you**.
you
When can I call **you**?

---

ello
No hace falta hablar de **ello**.
le
Le doy mucha importancia a la puntualidad.
lo
¿Dónde están mis gafas? – No **lo** sé.

it
There's no need to talk about **it**.
it
I attach great importance to **it** punctuality.
it
Where are my glasses? – I don't know.

---

nosotros, as
Nosotras nos vamos a la fiesta de Luis, ¿y ustedes?
nos
En verano **nos** gusta estar junto al mar.
Nos veremos el próximo año.
Nos levantamos a las dos.

we; us
We (women) are going to Luis's party, and you (men)?
us; to us; ourselves
In the summer **we** like being near the sea.
We'll see each other next year.
We get up at two o'clock.

---

vosotros, as
os (Spain)
Os llamamos pero no estabais.

Os damos lo que queríais.

¿**Os** habéis cansado hoy mucho?

you
you; to you; yourselves
We called **you**, but **you** weren't there.
We're giving **you** what you wanted.
Did **you** get very tired today?

---

ellos
Ellos son los primos de José.
Este libro es para **ellos**.

they; them
They are José's cousins.
This book is for **them**.

les	them; to them
¡Dales a los niños un helado!	Give the children ice cream!
los, les *m*	them; to them
¿Has llamado a los empleados?	Have you called the employees?
– Sí, les he dicho todo lo	– Yes, I told them everything
necesario.	necessary.

ellas	they; them
Ellas van a la playa, nosotros no.	They're going to the beach, we're not.
les	them; to them
Las enfermeras han protestado	The nurses have protested
porque no les pagan lo suficiente.	because they aren't paid enough.
las	them
No las llamamos porque era	We didn't call them because it
tarde.	was late.

ustedes, Uds., Vds.	you
¿Ustedes hablan todos español?	Do you all speak Spanish?
Con ustedes no se puede discutir.	It's impossible to discuss anything with you.
les	you
Señoras y señores, les damos la	Ladies and gentlemen, we bid
bienvenida.	you welcome.
les, los *m*	you
Estimados pasajeros, les salu-	We welcome you, our passen-
damos a bordo de nuestro avión.	gers, aboard our aircraft.
las *f*	you
¡Qué sorpresa, señoras! ¡No las	What a surprise, ladies! I've
había visto nunca por aquí!	never seen you here before!

se	oneself; herself; himself; itself; themselves; each other
Marisa se ducha todos los días.	Marisa showers every day.
Los niños se han comido el helado.	The children have eaten the ice cream.
se	to him; to her; to them; to you (singular and plural before direct object pronoun)

 The personal pronouns **le** and **les** become **se** when **lo, la, los,** or **las** is simultaneously used with the same verb. Example:

¿**Se** lo has dado?	*Have you given it to him?*

---

sí	himself; herself; yourself; itself; oneself; themselves; yourselves
Andrés sólo piensa en sí mismo.	Andrés thinks only of himself.
consigo	with oneself (himself, etc.)

23.3 Demonstrative Pronouns

este, esta, esto, estos, estas; **éste, ésta, éstos, éstas**	this; these; this one
Esta fruta está muy buena.	This fruit tastes very good.
– ¿Cuál? ¿Ésta?	– Which one? This one?
ese, esa, eso, esos, esas; ése, **ésa, ésos, ésas**	that; those; that one
Ese coche de ahí es como el mío.	That car is like mine.
El chico, ése de ahí, es mi primo.	The boy, that one there, is my cousin.
Quisiera ver esas faldas.	I would like to look at those skirts.
– ¿Éstas? – Sí, ésas.	These? Yes, those.
aquel, aquella, aquello, aquel-los, aquellas; aquél, aquélla, aquéllos, aquéllas	that (over there); those (yonder)
Aquel día hizo un frío terrible.	On that day it was terribly cold.
Allí está mi pueblo, aquél, al pie de la montaña.	There is my village, that one there, at the foot of the mountain.

esto	this; it
Esto no me gusta.	I don't like this one.
eso	that
¿Qué es eso?	What is that?
aquello	that
Aquello sí que fue bonito.	That was really lovely.

23.4 Possessive Pronouns

mi, mis	my
Mis padres se van de vacaciones mañana.	My parents are going on vacation tomorrow.
tu, tus	your
¿Tu nieta también vive en Vigo?	Does your granddaughter also live in Vigo?
su, sus	his; her; your; their
nuestro, a, os, as	our
vuestro, a, os, as	your

el **mío**, la **mía**, los **míos**, las **mías**	mine
el **tuyo**, la **tuya**, los **tuyos**, las **tuyas**	yours

Estas llaves son las tuyas, ¿no?
– Sí, son las mías.
el **suyo**, la **suya**, los **suyos**, las **suyas**
el **nuestro**, la **nuestra**, los **nuestros**, las **nuestras**
el **vuestro**, la **vuestra**, los **vuestros**, las **vuestras**

These keys are yours, aren't they? – Yes, they're mine.
his; hers; yours; theirs; its

ours

yours

23.5 Interrogative Pronouns

¿qué?
¿Qué desea usted?
¿cuántos, as?
¿Cuántos apellidos tienen los españoles? – Dos.
¿cuánto?
¿Cuánto cuesta este libro?
¿cual?, ¿cuáles?
¿Cuál es la capital de Extremadura?
¿Cuál de vosotros me ayuda?
¿quién?, ¿quiénes?
¿De quién es esta maleta?
¿Quiénes son tus amigos?
¿A quién viste ayer?
– A toda la familia.

what?
What do you want?
how many?
How many last names do Spaniards have? – Two.
how much
How much does this book cost?
which (one)?, what?
What is the capital of Extremadura?
Which of you will help me?
who?, whom?, whose?
Whose is this suitcase?
Who are your friends?
Whom did you see yesterday?
– The whole family.

23.6 Relative Pronouns

que
La mujer que me ha saludado es la madre de Virginia.
que
Juan todavía no me ha devuelto el CD que le presté.

who; that
The woman who greeted me is Virginia's mother.
whom; that; which
Juan still hasn't given me back the CD that I loaned him.

el que, la que, los que, las que
Todos los que quieran pueden ir con nosotros al cine.

he who; she who; they who
All those who wish can go with us to the movies.

lo que
Ya no me acuerdo de lo que te dije ayer.

that which; what
I no longer remember what I said to you yesterday.

el cual, la cual, lo cual;
los cuales, las cuales
Éste es el libro del cual te he hablado.

which; who

This is the book about which I've told you.

lo cual
Teresa nos invitó a un helado, lo cual no era necesario.

which
Teresa invited us for ice cream, which was not necessary.

quien, quienes

who; whom; he who; those who; whose

Jaimito fue quien rompió la tele.

Jaimito was the one who broke the TV.

cuyo, cuya, cuyos, cuyas

whose

The *number* and *gender* of the relative pronouns **cuyo, cuya, cuyos, cuyas** depend on the *following noun:*

Los niños **cuyas madres** trabajan deben ser muy independientes.

Children whose mothers work have to be very independent.

Ésta es la familia **cuyos hijos** viven en Lima.

This is the family whose children live in Lima.

23.7 Indefinite Pronouns and Accompaniments

alguien
¿Ha venido alguien a recoger el paquete?

someone; somebody
Did someone come to pick up the package?

nadie
Nadie sabía dónde estaban las llaves del coche.

no one; nobody
Nobody knew where the car keys were.

algún, alguno, alguna;
algunos, algunas
¿Alguno de ustedes va a comprar el periódico?

some; any; some people

Is any one of you going to buy the newspaper?

Algún día me iré para no volver.

Someday I'll go away and not come back.

Algunas veces preferimos estar en casa que salir.

Sometimes we prefer staying home to going out.

ningún, ninguno, ninguna
Aquí no hay ningún hotel.
Ninguno de ustedes quiso
acompañarla.
cualquier, cualquiera

Este trabajo lo puede hacer cual-
quier aprendiz.
Pablo se ha comprado una revista
cualquiera.

no; not one; not any
There's no hotel here.
Not one of you wanted to
accompany her.
any(one); anybody; some(one);
somebody
Any trainee can do this job.
Pablo has bought himself some
magazine.

---

cada
Cada día nuestra situación es más
crítica.
cada uno, cada una
Cada uno de los niños recibirá un
regalito.
mismo, a
Nosotros mismos te recogemos
del puerto.
el mismo, la misma
Este es el mismo modelo que **el
tuyo.**
lo mismo
Esta mujer siempre dice lo mismo
cuando los ve.

each, every
Every day our situation is more
critical.
each one, every one
Each of the children will receive
a little gift.
same; self(same)
We ourselves are picking you up
at the port.
the same (one)
This is the same model as yours.

the same (thing)
This woman always says the
same thing when she sees you.

---

todo el mundo
Todo el mundo sabe que eso no
es verdad.
**lo demás; los demás, las
demás**
De esta novela sólo me ha
gustado el principio, lo demás no
vale la pena.
¿Cuándo vienen los demás?
varios, as
Te hemos escrito varias cartas
pero no has contestado.

everyone, everybody
Everybody knows that it isn't
true.
the rest; the others; the remaining
(ones)
Of this novel, I liked only the
beginning; the rest is not worth
reading.
When are the others coming?
several; various
We wrote you several letters, but
you didn't answer.

---

cierto, a
Ciertas noticias deberían salir
más en la prensa.
Las **noticias ciertas** deberían salir
más en la prensa.

certain; true
Certain news should appear in
the press more often.
True news should appear in the
press more often.

otra cosa	something else, something different
Hablando de otra cosa, ¿cómo están tus hijos?	To change the subject, how are your children?
tal	such (a)
¡Jamás he visto **tal cosa!**	I've never seen such a thing!

23.8 Prepositions

a	to; in; at; by; of; for; on
Llama a Miguel para que venga.	Call Miguel, so that he'll come.
A ellos no les gusta hablar.	They don't like to talk.
No nos vamos a Málaga.	We're not going to Málaga.
Iremos a las cuatro.	We're coming at four.
con	with
Carlos va con Marta al teatro.	Carlos is going to the theater with Marta.
Isabel vive con Tomás en un piso pequeño.	Isabel lives with Tomás in a small apartment.
El señor Lobos ha sido muy **amable conmigo.**	Mr. Lobos has been very friendly to me.
sin	without
No salgas a la calle sin abrigo porque hace frío.	Don't go out without your coat, because it's cold.
Ha sido **sin querer.**	It happened unintentionally.
de	of; from; for; by; than; in

---

i

a + el = al; de + el = del

The preposition **a** combines with the article **el** to form **al:**

el centro	*the center (of town)*
Este autobús va **al** centro.	*This bus goes to the center of town.*
el sol	*the sun*
No estés tanto tiempo **al** sol.	*Don't stay in the sun so long.*

The preposition **de** combines with the article **el** to form **del:**

el señor	*the gentleman*
La farmacia **del** señor Sotelo está abierta.	*Mr. Sotelo's pharmacy is open.*

But:

With *stressed personal pronouns,* no contraction occurs:

A él le ayuda su tía.	*His aunt helps him.*

para	for; to; in order to; toward
por	by; for; through; at; across; about; per

> **para – por**
>
> The preposition **para** is used to show *purpose, destination, or use* or to express a *point in future time.* Examples:
>
> | Este regalo es **para** ti. | *This gift is for you* |
> |---|---|
> | Estos dulces son **para** los niños. | *These sweets are for the children.* |
> | Estudio español **para** hablar con mis amigos cubanos. | *I'm learning Spanish to talk with my Cuban friends.* |
> | Salgo **para** Cádiz. | *I'm leaving for Cádiz.* |
> | Esto lo terminamos **para** mañana. | *We'll finish this for tomorrow.* |
> | Haz el trabajo **para** mañana. | *Have the work done by tomorrow.* |
>
> The preposition **por** can have a *causal, temporal, or concessive function.* Examples:
>
> | No vino **por** el frío. | *I didn't come on account of the cold.* |
> |---|---|
> | Eso me pasa **por** tonto. | *That happens to me through my own stupidity.* |
> | Juan estará **por** un tiempo en Maracaibo. | *Juan will be in Maracaibo for a while.* |
> | Trabajo **por** la noche. | *I work at night.* |
> | No **por** mucho madrugar amanece más temprano. *refrán* | *However early I get up, it doesn't get light any sooner.* |
>
> In addition, **por** is used:
>
> – to express a *price* or *exchange:*
>
> | Lo vendo **por** 1.000 euros. | *I'm selling it for 1000 euros.* |
> |---|---|
> | Hemos comprado esta casa **por** medio millón. | *We bought this house for half a million.* |
>
> – in vague expressions of *place* and *transit:*
>
> | Está **por** ahí. Pasea **por** el parque. | *She's somewhere around. She's taking a walk through the park.* |
> |---|---|
> | Pasará **por** León. | *He will drive through León.* |
>
> – in *passive constructions* to denote the *agent:*
>
> | La novela fue escrita **por** Cervantes. | *The novel was written by Cervantes.* |
> |---|---|
>
> Other possible uses of **por:**
>
> | Te llamo **por** teléfono. | *I'll call you on the phone.* |
> |---|---|
> | ¿Cuánto es **por** persona? | *How much is it per person?* |
> | Le enviamos los documentos **por** mensajero. | *We are sending you the documents by courier.* |

a pesar de
A pesar del mal tiempo hemos hecho una excursión.

despite, in spite of
In spite of the bad weather we made an excursion.

ante
No supimos qué hacer ante una situación tan extraña.

in the presence of
We didn't know what to do in the face of such a strange situation.

además de
Esta tienda es, además de cara, mala.

besides; as well as; too
This store, besides being expensive, is bad.

en vez de
Déme un bolígrafo negro en vez de este azul.

instead of, in place of
Give me a black ballpoint pen instead of this blue one.

por una parte ...
por otra parte ...

on the one hand ...
on the other hand ...

en cuanto a
En cuanto a nuestra amistad no ha cambiado nada.

as for; as regards
As for our friendship, nothing has changed.

respecto, a
Respecto a su propuesta debo decirle que la acepto.

with respect to; with regard to
With regard to your proposal, I must tell you that I accept it.

según
Según el contrato no tenemos que pagar la reforma.

according to
According to the contract, we don't have to pay for the renovation.

23.9 Conjunctions

que
Deseamos que se mejoren.

that
We hope that you feel better.

pero
Quisiera acompañaros a la estación pero no tengo tiempo.

but
I would like to take you to the train station, but I don't have time.

y
Me han regalado un sombrero y un abrigo.

and
They gave me a hat and a coat.

e
Julia e Isidro se casaron hace cuatro años.

and (before an *i*)
Julia and Isidro got married four years ago.

o
¿Quieres vino tinto o blanco?

or
Would you like red or white wine?

u
Un día u otro llegará la carta.

or
Sooner or later the letter will come.

---

i **e – u**

Instead of **y** *(and)*, **e** is used when the following word begins with **i-** or **hi;** **u** replaces **o** *(or)* before words beginning with **o-** or **ho-**.

---

si
Si estás enfermo quédate en cama.
Carmen quiere saber si vienes a comer.
si no
Manda la carta por mensajero, si no, no llegará a tiempo.
sino
Ése no es Mariano sino su hermano mayor.

if, in case; whether
If you're ill, stay in bed.
Carmen wants to know whether you're coming to eat.
if not; otherwise
Send the letter by messenger, otherwise it will not arrive on time.
but; except; besides; only
That's not Mariano, but his older brother.

---

como si
Ponte cómodo, como si estuvieras en tu casa.
aunque

Aunque no tengo ganas, iré a tu casa.
Aunque sea tarde no podremos irnos a casa.

as if
Make yourself comfortable, as if you were at home.
(al)though; notwithstanding; even if
Although I don't want to, I'll go to your house.
Even if it's late, we won't be able to go home.

(en) caso (de) que
En caso de que no estemos en casa, llamen al vecino.
sin embargo
No hablé con el director, sin embargo pude hablar con la actriz.
sin que
Juana se fue sin que la oyéramos.

in case
in case we aren't at home, ring the neighbor's bell.
however; nevertheless
I didn't speak with the director; however, I was able to speak with the actress.
without
Juana left without our hearing her.

---

mientras (que)
Mi mujer madruga mientras que yo me levanto tarde.

while; whereas
My wife gets up early, whereas I rise late.

ni ... ni ...	neither ... nor
O sea que no te gusta ni la carne ni el pescado.	So, you like neither meat nor fish.

Subjunctive (VII)

Certain conjunctions (**para que, sin que, hasta que**) always require the *subjunctive*:

Escribe la carta **para que** llegue a tiempo.	*Write the letter, so that it will arrive in time.*
Rafael siempre viene **sin que** lo llamen.	*Rafael always comes without our seeing him.*
Voy a trabajar **hasta que** termine el informe.	*I'll work until I've finished the report.*

In the following statements of condition, the *subjunctive* is always used in the dependent clause:

No use la lavadora a **menos que** esté llena.	*Don't use the washing machine until it is full.*
Toma mi coche **siempre y cuando** vayas con cuidado.	*Take my car, provided you drive carefully.*
En caso (de) que venga Juan dile que le estoy esperando.	*In case Juan comes, tell him that I'm waiting for him.*
Por más que lo diga, no lo hace.	*However often he may say it, he doesn't do it.*
Por mucho que trabajes, no lo vas a conseguir.	*However much you work, you're not going to succeed.*

The following conjunctions can be used with the *indicative* or the *subjunctive*, with a resulting *difference in meaning*:

aunque	*although +* **indicative**	*even if +* **subjunctive**
cuando	*when(ever) +* **indicative**	*if/ as soon as +* **subjunctive**
mientras	*while +* **indicative**	*provided +* **subjunctive**

Latin American Spanish exhibits certain special characteristics in the areas of pronunciation, vocabulary, and grammar. This chapter presents a few of the most common Americanisms of Spanish-speaking America. The following list is organized in accordance with the themes and subject matter of the first 23 chapters. The *Americanisms* are listed in the first column, the *Spanish versions used on the Iberian Peninsula* in the second, and the *English equivalents* in the third.

Personal Information

la **cédula**	el documento de identidad	identification card

Looks and Activities

la **pera**	la barbilla	chin
catire *Ven*	rubio, a	blond
mono, a *Col*	rubio, a	blond
pararse	ponerse de pie	stand up
estar parado, a	estar de pie	stand
voltear	volver	return
apurarse	darse prisa	hurry
estar/andar apurado, a	tener prisa	be in a hurry
agarrar	coger	grasp, seize, take
botar	tirar, echar	throw (away)
jalar	tirar	pull
halar	tirar	pull
prender	encender	light; turn on (light)
la **peluquería**	la peluquería de señoras	(ladies') hairdresser's salon
la **barbería**	la peluquería de caballeros	barber shop

Health and Medicine

el **resfrío**	el resfriado	bad cold
las **lentes**	las gafas	(eye)glasses
la **tapadura**	el empaste	filling
el **cigarro**	el puro	cigar
el **fósforo**	la cerilla	match
estar alegrón	estar alegre	be tipsy

Mental Processes and States, Behavior

flojo, a	vago, a	lazy
enojarse	enfadarse	get angry, get annoyed
enojado, a	enfadado, a	angry, annoyed
o(b)stinado, a Ven	enfadado, a	angry, annoyed
fuerte	alto, a	loud

Shopping, Food and Drink, Clothing, Jewelry

tomar	beber	drink (alcoholic beverages)
el **durazno**	el melocotón	peach
la **banana**	el plátano	banana
el **damasco**	el albaricoque	apricot
la **frutilla**	la fresa	strawberry
el **ananás**	la piña	pineapple
la **arbeja/arveja**	el guisante	pea
los **frijoles**	las judías	beans
la **papa**	la patata	potato
la **manteca**	la mantequilla	butter
la **crema**	la nata	cream
el **salame**	el salchichón	salami
el **sándwich/ sanguche**	el bocadillo	sandwich
el **sartén**	la sartén	frying pan, skillet
la **cigarrería**	el estanco	tobacco shop
el marchante, la marchanta	el, la cliente	customer, client
el **changuito**	el carrito	shopping cart
la **vitrina/vidriera**	el escaparate	display window
el **terno**	el traje	suit

el **flus** *Ven*	el traje	suit
el **vestido**	el traje	suit
el **pulóver**	el suéter, el jersey	sweater
el **saco**	la chaqueta	jacket
el **piyama**	el pijama	pajamas
el **corpiño**	el sujetador	bra(ssiere)
el **cierre zipper/**	la cremallera	zipper
relámpago		
el **taco**	el tacón	heel
angosto, a	estrecho, a	tight, narrow
lindo, a	bonito, a	pretty

Living Arrangements

el **departamento**	el piso	apartment
la **pieza**	la habitación	room
cambiarse	mudarse de casa	move
la **heladera**	el frigorífico, la nevera	refrigerator
el **botón**	el interruptor	switch
la **ampolleta**, el **foco**	la bombilla	light bulb
la **baranda**	la barandilla	railing, banister
el **concreto**	el cemento	cement
el **balde**	el cubo	pail, bucket
el **bidón de basura**	el cubo de basura	garbage pail
tapado, a	atascado, a	stopped up
la **cobija/frazada**	la manta	wool blanket

Private Life, Social Relations

¡**Nos vemos!**	¡Hasta luego!	So long!, See you later!
cómo no	por supuesto	of course, naturally
chévere	formidable	great

Education, School, University

el **liceo**	el instituto	high school, secondary school
la **prueba**	el examen	test, exam
aplazar	suspender	fail
quedar aplazado, a	quedar suspendido, a	flunk out

Occupations and the Job World

la **piola** *Arg*	la cuerda	cord, rope, string
el **plomero**,	el fontanero,	plumber
la **plomera**	la fontanera	
el **chofer**	el chófer	driver, chauffeur

Leisure Time, Recreation, Sports, and Games

| el **boleto** | la entrada | ticket (of admission) |
| la **cancha** | el campo (deportivo) | playing field |

Travel and Tourism

el **pasaje**	el viaje	trip
la **estadía**	la estancia	stay
la **valija**	la maleta	suitcase
la **visa**	el visado	visa
la **carpa**	la tienda de campaña	tent

Business and the Economy

el **patrón**	el jefe, la jefa	boss
la **mercadería**	la mercancía	merchandise, goods
el **contador**,	el, la contable	bookkeeper,
la **contadora**		accountant
la **plata**	el dinero	money
el **sencillo**	el dinero suelto	loose change
en concreto	al contado, en efectivo	in cash

Communications and Mass Media

el **directorio de**	la guía telefónica	telephone directory
teléfonos		
las **cartas detenidas**	la lista de correos	General Delivery
la **carta registrada**	la carta certificada	registered letter
la **estampilla**	el sello	stamp
el **celular**	el móvil	cell phone
el **radio**	la radio	radio

el **altoparlante**	el altavoz	loudspeaker
el **aviso**	el anuncio	classified ad
el **noticioso informativo**	las noticias	news

Traffic, Means of Transportation

el **tránsito**	el tráfico	traffic
la **vereda**	la acera	sidewalk
andar en bicicleta	ir en bicicleta	ride a bicycle
el **carro**	el coche, el auto	car
dañado, a	estropeado, a	damaged, defective
el **baúl**	el maletero	trunk
la **chapa**	la matrícula	license plate
manejar	conducir	drive (a car)
enceguecer	cegar	blind
doblar	torcer, girar	turn
parquear	aparcar	park
la **playa**	el estacionamiento	parking lot
la **bomba**	la gasolinera	gas station
el **bus**	el autobús	bus
el **coche-dormitorio**	el coche-cama	sleeping car
el **vagón-restaurante**	el coche-restaurante	dining car
el **compartimiento**	el compartimento	compartment
la **combinación**	el enlace	connection
la **boletería**	la ventanilla	ticket window
el **boleto**	el billete	ticket
el **ferry-boat**	el transbordador	ferry
demorar(se)	retrasarse	be late

Nature, the Environment, Ecology

la **grama**	el césped	lawn
el **palo**	el árbol	tree
la **mata**	el matorral	bush; thicket

Time and Space

el **día feriado**	el día festivo	holiday
ahorita	ahora	now
recién	recientemente	recently
a la mañana	por la mañana	in the morning

a la tarde	por la tarde	in the afternoon
a. m.	de la mañana	A.M., before noon
(antes de las 12)		
p. m.	de la tarde	P.M., after noon
(después de las 12)		
a la noche	por la noche	at night
acá	aquí	here
allá	allí	there

Quantities, Numbers, Measures

liviano, a	ligero, a	light

General Concepts

malograrse	romperse, estropearse	break; get out of order; get damaged

Additional Tips and Information

 Pronunciation

Words that end in a *vowel, -n,* or *-s* are stressed on the *next-to-last syllable.* Words that end in a *consonant* (other than *-n* or *-s*) are stressed on the *last syllable.* If the pronunciation deviates from those rules, the words contain an *accent mark* on the stressed syllable.

Note: The stress in a word is constant. Therefore, if personal pronouns, for example, are attached to a verb, an accent mark must be added.

Redistribution of sound: When a word ends in a consonant and the following word begins with a vowel (or vice versa), the sounds are not kept distinct, but are *joined.* Example:

Isabel y Amparo son estupendas.   *Isabel and Amparo are wonderful.*

If a word ends in *the same vowel* with which the following word begins, the *vowel* is *sounded only once.* That also applies when the following word begins with **h** and the same vowel. Examples:
la arena [larena]; **la hamaca** [lamaka].

Articles

If a word that is *feminine in gender* begins with a stressed **a**, the *masculine* definite article is used in the singular. Examples:
el agua limpia, el águila blanca, el alma pura.

But:
las aguas limpias, las águilas blancas, las almas puras.

In some *turns of speech, the meaning* changes when the indefinite article is used in place of the definite article:

Tengo **la mosca** detrás de la oreja.   *It seems suspicious to me.*
Tengo **una mosca** detrás de la oreja.   *I have a fly behind my ear.*

The meaning also changes when, instead of the definite article, no article is used:

Está **en cama.**   *He/She is sick in bed.*
Está **en la cama.**   *He/She is in bed.*
La aspirina quita **dolores.**   *Aspirin alleviates some pains.*
La aspirina quita **los dolores.**   *Aspirin alleviates pain.*

For *titles, occupations,* and *institutions,* the definite article is commonly used:
la señora Sánchez – *Mrs. Sánchez;* **el doctor Martí** – *Dr. Martí.*

Adjectives

As a rule, adjectives follow nouns. When adjectives precede nouns, the meaning of the noun is intensified or changed. Example:

una información **cierta**	*true information*
una **cierta** información	*certain information*

Frequently an expression is repeated to lend more emphasis to a statement. This applies not only to adjectives:

Lucía es **rubia, rubia.**	*Lucía is blond, very blond.*
¡Pase, pase!	*Come on in!*

This duplication is used also in turns of speech:

¡Vaya, vaya!	*Well, well!*
¡Venga, venga!	*You don't say!*

 Verbs

In the present indicative, the first person singular always ends in -o, with the exception of these verbs: **ir (voy), dar (doy), ser (soy), estar (estoy), saber (sé),** and **haber (hé).**

Index of All Spanish Key Words

All Americanisms are in *italics*.

A

a 364
a, al 309, 326
a causa de 350
a cuadros 115
¿a cuántos? 307
a finales de 308
a la derecha 323
a la izquierda 323
a la mañana 373
a la noche 374
a la plancha 103
a la tarde 374
a la vez 317
a lo sumo 337
a. m. 374
a mediados de 308
a menudo 318
a partir de 307
a pesar de 366
a plazos 249
a primeros de 308
a principios de 308
a propósito 83
a que ... 349
¿a qué? 349
a tiempo 316
a través de 321
a veces 315
a ver 84
abajo 119
abandonado, a 73
abandonar 70
abandono 75
abeja 299
abierto, a 91
abogado, abogada 225
abogado, abogada 174
abonar 248
abono 239

aborto 28
abrazar 138
abrazo 138
abrebotellas 131
abrelatas 131
abrigo 110
abril 308
abrir 36
abstracto, a 204
absurdo, a 156
abuelo, abuela 135
abuelos 135
aburrido, a 67
aburrirse 58
abusar 70
abusar 75
abuso 75
acá 322
acá 374
acabar 314
acabar de 313
acabarse 318
academia 164
académico, académica 165
acampar 199
acariciar 33
acceso 265
accesorios 116
accidente 270
acción 33
acción 250
accionista 250
aceite 100
aceituna 107
acelerar 272
acento 86
aceptar 80
acera 272
acercar 321
acero 290

aclarar 87
acogedor, a 129
acompañar 148
aconsejar 88
acontecer 317
acontecimiento 318
acordar 221
acordarse 65
acortar 113
acoso sexual 29
acostarse 35
acostumbrarse 68
actitud 73
actividad 33
activo, a 68
acto 189, 209
actor secundario 208
actor, actriz 188
actual 316
actualidad 316
actualización 264
actuar 188
acuarela 203
acueducto 200
acuerdo 231
acuerdo 224
acusado, acusada 225
acusar 225
adelantar 270
¡Adelante! 138
adelante 326
adelgazar 40
además de 366
¡Adiós! 138
administración 219
administrador,
    administradora 125
administrar 219
administrativo, a 220
admisión 162
¿adónde? 325

Index

adonde 326
aduana 195
aduanero, aduanera 195
adulto, adulta 30
aéreo, a 275
aeropuerto 275
afectuoso, a 59
afeitarse 42
afición 181
aficionado, aficionada 181
afirmación 62
afirmar 62
África 17
africano, a 17
afueras 302
agacharse 37
agarrar 369
agencia 245
agencia de viajes 194
agenda 171
agente 173
agente (de policía) 227
agitar 37
agosto 308
agotado, a 261
agradable 150
agradecer 147
agravarse 352
agresión 234
agresivo, a 72
agresor 234
agrícola 237
agricultor, agricultora 237
agricultura 237
agricultura biológica 305
agridulce 33
agrio, a 33
agroturismo 196
agua 302
agua mineral 96
aguarrás 124
águila 295
aguja 113
agujero 324
ahí 322
¡Ahí va! 63
ahogarse 30

ahora 314
ahora mismo 314
ahorita 373
ahorrador(a) 250
ahorrar 248
aire 302
aislado, a 146
ajedrez 182
ajo 107
al habla 257
al lado (de) 322
al menos 337
al principio 317
ala 295
alabar 153
alambre 291
alarma 128
Albania 19
albañil 122
albano, a 19
albaricoque 101
albergue juvenil 198
albornoz 111
alcachofa 107
alcaldable 224
alcalde, alcaldesa 222
alcázar 200
alcohol 53
alcohólico, alcohólica 54
alcornoque 294
aldea 302
alegrar 57
alegrar 59
alegrarse 57
alegre 67
estar alegre 54
alegría 57
alejarse 321
Alemán 162
alemán, alemana 14
Alemania 14
alfiler 113
alfombra 129
algo 336
algodón 113
alguien 362
algún, alguno, alguna; algunos, algunas 362
alhelí 295

alicates 169
alimentarse 97
alimento 97
allá 322
allá 374
allí 322
alma 213
almacenar 263
(grandes) almacenes 92
almendro 293
almohada 130
almorzar 94
almuerzo 95
alojamiento 198
alojar 198
alojarse 198
alquilar 124
alquiler 125
alquiler de automóviles 271
alrededor de 324
alrededores 300
altavoz 259
alternativa 354
alto, a 39, 78, 320
altoparlante 373
altura 320
aluminio 291
alumno, alumna 161
ama de casa, amo de casa 131
amabilidad 67
amable 67
amanecer 312
amante 142
amar 28
amargo, a 33
amarillo, a 329
ambicioso, a 72
ambos, as 337
ambulancia 46
(vendedor) ambulante, (vendedora) ambulante 173
ambulatorio 47
amenaza 75
amenazar 68
amenazar 227
americana 110

americano, a 15
amigo, amiga 142
amistad 142
amor 57
ampolleta 371
amueblado, a 129
amueblar 129
analfabetismo 160
análisis de sangre 51
analizar 65
ananás 370
ancho 320
ancho, a 93
anciano, anciana 30
ancla 277
¡Anda! 62
Andalucía 230
andaluz(a) 230
andar 34
andar apurado, a 369
andar en bicicleta 373
andén 274
andino, a 282
anestesia 47
ángel 213
angosto, a 371
angustia 61
anillo 115
animado, a 181
animal 295
aniversario 190
año 308
Año Nuevo 191
anoche 311
anorak 111
anorexia 52
ante 114, 366
anteayer 312
antena 260
anterior 317
antes 313
antes (de) que 317
antes de (Jesucristo)
   Cristo (a.c.) 309
anticiclón 288
antiguo, a 127
antipatía 155
antipático, a 151
antivirus 266

anual 309
anular 196
anunciar 79
anuncio 260
apagar 36
aparador 129
aparato 169
aparcamiento 273
aparcar 271
apartado (postal) 256
apartamento 126
apartarse 321
aparte 325
aparte de 337
apasionarse 60
apellido 12
apenas 319, 346
apéndice 26
apendicitis 52
aperitivo 108
apetito 97
aplaudir 188
aplauso 190
aplazar 371
aplicar 39
apostar 183
apóstol 215
apoyarse 37
apreciable 153
apreciado, a 58
apreciar 150
aprender 160
aprendiz, aprendiza
   172
aprendizaje 174
apretar 37
aprobación 88
aprobar 163
aprobar 88
aprovechar 74
aprovecharse 70
aproximado, a 348
apuesta 183
apuntar 166
apuntes 166
apurarse 369
aquel, aquella, aquello,
   aquellos, aquellas;
   aquél, aquélla,

aquéllos, aquéllas 360
aquello 360
aquí 322
árabe 17
Aragón 230
aragonés, aragonesa 230
araña 297
arbeja 370
arbitrario, a 156
árbitro 186
árbol 292
archivador 171
archivo 263
archivo 171
arcilla 290
arco 123
arder 290
área de servicio 197
arena 119
Argentina 17
argentino, a 17
argumento 208
aristocracia 212
arma 234
armado, a 229
armamento 234
armario 127
arpa 206
Arqueología 166
arqueológico, a 212
arquitecto, arquitecta
   119
arquitectura 122
arrancar 269
arrecife 284
arreglar 131, 240
arriba 119
arroba 266
arrogante 72
arroyo 283
arroz 100
arruga 40
arte 202
arteria 27
artesanal 241
artesanía 241
artesano, artesana 241
artículo 240, 261
artificial 115

Index

artista 202
arveja 370
arzobispo 215
asado 104
asaltar 71
asalto 71
asar 103
asar a la parrilla 103
ascensor 119
ascensor 198
asear 131
asegurar 83
aseo personal 42
asesinar 75
asesinato 75
asesino, asesina 75
asesor fiscal, asesora fiscal
  251
¡Así es! 83
así 346
Asia 17
asiático, a 17
asiento 274
asignatura 162
asistente 174
asistir 164
asno, asna 298
asociación 243
aspecto 45
aspirador, aspiradora 132
aspirina 47
astronauta 280
astronomía 280
asturiano, a 230
Asturias 230
astuto, a 85
asunto 79
asustarse 60
atacar 233
ataque 233
ataque 49
atar 38
atascado, a 132
atasco 271
atención 69
atención 72
atender 92
atentado 76
atentamente 140

atento, a 72
ateo, a 215
aterrizar 275
ático 122
atlántico, a 284
atleta 184
atletismo 186
atmósfera 280
atmosférico, a 280
atracador, atracadora
  226
atracador, atracadora 75
atracción 60
atractivo, a 40
atraer 60
atrás 323
atrasado, a 312
atrasarse 312
atravesar 270
atreverse 85
atropellar 269
atún 99
aula 165
aullar 297
aumentar 351
aumento 354
aún 316
aunque 367
Australia 18
Austria 14
austríaco, a 15
auténtico, a 114
auto(móvil) 269
autobús 273
auto-escuela 271
automático 273
automático, a 177
automóvil no
  contaminante 305
automovilista 271
autonomía 230
autónomo, a 230
autopista 270
autor, autora 207
autoridades 220
autorizar 220
autorretrato 203
autoservicio 93
autostop 197

autotrén 276
autovía 270
auxiliar de vuelo 275
avanzar 234
avaro, a 72
AVE 276
ave 298
avellana 105
avena 293
avenida 270
aventura 197
avería 272
aviación 233
aviación 277
avión 275
avisar 79
aviso 87
aviso 373
avispa 299
¡Ay! 50
ayer 311
ayuda 148
ayudar 148
ayuntamiento 300
azafata 275
azafrán 105
azteca 21
azúcar 100
azufre 291
azul 329
azulejo 123

babor 277
bachillerato 162
bailaor, bailaora 205
bailar 180
bailarín, bailarina 205
baile 180
bajar 119, 352
bajar 265
bajo, a 39, 78, 319
balboa 252
balcón 120
balde 371
balear 230
Baleares 230
balón 185

baloncesto 187
balonmano 187
balonvolea 187
bañador 110
banana 370
banano 293
bañarse 41
banco 247
banco de datos 265
banda (de música) 204
bandeja 108
bandera 230
banderilla 191
bañera 128
baño 127
bar 107
baranda 371
barandilla 122
barato, a 91
barba 41
barbería 369
barbilla 25
barca 277
barco 275
barman 108
barra 108
barrer 131
barriada de chabolas 302
barriga 26
barril 342
barrio 299
barroco, a 203
basarse 222
base 234
¡Basta! 61
bastante 334
bastar 336
bastón 116
basura 131, 303
basurero 303
batería 169
batería 206
batidora 132
batir 103
baúl 373
bautizar 215
bautizo 215
bayeta 132
bebé 29

beber 95
bebida 96
bebido, a 54
beca 166
beis 330
belga 20
Bélgica 20
Bellas Artes 166
belleza 40
bello, a 33
beneficio 247
besarse 28
beso 28
bestia 298
betún 113
Biblia 213
biblioteca 164, 300
bibliotecario, bibliotecaria 175
bicho 298
bicicleta 268
bicicleta con motor 268
bidón de basura 371
bidón de gasolina 272
Bielorrusia 18
bielorruso, a 18
bien 150
bigote 41
billete 247, 274
biodegradable 305
Biología 162
biopesticida 305
bioquímica 305
biotopo 304
bistec 99
bit 264
blanco, a 40, 329
blando, a 31
bloc 171
blusa 109
boca 24
bocadillo 102
bocata 142
bochorno 285
boda 136
bodega 93
boina 111
bola 331
boletería 373

boletín 220
boleto 372, 373
bolígrafo, boli 171
bolívar 252
Bolivia 17
boliviano, a 17
bolsa 250
bolsillo 116
bolso 116
bomba 228
bomba 373
bomba antipersonas 229
bombero 303
bombilla 121
bombón 105
bondad 71
bonito, a 93
bonobús 274
bonometro 275
a bordo 275
borracho, a 54
borrar 263
borrar 171
Bosnia 19
bosnio, a 19
bosque 281
bostezar 37
bota 110
botar 369
bote 93
bote salvavidas 278
botella 92
botón 112
botón 371
boxeador, boxeadora 187
boxear 184
braga, bragas 111
brandy 98
Brasil 21
brasileño, a 21
bravo, a 297
brazo 24
breve 317
brillante 116
brillar 280
brillo 330
británico, a 20
brocha 42
brocha 124

Index

broche 115
broma 180
bronce 291
brújula 277
bruto, a 68
bucear 186
budista 214
¡Buenas noches! 138
¡Buenas tardes! 138
bueno, a 66
bueno, a; buen 150
¡Buenos días! 138
buey 298
bufanda 111
bujía 269
Bulgaria 19
búlgaro, a 19
bulimia 52
burlar 70
burlarse 70
burocracia 220
burro, burra 296
bus 373
buscador 265
buscar 38
butaca 127
butaca 190
butano 291
buzón 254

C

caballo 296
caballo 55
caber 94
cabeza 24
cabina telefónica 255
cable 124
cabo 284
cabra 296
cacao 293
cactus 293
cada 363
cada uno, cada una 363
cada vez 315
cadáver 31
cadena 115
cadena 259
cadera 26

caderas 26
caer 352
caer desmayado, a 50
caerse 35
café 96
cafetería 108
caída 37
caja 91, 92
caja de ahorros 247
caja fuerte 248
caja tonta 142
cajero automático 248
cajero, cajera 248
cajón 129
cala 283
calamar 104
calcetín 110
calculadora 170
calcular 250
caldo 104
calefacción 129
calendario 309
calentar 102
calidad 109
cálido, a 285
caliente 31, 102
callado, a 72
callarse 87
calle 13, 270
callejón 302
calma 73, 288
calmante 50
calmar 50
calor 31, 285
calvo, a 41
calzado 94
calzar 94
calzoncillo 111
cama 127
cámara (fotográfica) 181
camarero, camarera 107
cambiar 247, 351
cambiar(se) 352
cambiarse 109
cambiarse 371
cambio 249
camello 55
caminar 38

camino 301
camión 269
camisa 109
camiseta 111
camisón 111
campaña 223
campañas electorales 222
campeón, campeona 185
campeonato 185
campesino, campesina 237
camping 199
campo 237, 281
campo 177
campo (deportivo) 186
caña 98
caña de azúcar 293
caña de bambú 290
Canadá 15
canal 301
Canarias 230
canario, a 230
cancelar 250
cáncer 49
cancha 372
canción 204
candidato, candidata 222
canguro 131
cañón 235
cansado, a 35
cansancio 38
cansar 38
cansarse 38
Cantabria 230
cántabro, a 230
cantante 204
cantar 204, 295
cantidad 247, 336
canto 206
capacidad 85
capaz de 76
capilla 216
capital 299
capitalismo 221
capitalista 222
capítulo 209

capote 191
cara 24
carabela 213
caracol 298
carácter 66
característica 71
característico, a 71
carajillo 98
¡Caramba! 63
caramelo 100
caravana 199
carbón 290
cárcel 226
carga 247
cargar 265, 338
cargo 177
cariño 58, 139
cariñoso, a 67
carnaval 191
carne 99
carne picada 103
carnet de conducir 271
carnicería 92
carnicero, carnicera 173
caro, a 91
carpa 372
carpeta 171
carpintería 123
carpintero 123
carrera 164
carrera 186
carrete 183
carretera 270
carrito 93
carro 373
carta 107, 181, 254
carta registrada 372
cartas detenidas 372
cartel 203
cartera 116
cartero, cartera 255
cartilla de ahorro 250
cartón 290
cartucho de tinta 171
casa 119
casa de socorro 48
casado, a 13
casarse 135
cáscara 294

casco 268
casete 205
casetero 205
casi 345
casino 182
(en) caso (de) que 367
caso 79
castaño, a 40
castañuelas 206
castellano, a 15, 230
castigar 225
castigo 226
Castilla 230
castillo 200
casualidad 350
catalán, catalana 230
Cataluña; Catalunya 230
catástrofe (natural) 304
cátedra 165
catedral 199
catedrático, catedrática 165
catire 369
catolicismo 215
católico, a 215
católico, católica 215
catorce 339
caucho 290
caudillo 223
causa 348
causar 348
cava 98
caza 187
cazador, cazadora 187
cazar 187
cazuela 132
CD 204
cebada 293
cebolla 107
cédula 369
cegar 272
ceja 25
celebrar 190
célebre 208
celo 171
celular 372
cementerio 300
cemento 119
cena 95

cenar 95
cenicero 54
ceniza 54
censo electoral 223
centeno 293
centímetro 341
central 300
central 324
centralismo 223
céntrico, a 324
centro 199
centro comercial 302
cepillarse 42
cepillo 42
cepillo de dientes 42
cera 290
cerámica 242
cerca (de) 321
cercano, a 145
cercano, a (a) 321
cerdo, cerda 296
cereales 293
cerebro 25
cereza 101
cerilla 53
cero 338
cerrado, a 91
cerradura 128
cerrar 36
certificado 161
certificado, a 254
cerveza 96
césped 294
cesta 93
chabola 121
chachipiruli 141
chalé, chalet 121
champú 42
changuito 370
chantaje 76
chapa 291
chapa 373
chaqueta 110
charla 86
charlar 78
chat 266
chatear 266
chaval, chavala 140
cheque 248

Index

cheque de viaje 250
chévere 371
chico, chica 27
Chile 17
chileno, a 17
chillar 87
chimenea 121
China 18
chino, a 18
chipre 19
chipriota 19
chiste 180
chocar 270
chocolate 96
chocolate 54
chofer 372
chófer 174
cholar 141
chollo 141
chorizo 103
chorra 142
chubasco 288
chuleta 103
chulo 146
chungo, a 142
chupa 141
chupar 37
churro 106
chutarse 54
cicatriz 50
ciclismo 187
ciclista 268
ciclista 187
ciclón 287, 288
ciego, a 49
ciego, ciega 49
cielo 139, 286
¡Cielos! 63
cien, ciento 340
ciencia 164
ciencias 162
científico, a 160
**ciento uno, ciento un,
   ciento una** 340
cierre 126
cierre zipper/relámpago
   371
cierto, a 83, 363
ciervo, cierva 299

cifra 340
cigala 104
cigarrería 370
cigarrillo 53
cigarro 53
cigarro 370
cigüeña 298
cilindro 332
cincel 169
cinco 339
cincuenta 339
cine 188
cinta 205
cinta 171
cinta adhesiva 171
cinta continua 177
cinturón 116
cinturón de seguridad
   270
circo 182
circulación 271
circular 268
círculo 330
circunstancia 353
ciruela 101
cirugía 47
cirujano, a 47
cirujano, cirujana 174
cisne 298
cita 143
cita 209
citarse 145
ciudad 299
ciudad de origen 14
ciudadano, ciudadana
   300
civil 219
civilización 211
clandestino, a 71
claro 81
claro 288
claro, a 329
clase 161
clasico, a 205
clavel 295
clavo 120, 169
claxon 272
cliente 92
clima 285

clínica 47
clonar 43, 47
cloro 291
club 145
cobarde 73
cobija/frazada 371
cobrar 248
cobre 291
cobro 248
cocaína 55
cocer 103
coche 269
coche-cama 277
coche-dormitorio 373
coche-litera 276
coche-restaurante 276
cocido 103
cocina 126
cocinar 101
cocinero, cocinera 173
coco 293
cocodrilo 297
código postal 255
codo 26
coger 35
cohete 235
coincidir 316
cojo, a 52
col 107
cola 188, 296
cola 169
colaboración 246
colchón 130
colección 181
coleccionar 181
coleccionista 183
colectivo, a 143
colega 143
colegio 160
colgar 39, 257
colgar la ropa 112
coliflor 107
colina 282
collar 115
colocar 39
colocarse 55
Colombia 16
colombiano, a 16
colón 251

colonia 213
colonización 213
colonizar 212
color 329
color naranja 330
colorado, a 40
columna 123
comadrona 30
comandante 275
combatir 229
combinación 373
combustible 290
comedia 207
comedia 189
comedor 126
comedor universitario 166
comentar 79
comentario 79
comenzar 314
comer 94
comer 297
comercial 244
comerciante 246
comerciar 246
comercio 244
comer(se) 97
comestible 293
cometer 71
cómic 261
cómico, a 189
comida 95
comienzo 208
comisaría 226
comisario, comisaria 227
comisión 219, 245
comité 231
¿cómo? 346
como 344, 349
cómo no 371
como si 367
cómoda 129
cómodo, a 127
compact disc 204
compañero, compañera 142
compañía 242
compañía 145
compañía (de teatro) 189
comparable 344

comparación 66
comparar 66
compartimento 276
compartimento del motor 272
compartimiento 373
compás 171
compatible 264
competencia 76
competencia 246
competente 85
competición 185
competir 246
completar 338
completo, a 198
complicado, a 52
componer 205
comportamiento 68
comportarse 68
composición 205
compositor, compositora 205
compra 244
compra 93
comprar 91
comprender 64
comprensivo, a 77
compresa higiénica 43
comprimido 50
comprobar 272
computadora 170, 262
común 143
comunicación 257
comunicar 87
comunidad 229
comunidad 145
Comunidad Autónoma 229
comunión 215
comunismo 221
comunista 222
con 364
con él 257
con mucho gusto 148
concejal, concejala 222
concepto 152
concha 299
conciencia 214
concierto 204

conclusión 152
concreto 371
concurso 183
conde, condesa 212
condenar 225
condición 244
condón 28
conducir 268, 349
conducta 73
conductor suicida, conductora suicida 271
conductor, conductora 268
conectar 265
conejo, coneja 296
conexión 265
confesar 225
confesarse 216
confesión 216
confiado, a 73
confianza 59
confiar 59
confirmación 63, 216
confirmar 83
conflicto 155
conforme 88
confort 198
confundir 74
confundirse 66
confuso, a 156
congelador 130
congelar 130
Congreso 218
conjunto 205
conmigo 357
conocer 138
conocido, conocida 143
conocimiento 172
conquista 211
conquistador 213
conquistar 211
consciente 45
consecuencia 350
conseguir 69
consejo 88
conserva 93
conservador(a) 223
conservar 303
considerado, a 77

considerar 147
consigo 359
consistir 89
consolar 80
consolarse 80
constante 288
Constitución 219
constitucional 219
construcción 122
construir 119
consuelo 88
cónsul, consulesa 232
consulado 232
consulta 46
consultar 88
consultorio 46
consumidor, consumidora
247
consumir 241
consumo 247
contabilidad 243
contable 243
contacto 145
contador, contadora 372
contagiarse 51
contagio 51
contaminación 303
contaminado 303
contaminante 303
contaminar 303
contar 160
contar con 148
contemplar 196
contemporáneo, a 203
contenedor de basura
303
contenedor de papel
303
contenedor de vidrio 303
contener 337
contenido 337
contento, a 57
contestador automático
255
contestar 88
contigo 357
continuación 318
continuar 314
continuo, a 315

contra 326
contra reembolso 256
contrabajo 206
contrabando 71
contradecir 89
contrario 62
contraseña 265
contrato 245
control 195
controlar 195
convencer 77
convencido, a 77
conveniente 147
convento 216
conversación 78
conversar 86
convertirse 353
conviene 62
cooperación 232
cooperar 232
cooperativa 237
copa 96
copia 170
copia 183
copia de seguridad 265
copia pirata 265
copiar 170, 263
corazón 25
corbata 111
corcho 124
cordero 296
cordial 59
cordialmente 139
cordillera 281
córdoba 251
cordón 113
coro 206
Corona 218
corpiño 371
corporal 24
correa (del perro) 296
correcto, a 68
corredor, corredora 125
corregir 163
correo 254
correo aéreo 256
correo electrónico 263
Correos 254
correr 34, 184

correspondencia 276
corresponder 152
corresponsal 259
corrida de toros 191
corrida de toros 182
corriente 149, 284
corrupción 224
cortado 96
cortar 101, 271
cortarse 48
corte de pelo 43
Cortes 218
cortés 153
corteza 294
cortina 128
corto, a 93
cortocircuito 124
cosa 289
cosecha 239
cosechar 238
coser 112
cósmico, a 280
costa 283
Costa Rica 21
costar 92
costarricense 21
coste 247
costumbre 68, 190
cotidiano, a 312
coto de caza 187
creación 216
creador, creadora 216
crear 69
crecer 30
crédito 249
crédito 166
creer 64, 146, 213
crema 42
crema 370
cremallera 113
crepúsculo 287
creyente 216
cría 297
criado, criada 131
criar 238
crimen 70
crisis 245
cristal 289
cristianismo 215

cristiano, a 214, 215
cristiano, cristiana 214, 215
Cristo 215
criterio 152
crítica 207
criticar 147
crítico, a 147
crítico, crítica 202
Croacia 19
croata 19
crónica 261
cruce 270
crucifijo 216
crucigrama 182
crudo, a 104
cruel 68
cruz 331
cruz 216
cruzar 270
cruzar la vista 53
cuaderno 163
cuadrado 331
cuadrado, a 331
cuadrilátero 331
cuadro 202
¿cuál?, ¿cuáles? 361
cualquier, cualquiera 363
¿cuándo? 313
cuando 313
¿cuánto tiempo? 312
¿cuánto? 91, 361
¿Cuántos años tienes? 12
¿cuántos, as? 361
cuarenta 339
cuarto, a 341
cuarto 310, 342
cuarto de hora 310
cuatro 338
cuatrocientos, as 340
Cuba 21
cubano, a 21
cubata 142
cubierta 277
cubierto 95
cubierto, a 286
cubismo 204

cubista 204
cubo 132, 332
cubo de la basura 132
cubrir 39
cuchara 95
cucharilla 95
cuchilla de afeitar 42
cuchillo 95
cuello 26, 94
cuenta 108, 248
cuenta corriente 250
cuento 207
cuerda 170
cuerno 296
cuero 114
cuerpo 24
cuesta 282
cuestión 88
cueva 282
¡Cuidado! 82
cuidadoso, a 72
cuidar 154
cólera 52
culo 27
culpa 149
culpable 225
cultivar 237
cultivo 237
culto, a 84
cultura 207
cultural 207
cumpleaños 29, 190
cumplir 148
cuna 130
cuñado, cuñada 137
cúpula 123
cura 214
curar 48
curiosidad 67
curioso, a 67
currar 140
curro 140
curso 163
curva 270
cuyo, cuya, cuyos, cuyas 362

D

dado 183
damasco 370
dañado, a 373
dañar 50
danés, danesa 20
daño 303
danza 182
dar 35
dar clase 161
dar de comer 297
dar la bienvenida 138
dar las gracias 148
darse cuenta 64
darse prisa 35
dato 87
datos de salida 264
de 326, 364
de ... a 310
de antemano 316
de colores 115
¿De dónde es usted? 12
de esta forma 348
de (tal) forma que 347
de manera que 347
de ninguna manera 345
de nuevo 318
de otra forma 347
de parte de 139
de pronto 317
de repente 314
de todos modos 83
de vez en cuando 315
debajo de 323
deber 82, 148, 346
deber 154
debido a 350
débil 45
decepcionar 59
decidido, a 77
decidir 64
decidirse 77
décimo, a 341
decimotercer;
    decimotercero, a 341
decir 77
decisión 85

Index

declaración 87
declarar 195
declarar 87
decoración 129
dedicarse 13, 172
dedo 25
defecto 70
defender 233
defenderse 233
defensa 233
Defensor del Pueblo 225
dejar 36, 82
dejar de 314
dejarse 42
delante (de) 323
delegación 231
delegado, delegada 231
delegar 220
deletrear 198
delfín 297
delgado, a 39
delicado, a 114
delincuente 75
delito 75
demanda 245
**lo demás; los demás, las
demás** 363
demasiado 334
demasiado, a 93, 334
demasié 142
democracia 218
demócrata 222
democrático, a 222
demorar(se) 373
demostrar 69
dentista 46, 173
dentro de 310
denuncia 226
denunciar 226
departamento 242
departamento 220
departamento 371
dependencia 232
depender 350
**dependiente,
dependienta** 173
deporte 184
deportista 183
deportivo, a 183

depositar 250, 324
depósito 272
deprisa 319
depuradora (de aguas)
305
derecha 221
derecho 268
Derecho 166
derecho, a 323
desagradable 155
desaparecer 304
desarme 234
desarrollar(se) 241
desarrollo 241
desayunar 94
desayuno 94
descafeinado, a 97
descalzo, a 111
descansar 37
descanso 190
descargar 247
descolgar 257
desconfiar 59
desconocimiento 163
describir 79
descubridor 212
descubrimiento 212
descubrir 212
descuento 249
desde 310, 326
desde ... hasta 310
desde hace 315
desde luego 83
desde que 315
desear 83, 92
desembarcar 276
desembocar 283
deseo 62
desesperado, a 61
desgracia 156
desgraciadamente 80
desierto 281
desigualdad 146
desilusionado, a 61
desilusionarse 61
desmayarse 50
desnudarse 109
desorden 133
desordenado, a 73

despacho 128
despacio 319
despedida 139
despedir 176
despedirse 139
despegar 275
despejado, a 286
despejarse 288
despensa 128
despertador 130
despertar 37
despertarse 37
despido 176
despierto, a 35
despistado, a 73
despreciar 156
después 314
después (de) que 318
después de (Jesucristo)
Cristo (d.C.) 309
destinatario 256
destino 277
destornillador 120, 169
destrucción 235
destrucción del medio
ambiente 304
destruir 234
desventaja 155
desviación 273
detalle 87
detective 174
detener 226
detergente 112
deterioro ambiental 304
detrás 324
detrás (de) 324
deuda 249
deudor, deudora 250
día 310
día feriado 373
día festivo 307
día laborable 307
diabetes 52
diablo 214
diálogo 208
diamante 115
diapositiva 183
diario 260
diario, a 310

diarrea 52
dibujante 203
dibujar 202
dibujo 162
diccinario (de bolsillo)
162
diccionario 261
diciembre 308
dictado 163
dictador 218
dictadura 218
dictar 163
didáctico, a 160
diecinueve 339
dieciocho 339
dieciséis 339
diecisiete 339
diente 24
diez 339
diferencia 344
diferente 344
difícil 164
dificultad 156
¡Diga! 256
¡Dígame! 256
digerir 26
digestión 26
digital 264
Dinamarca 20
dinámico, a 76
dinero 247
Dios 213
dios, diosa 216
diplomático, a 76, 231
diputación 219
diputado, diputada 218
dirección 12, 242, 255,
256, 325
directo, a 277
director de orquesta,
directora de orquesta
205
director, directora 165
director, directora 189
directorio de teléfonos 372
dirigir 242
dirigirse 148
disciplina 185
discípulo 215

disco 205
disco duro 264
discoteca 180
discriminar 146
disculpa 88
disculpar 80
disculparse 80
discurso 86
discusión 86
discutir 86
diseñar 203
diseño 203
disfrutar (de) 196
disgusto 61
disminuir 354
disparar 228
disponer 157
disquete 262
disquete de arranque
264
disquetera 262
distancia 321
distinguido, a 139
distinguir 344
distinto, a 344
distracción 180
distraerse 181
distraído, a 85
diversión 180
divertido, a 67, 180
divertirse 180
dividir 336
divisas 251
divorciado, a 13
divorciarse 136
divorcio 136
doblar 373
doble 198, 336
doce 339
docena 339
doctor, doctora 166
doctorado 166
doctorarse 166
documentación del coche
271
documental 259
**documento de
identidad** 13
Documento Nacional de

Identidad (DNI) 195
dólar 249, 251
doler 45
dolor 45
dolor de cabeza 50
doloroso, a 50
doméstico, a 297
domicilio 14
domingo 307
dominicano, a 21
dominó 182
don, doña 12
donación de órganos 47
¿de dónde? 326
¿dónde? 322
donde 322
dorado, a 116, 330
dormir 35
dormirse 37
dormitorio 126
dos 338
dos mil 340
doscientos, as 340
dramaturgo, dramaturga
208
droga 53
drogadicto, drogadicta
54
droguería 43
ducha 127
ducharse 41
duda 65
dudar 65
duelo 31
dueño, dueña 124
dulce 32
duodécimo, a 341
duque, duquesa 212
duración 316
durante 313
durar 313
durazno 370
duro, a 31
duro, a 105

E

e 366
echar 36, 101

echar de comer 297
echarse 37
ecología 302
ecológico, a 302
ecologismo 305
ecologista 305
economía 243
económico, a 243
economista 246
ecotasa 305
Ecuador 17
ecuatoriano, a 17
edad 13
Edad Media 211
edición 262
edificio 119, 300
editor, editora 261
editorial 261
educación 160
educado, a 71
efectivo, a 248
en efectivo 248
efecto 350
efecto invernadero 304
eficaz 347
ejemplo 161
ejercicio 160
ejército 233
él 357
el, la 356
el cual, la cual, lo cual; los cuales, las cuales 362
el mismo, la misma 363
el que, la que, los que, las que 362
El Salvador 21
elástico, a 114
elecciones 222
electoral 223
electricidad 120
electricista 120, 173
eléctrico, a 241
electrónico, a 177
elefante, elefanta 297
elegir 222
elementos químicos 291
ella 357
ellas 359
ello 358

ellos 358
emancipación 144
emancipado, a 144
embajada 231
embajador, embajadora 231
embarazada 28
embarazo 28
embarcarse 276
emborracharse 54
embrague 272
embutido 99
emigración 144
emigrante 14
emigrar 14
emisión 259
emisora 258
emitir 258
emoción 57
emocionante 60
emocionarse 60
emparedado 105
empaste 46
empatar 186
empeñarse 74
empeño 74
emperador, emperatriz 211
empezar 314
empleada 132
empleado, empleada 173
empleador, empleadora 176
emplear 35
empleo 177
empresa 242
empresa exportadora 246
empresario, empresaria 243
empujar 39
en 312, 323
en absoluto 345
estar en celo 297
en concreto 372
en contra de 81
en cuanto 317
en cuanto a 148
en cuanto a 366

en directo 259
en el fondo 348
en especial 347
en fin 84
en general 347
en línea 265
en ningún caso 61
en ninguna parte 325
en parte 337
en principio 348
en punto 312
en todas partes 325
en vez de 366
(estar) enamorado, a 27, 58
enamorarse 28
encantado, a 138
encantar 60
encargar 244
encargo 247
encarnado, a 330
enceguecer 373
encender 36
enchufar 130
enchufe 121
enchufe 145
encima de 323
encontrar 143, 197
encontrar 38
encontrarse 45
encuentro 144
encuesta 224
enemigo, a 233
enemigo, enemiga 227
energía 241
energía nuclear 241
energía eólica 304
energía nuclear/atómica 304
energía solar 304
energías alternativas 304
energías renovables 304
enero 307
enfadado, a 58
enfadarse 58
enfermar 45
enfermedad 48
enfermero, enfermera 46

enfermero, enfermera 174
enfermo, a 45
enfermo, enferma 48
enfrente (de) 323
engañar 149
engancharse 142, 264
engordar 40
enhorabuena 62
enlace 265, 276
enlucido 122
enojado, a 370
enojarse 370
enorme 319
enrollarse 141
ensalada 100
ensaladilla rusa 102
ensayo 166, 189
enseguida 314
enseñanza 160
enseñar 160
entender 64
entenderse 146
enterarse 87
entero, a 335
enterrar 31
entierro 31
entonces 84
entonces 318
entrada 119, 188, 271
entrada de datos 264
entrar 34
entre 310, 321
entreacto 182
entregar 35
entrenador, entrenadora 186
entrenamiento 185
entrenarse 186
entretanto 316
entretenerse 180
entrevista 258
entrevistar 259
entusiasmar 60
entusiasmarse 60
envase no retornable 305
envase retornable 305
envenenarse 30
enviar 254

envidia 59
envidiar 59
envidioso, a 59
envío 256
envolver 39
episodio 183
época 211
época de recogida 239
equipaje 194
equipo 185
equitación 187
equivocación 66
equivocarse 65
error 157
es que 84
es decir 79
escala 242, 277
escalera 119
escalón 119
escanear 264
escáner 264
escapar 226
escaparate 92
escaso, a 337
escena 189, 209
escenario 188
esclavo, esclava 213
escoba 131
escocés, escocesa 20
Escocia 20
escoger 108
escolar 161
esconder 38
escribir 207
escrito, a 163
escritor, escritora 207
escritura notarial 125
escuchar 32, 258
escuela 160
escultor, escultora 202
escultura 202
ese, esa, eso, esos, esas; ése, ésa, ésos, ésas 360
esencial 153
esfera 331
esforzarse 74
esfuerzo 33
eslovaco, a 18
Eslovaquia 18

esmeralda 116
¡Eso es! 83
eso 360
espacial 280
espada 213
espalda 25
España 15
español, a 15
espantoso, a 76
esparadrapo 48
espárrago 106
especial 131
especialidad 162
especialidad 109
especialista 46
especialista 176
especializado, a 172
especializarse 172
especies en peligro de desaparición 304
espectáculo 188
espectador, espectadora 260
espejo 128
esperanza 59
esperar 69
espía 232
espina 299
espinacas 107
espíritu 213
espléndido, a 285
espléndido, a 86
esponja 163
esposa 135
espontáneo, a 73
esqueleto 25
esquí 187
esquiar 184
esquina 331
esta bien 81
establo 239
estación 274
estación (del año) 308
estación espacial 280
estacionamiento 272
estacionar 271
estadía 372
estadio 186
estadística 161

Estado 218
estado 353
Estados Unidos (EE.UU.)
  16
estadounidense 16
estafador, estafadora 76
estafar 76
estallar 228
estampilla 372
estancia 198
estanco 92
estaño 291
estanque 200
estante 129
estantería 129
estar 13, 322, 351
estar a disposición 93
estar al loro 141
estar alegrón 370
estar apurado, a 369
estar bien/mal 92
estar compuesto, a de
  289
estar comunicando 255
estar con el mono 54
estar de acuerdo 80
estar dispuesto, a (a) 153
estar haciendo 313
estar listo, a 318
estar parado, a 369
estar relacionado, a 154
estar sentado, a 35
estatal 219
estatua 202
este 326
este, esta, esto, estos,
  estas; éste, ésta, éstos,
  éstas 360
estético, a 203
estilo 208
estimado, a 138
estimar 150
estímulo 60
esto 360
Estonia 18
estonio, a 18
estrecho 284
estrecho, a 93, 320
estrella 280

estrella 189, 198
estreno 189
estrés 49
estribor 277
estrofa 208
estropeado, a 272
estropear 70
estropearse 240
estructura 208
estudiante 164
estudiar 165
estudio 128
estudios 165
estómago 25
estupendo, a 151
etcétera 87
eterno, a 316
euro 249, 251
Europa 14
europeo, a 14
euskera 229
evaluación 163
evangelio 216
evidente 89
evitar 70
exacto, a 83
exagerar 147
examen 163
examinarse 163
excelente 151
excelentísimo, a 139
excepción 63
excepto 337
excesivo, a 338
exceso 338
excluir 337
exclusivo, a 348
excursión 195
excusa 88
excusar 154
exigir 62
exiliarse 232
exilio 232
existencia 354
existir 354
éxito 69
exótico, a 197
experiencia 172
explicación 79

explicar 79
explotación 240
explotar 229, 239
exponer 202
exportación 244
exportar 244
exposición 202
expresar 78
expresión 86
expresionismo 204
expresionista 204
exprimir 106
expulsar 212
éxtasis 55
extenderse 282, 320
extensión 320
exterior 325
extracto de cuenta 250
extranjero, a 13, 144
extraño, a 156
extraordinario, a 151
Extremadura 231
extremeño, a 231
extremo 321
extremo, a 344

F

fábrica 240
fabricar 240
fachada 121
fácil 164
factura 245
facultad 85, 166
falda 110
Fallas 191
falso, a 157
falta 161
faltar 336
fama 190
familia 135
familiar 136
famoso, a 152
fantástico, a 151
farmacéutico,
  farmacéutica 173
farmacia 46
faro 272
farol 302

fascismo 223
fascista 223
fastidiar 61
fatal 157
fauna 297
favor 148
favorito, a 108
favorito, favorita 224
fax 170
fax 258
fe 216
febrero 307
fecha 307
federal 219
felicidad 59
felicidades 83
felicitación 62
felicitar 83
feliz 57
femenino, a 41
feminista 144
feo, a 40
feria 180
ferretería 169
ferrocarril 274
ferry-boat 373
fértil 237
festival 189
fianza 125
fiarse 64
fibra 114
ficha 195
fichero 263
fidelidad 74
fiebre 49
fiesta 144, 190
figurativo, a 204
fijar 38
fijarse 73
fijo, a 175
filete 99
Filipinas 22
filipino, a 22
Filosofía 166
filósofo, filósofa 166
filtro 54
fin 318, 350
fin de semana 307
final 208

finca 121, 302
finlandés, finlandesa 20
Finlandia 20
firma 245
firmar 245
fiscal 225
fiscal 220
Física 162
físico, a 25
flamenco 205
flan 105
flash 183
flauta 206
flojo, a 370
flor 292
flora 294
florero 129
flus 371
foco 371
folleto 196
fonda 198
fondo 251, 325
fontanero, fontanera 120, 173
forastero, a 195
forma 330
formación 172
formal 77
formar 330
formatear 263
formidable 153
fórmula 161
formulario 198
fortuna 157
fósforo 291
fósforo 370
foto 181
fotocopia 170
fotocopiadora 170
fotografía 181
fotógrafo, fotógrafa 175
fracasar 70
fracaso 74
fractura 51
frágil 289
Francés 162
francés, francesa 15
Francia 15
franco 251

franco, a 77
franela 114
franqueo 256
franquista 223
frecuencia 318
frecuente 315
fregadero 132
fregar 131
freír 101
frenar 269
freno 270
frente 24
frente a 323
fresa 101
fresco, a 100, 285
fresco, a 72
frijoles 370
frío 31, 285
frío, a 285
frito, a 101
frontera 195
frotar 51
fruta 100
frutal 292
frutilla 370
fruto 292
fuego 102
fuente 283
fuente 200
fuente de contaminación 303
¡Fuera! 82
fuera 324
fuera de 324
fuera de línea 265
fuerte 40, 140
fuerte 370
fuerza 222
fumador, fumadora 53
fumar 53
función 189
funcionar 169
funcionario, funcionaria 173
fundamental 224
fundamentalistas 223
fundar 243
fundición 242
fundir 242

fundirse 121
furioso, a 68
fusible 124
fusil 229
fusión 246
fútbol 185
futbolista 186
futin 184
futuro 316

G

gabardina 111
gafas 47
gafas de sol 116
galería 202
galería 239
(País de) Gales 20
galés, galesa 20
Galicia 230
gallego, a 230
galleta 105
gallina 298
gallo 298
gamba 99
ganado 238, 296
ganar 175, 184
garaje 120
garantía 246
garantizar 63
garbanzo 106
garganta 25
gas 127, 290
gaseosa 98
gasolina 269
gasolinera 269
gastar 247
gasto 248
gasóleo 269
gato, gata 296
gazpacho 102
gemelos 137
generación 137
general 234
generalmente 347
género 208
generoso, a 77
genio 84
gente 143

Geografía 162
geranio 295
gerente 243
germánico, a 212
gestión 243
gestión de ficheros 265
gesto 33
gilipollas 140
gimnasia 162
gimnasia 186
gimnasio 186
ginecólogo, ginecóloga 174
gira 205
girar 268
girasol 293
giro postal 256
gitano, gitana 21
glaciar 283
globalización 232
glorieta 200
gobernador 219
gobernar 219
gobierno 218
gol 186
golf 187
golpe 150
golpe de Estado 228
golpe militar 228
goma 290
goma de borrar 171
gordo, a 39
gorra 111
gota 286
gotas 47
gozar 33
grabación 205
grabar 205
gracia 67
gracias a 350
gracioso, a 67
grado 287
gráfica 203
grama 373
gramática 162
gramo 341
Gran Bretaña 20
grande, gran 319
grandes almacenes 244

granizo 286
granja 239
grano 294
grasa 290
gratuito, a 160
grava 123
grave 50
Grecia 19
Griego 162
griego, a 19
grifo 120
gripe 49
gris 329
gritar 78
grito 78
grúa 123, 271
grueso, a 114
grupo 143
guante 110
guapo, a 40
guapo, guapa 139
guaraní 252
guardar 38
guardia 234
Guardia Civil 227
Guatemala 16
guatemalteco, a 16
guay 142
guerra 233
guerra civil 227
guerrilla 227
guerrillero, guerrillera 227
guía 194, 195
guía telefónica 257
guiri 141
guisante 106
guisar 101
guitarra 204
gusano 298
gustar 32, 58, 92, 94
gusto 33

H

haba 106
haber de 347
hábil 76
habilidad 85

habitación 126, 197
habitado, a 200
habitante 300
hábitat 304
hablar 77
hace 312
hace poco 315
hacer 33, 285
hacer de canguro 141
hacer el amor 28
hacer falta 154
hacer faltas 70
hacer labores 183
hacer reproches 89
hacer señas 139
hacer trabajos manuales 183
hacer transbordo 274
hacer vestidos/ropa 113
hacerse 353
hacerse daño 48
hachís 54
hacia 326
hacia 311
hacia atrás 326
hacienda 121, 302
Hacienda 220
halar 369
hallar 38
hallarse 324
hallazgo 212
hamaca 130
hambre 94
hambriento, a 97
hardware 262
harina 99
harto, a 156
¡Hasta luego! 138
¡Hasta pronto! 138
hasta 310, 326, 346
hasta que 311
hay 351
hay que 346
hebreo, a 214
hecho 149
hectárea 342
helada 289
heladera 371

helado 100
helado, a 287
helar 287
helicóptero 277
hembra 28, 297
heredar 158
heredero, heredera 158
herencia 158
herida 48
herido, a 48
herido, herida 48
hermano, hermana 136
hermoso, a 151
héroe, heroína 235
heroico, a 235
heroína 54
herramienta 169
hervir 103
heterosexual 29
hidrógeno 291
hielo 287
hierba 293
hierro 289
hígado 26
higiénico, a 43
higo 293
higuera 293
hijo, hija 135
hilo 113
hincha 181
hinchado, a 51
hinduista 214
hipermercado 91, 244
hispánico, a 212
Hispanoamérica 16
hispanoamericano, a 16
hispanohablante 16
Historia 162
historia 211
historiador, historiadora 212
histórico, a 211
hocico 295
hockey 187
hogar 121
hoja 292
hoja (de papel) 171
¡Hola! 137
holandés, holandesa 20

hombre 12, 27
hombro 25
homeópata 46
homeopatía 46
homicidio 75
homosexual 29
hondo, a 320
Honduras 21
hondureño, a 21
honesto, a 72
hongo 51
honor 146
honrado, a 72
hora 309
horario 274
horario 164
horchata 98
horizontal 324
horizonte 321
hormiga 298
hormigón 122
horno 104
horrible 151
horror 76
hortera 141
hospital 46
hostal 197
hostia 140
hotel 197
hoy 310
hueco, a 294
huelga 176
huella 299
huérfano, huérfana 137
huerta 239
hueso 24
hueso 294
huésped 198
huevo 99
huir 234
humanidad 143
humano, a 220
humedad 288
húmedo, a 286
humo 290
humor 67
húngaro, a 19
Hungría 19

I

ibérico, a 211
icono 264
ida 274
idea 66
ideal 153
identificar 226
ideología 222
idioma 14
idiota 156
Iglesia 213
iglesia 214
ignorancia 86
ignorante 86
igual 84, 344
igualdad 219
ilegal 75
ilusión 59
imagen 260
imaginación 66
imaginarse 65
imbécil 151
imitar 73
impaciencia 85
imparcial 77
impedir 77
imperdible 113
imperio 211
impermeable 111
importación 244
importancia 152
importante 152
importar 244
importe 250
imprenta 262
impresión 60
impresionante 195
impresionar 60
impresionismo 204
impresionista 204
impreso 256
impresora 263
imprimir 262
impuesto 251
impuesto ecológico 305
inaugurar 300
inca 21

incendio 303
incluido 336
incluido, a 108
incluir 337
incluso 336
incluso 348
incoloro, a 330
incómodo, a 127
incomprensible 156
incorrecto, a 152
increíble 152
incurable 50
indeciso, a 77
independencia 213
independiente 232
India 22
indicación del director 209
indicar 79
índice 262
indiferente 73
indio, a 22
indio, india 21
indispensable 153
individual 198
individual 71
individuo 145
industria 240
industrial 240
industrializado, a 241
industrializar 242
infancia 30
infantería 233
infantil 30
infarto de corazón 49
infección 51
infectarse 51
inferior 325
infierno 214
inflación 245
inflamable 290
inflamación 51
inflamarse 51
influencia 154
influir 261
información 78
información 257
informal 73
informar 78

informarse 78
informática 264
informe 87
infraestructura 301
infusión 97
ingeniería 241
ingeniero, ingeniera 174
Inglaterra 15
Inglés 162
inglés, inglesa 15
ingresos 250
iniciar 264
injusto, a 225
inmediato, a 317
inmigrante 14
inmoral 155
inocencia 226
inocente 225
inofensivo, a 297
inquilino, inquilina 125
inscribirse 223
insecticida 239
insecto 298
insistir 69
insoportable 72
inspector, inspectora 174
inspiración 203
instalación 177
instalar 263
instalar 124
instalarse 324
instante 317
institución 220
instituto 161
instrumento 204
insuficiente 337
insultar 75
insumiso 233
integración 144
integrar 145
intelectual 84
inteligencia 84
inteligente 76
inteligente 72
intención 69
intentar 68
intercambiar 232
intercambio 232

interés 69
interés 250
interesado, a 74
interesante 152
interesar 69
interesar 74
interesarse 69
interior 325
internacional 231
Internet 263
internista 174
interno, a 243
interpretación 209
interpretar 189
intérprete 175
interrogatorio 227
interrumpir 258
interruptor 124
intervención 224
intimidad 145
íntimo, a 28
intolerante 155
intranquilo, a 61
introducción 209
inundar 288
inútil 149
invadir 234
invasión 212
inventar 65
invento 66
invernadero 239
inversión 251
inversor, inversora 251
invertir 251
investigación 166
investigar 161
invierno 309
invitación 144
invitado, invitada 144
invitar 144
inyección 46
inyectar 52
ir 34
ir a 313
ir adelantado, a 312
ir atrasado, a 312
ir de compras 91
Irlanda 20
irlandés, irlandesa 20

irresponsable 70
irse 34
isla 284
islámico, a 214
Israel 21
israelí 22
istmo 284
Italia 15
Italiano 162
italiano, a 15
izquierda 221
izquierdo, a 323

............J............

jabón 41
jalar 142
jalar 369
jamás 315
jamón 99
japonés, japonesa 18
Japón 18
jardín 120
jardín de infancia 160
jardinero, jardinera 173
jarra 108
jarrón 129
jaula 298
jazz 206
jefe, jefa 242
jerez 96
jersey 109
joder 140
jornada 176
jornal 175
jota 206
joven 29
joya 116
joyería 116
joyero, joyera 175
jubilado, a 176
judías 106·
judío, a 214
judío, judía 214
juego 181
jueves 307
juez, jueza 225
juez, jueza 174
jugador, jugadora 185

jugar 181
jugo 96
juguete 181
juicio 152, 226
julio 308
junio 308
junta militar 220
junto a 322
juntos, as 335
Júpiter 281
jurar 226
justicia 225
justificar 87
justo, a 225
justo, a 72
juvenil 40
juventud 30
juzgar 225

............K............

kilo(gramo) 342
kilómetro 341

............L............

la 357, 358
la mayoría de las veces 318
labio 25
laborable 177
laboral 177
laboratorio 161
labrador, labradora 237
labrador, labradora 174
labrar 237
laca 43, 124
lado 322
ladrar 297
ladrillo 122
ladrón, ladrona 71
lago 283
lágrima 58
lamentar 80
lámpara 128
lana 113
langosta 104
langostino 104
lanzar 184

lápiz 171
lápiz de labios 43
largo 320
largo, a 93
las 359
lástima 80
lata 93
latifundio 237
Latín 162
Latinoamérica 16
laurel 294
lavable 112
lavabo 127
lavadora 112
lavandería 112
lavar 112
lavarse 41
lavarse la cabeza 42
lavavajillas 130
laya 169
le 357, 358
le, lo 357, 358
lección 164
leche 96
lechuga 106
lector de CD-ROM 262
lector de DVD (Disco
  Versátil Digital) 264
lector, lectora 165
leer 260
legal 226
legalizar 89, 226
legumbres 107
lejano, a 145, 321
lejos (de) 321
lempira 251
leña 290
lengua 24
Lengua 162
lenguado 104
lenguaje 86
lentes 370
lento, a 319
león, leona 297
les 359
les, los 359
lesbiana 29
letón, letona 18
Letonia 18

letra 250
Letras 166
levantar 39
levantarse 35
leve 50
ley 225
leyenda 209
liberación 228
liberal 221
liberalismo 223
liberar 228
libertad 219
libre 198, 221
librería 261
libro 261
licenciado, licenciada 165
liceo 371
licor 98
líder 224
liebre 299
ligar 143
ligero, a 342
lijar 170
lila 329
lila 295
lima 43
limón 100
limonada 97
limonero 293
limosna 214
limpiabotas 173
limpiavidrios 132
limpiarse los dientes 41
limpieza 132
limpio, a 41
lindo, a 371
línea 331
línea 257
linterna 169
lío 353
liso, a 115
lista de precios 107
literario, a 208
literatura 207
litoral 284
litro 342
litrona 142
Lituania 18
lituano, a 18

liviano, a 374
llama 290
llamada 255
llamada de larga distancia
  257
llamada urbana 257
llamar 78
llamar 128, 199
llamarse 12
llano, a 123, 332
llanura 282
llave 126, 169
llegada 194
llegar 34
llenar 39
lleno, a 336
llevar 36, 109
llevarse 36
llover 286
llovizna 288
lluvia 286
lluvia ácida 304
lo 356, 358
lo cual 362
lo mismo 363
lo que 362
lobo, loba 296
local 299
localizar 257
loco, a 58
loco, a 49
locutor, locutora 175, 259
lógica 65
lógico, a 65
lograr 74
loncha 102
longitud 320
loro 298
los, las 356
los, les 359
lotería 182
lucha 227
luchador(a) 85
luchar 227
luego 314
lugar 322
lugar de nacimiento 14
lujo 158
luna 280

de lunares 114
lunes 307
luto 31
luz 120
luz de tráfico 273

Macedonia 19
macedonio, a 19
machete 170
machismo 144
machista 144
macho 297
madera 289
madera 122, 124
madre 135
Madrid 230
madrileño, a 230
madrina 137
madrugada 312
madrugar 37
maduro, a 106
maestro, maestra 161
maestro, maestra 174
magnetófono 205
magnífico, a 153
magro, a 104
maíz 293
maíz 106
majo, maja 139
mal 150
malaria 52
maldecir 87
malestar 45
maleta 194
maletero 272
malicia 71
malo, a 66, 151
malograrse 374
mamá 135
mañana 311
mancha 112
Mancha 231
mancharse 41
manchego, a 231
mandar 254
manejar 373
de ninguna manera 81

manera 347
manga 94
mango 293
manifestación 224
manifestante 224
mano 24
manso, a 297
manta 130
manteca 370
mantel 95
mantener 69
mantequilla 99
manual 176
manzana 101, 300
manzana 121
manzano 293
mapa 197
maquillarse 43
máquina 169
máquina de afeitar 42
máquina de coser 113
máquina de escribir 170
maquinaria 241
mar 283
maravilla 153
maravilloso, a 151
marca 246
marcar 255, 263
marcar 186, 287
marcha 272
marchante, marchanta 370
marcharse 321
marciano, marciana 281
marco 122
marco alemán 251
marea 284
marea negra 304
mareado, a 49
marearse 50
mareo 50
marfil 116
margarita 170
margarita 295
marginados (sociales) 146
marica 29
marido 135
marihuana 54
marina 233

marinero 277
marino, a 277
mariposa 297
marisco 99
marítimo, a 276
mármol 123
marqués, marquesa 212
marrón 329
marroquí 17
Marruecos 17
Marte 281
martes 307
martillo 120, 169
maruja, ser una 141
marzo 308
más 334
más bien 345
más o menos 335
más que, más de 334
masa 338
masaje 53
masajista 53
masculino, a 41
masticar 97
mata 293
mata 373
matador 191
matar 71
mate 330
Matemáticas 162
matemático, a 162
materia 289
materia prima 289
material 289
matorral 294
matrícula 165, 271
matricularse 165
matrimonio 135
matriz 28
maullar 297
máximo, a 287, 345
maya 21
mayo 308
mayonesa 102
mayor 136
mayor 345
mayoría 222
mayorista 244
me 356

mecánico, mecánica 173
mechero 53
media 110
media pensión 198
medianoche 311
medicamento 46
medicina 46
médico de cabecera 45
médico de urgencia 174
médico del seguro (de
  enfermedad) 174
médico naturista 174
médico rural 174
médico, médica 45, 173
medida 224, 342
media 310
medio 350
medio hecho, a 104
medio, a 342
medio ambiente 302
mediodía 311
medios de comunicación
  261
medir 342
mediterráneo, a 283
mejilla 25
mejillón 104
mejor 150
mejorar 50
mejorar(se) 352
melocotón 101
melodía 206
melón 101
(de) memoria 160
memoria 264
mendigar 146
mendigo, mendiga 146
menor 136
menor 346
menos 309, 334
menos que, menos de
  334
mensaje 255
mensaje 87
mensual 307
mensunal 261
mentalidad 71
mentir 155
mentira 155

menú 108, 263
mercadería 372
mercado 91
mercancía 244
Mercurio 281
mercurio 291
merecer 155
merienda 98
mérito 155
merluza 104
mermelada 99
mes 307
mesa 127
meseta 282
mesilla de noche 130
mestizo, mestiza 20
meta 186
metadona 55
metal 289
meter 36
meterse 154
método 160
metralleta 229
metro 275, 341
metro cúbico 342
mexicano, a (mejicano,
  a) 16
México (Méjico) 16
mezclar 101
mezquita 200
mí 357
mi, mis 360
mi amor 139
micrófono 206
microondas 130
microprocesador 264
miedo 58
miel 105
miembro 146
mientras 313
mientras (que) 367
miércoles 307
mil 340
mil millones 340
milagro 216
mili 233
milímetro 341
militar 233
milla 342

millardo 340
millón 340
mimar 145
mina 238
mineral 291
minería 239
minero, a 239
minero, minera 238
mínimo, a 287, 345
ministerial 219
ministerio 219
ministro, ministra 218
minoría 222
minorista 244
minusválido, minusválida
  52
minuto 311
mío, mía, míos, mías
  360
miope 53
mirada 32
mirar 32
misa 213
miseria 158
mismo, a 363
misterioso, a 149
mitad 342
mitad 324
mochila 195
moda 109
modelo 203
módem 262
moderado, a 221, 286
moderador, moderadora
  183
moderno, a 127
moderno, a 206
modificar 242
modisto, modista 113
modo 347
mojado, a 42
mojar 39
mojarse 286
molar 140
molestar 155
molestarse 150
molestia 150
molino de viento 200
momento 314

monarquía 219
monasterio 214
moneda 247
monedero 116
monitor 262
monje, monja 215
mono, a 140
mono, a 369
mono, mona 297
monólogo 208
monótono, a 157
montaña 281
montañoso, a 282
montar 184, 240
montárselo 140
monte 281
montenegrino, a 19
Montenegro 19
montón 337
monumento 199
moqueta 129
mora 293
morado, a 330
moral 75
morder 296
moreno, a 40
morir 30
morirse 30
moro, mora 212
mortal 30
mosca 297
mosquitero, mosquitera 129
mosquito 297
mostaza 105
motivo 348
moto 268
motor 240, 269
mover 38
moverse 34
movida 140
móvil 255
mozárabe 212
mozo 199
muchacho, muchacha 12
mucho 334, 344
mucho, a 334
mudanza 125

mudarse 125
mudéjar 203
mudo, a 49
mueble 127
muela 24
muerte 30
muerte del bosque 304
muerto, muerta 30
muestra 246
mujer 12, 27, 135
mula, mulo 296
mulato, mulata 20
muleta 191
multa 272
multinaticioal 242
multiplicar 336
mundial 232
mundo 280
muñeca 181
muñeca 26
municipal 300
muralla 200
Murcia 230
murciano, a 230
muro 121
músculo 27
museo 199
música 204
música pop 206
musical 206
músico, música 204
muslo 27
musulmán, musulmana 214
muy 345
muy hecho, a 104
Muy señor mío:/Muy señora mía: 139

N

nacer 29
Nación 218
nacional 221
nacionalidad 14
nacionalismo 223
Naciones Unidas (ONU) 231
nada 81

nadador, nadadora 186
nadar 184
nadie 362
naranja 100
naranjada 97
narcotraficante 55
nariz 24
nata 106
nata montada 106
natación 184
nativo, a 301
natural 303
naturaleza 303
naufragio 278
náufrago, náufraga 278
navaja 170
Navarra 230
navarro, a 230
nave espacial 280
navegación 277
navegar 263
navegar 277
navegar a vela 186
Navidad 190
necesario, a 148
necesidad 154
necesitar 82
negar 89
negarse 89
negativo, a 157
negociación 231
negociar 231
negocio 244
negro, a 40, 329
neozelandés, neozelandesa 18
Neptuno 281
nervio 27
nervioso, a 58
neumático 272
nevada 289
nevar 286
nevera 126
ni ... ni ... 368
ni siquiera 89
Nicaragua 21
nicaragüense 21
nido 298
niebla 286

nieto, nieta 137
nieve 287
ningún, ninguno,
   ninguna 363
niño, niña 29
nitrógeno 291
nivel 320
no 81
no ... más que 348
no deber 82
noble 211
noche 311
Nochebuena 190
Nochevieja 191
nocturno, a 312
nombrar 218
nombrar 177
nombre 12
normal 347
norte 326
norteamericano, a 16
Noruega 20
noruego, a 20
¡Nos vemos! 371
nos 358
nosotros, as 358
nota 163
nota 206
notar 32
notario, notaria 174
noticia 78
noticias 258
noticioso informativo 373
novecientos, as 340
novedad 87
novela 207
novelista 208
noveno, a 341
noventa 340
noviembre 308
novillada 191
novio, novia 135
nube 286
nublado, a 286
nubosidad 288
nuclear 234
nudo 277
nuera 136
nuestro, a, os, as 360

nuestro, nuestra,
   nuestros, nuestras 361
Nueva Zelanda 18
nueve 339
nuevo sol 252
nuevo, a 352
numeración 340
numerar 340
número 338
número de teléfono 13,
   255
numeroso, a 337
nunca 315
nylón/nailon 114

o 366
o sea 84
obedecer 74
obispo 215
objetivo 350
objetivo, a 77
objetor de conciencia 233
obligación 154
obligar 154
obligatorio, a 161
obra de teatro 208
obras 271
obrero, obrera 172
observar 227
obstinado, a 370
obtener 222
occidental 327
occidente 327
océano 283
océano 284
ochenta 340
ocho 339
ochocientos, as 340
ocio 181
octavo, a 341
octubre 308
ocupación 235
ocupado, a 198
ocupado, a 197
ocupar 235
ocuparse 154
ocurrir 314

odiar 59
odio 59
odioso, a 156
oeste 326
ofender 70
ofensa 75
oferta 245
oficial 234
oficial, oficiala 174
oficina 175
Oficina de Empleo 177
oficina de turismo 195
oficina de turismo 198
oficio 172
oído 33
¡Oiga! 256
¡Oiga! 139
¡Óigame! 256
oír 32
ojalá 83
¡Ojo! 82
ojo 24
ola 283
oleaje 284
óleo 203
oler 32
olfato 297
Olimpiada 185
olímpico, a 186
oliva 107
olivo 292
olla exprés 132
olor 32
olvidar 65
olvidarse 65
once 339
ópera 206
operación 46
operar 52
opereta 206
opinar 147
opinar 66
opinión 147
oponerse 70
oportunidad 74
oposición 221
oposiciones 166
óptico, óptica 175
optimista 72

opuesto, a 152
oración 215
oral 163
órbita 280
orden 263
orden 234
ordenado, a 76
ordenador 170, 262
ordenar 133, 234
ordeñar 239
oreja 24
orfebrería 242
orgánico, a 290
organización 231
organizador, organizadora 85
organizar 176
órgano 206
orgulloso, a 72
oriental 327
orientarse 277
oriente 327
origen 280
original 202
orilla 283
oro 115
orquesta 205
os 358
oscuridad 287
oscuro, a 329
oso, osa 296
ostinado, a 370
ostra 299
otoño 308
otra cosa 364
otro, a 108
ovalado, a 331
oveja 296
ovni 280
oxidado, a 291
oxígeno 291
¡Oye! 139
oyente 259
ozono 305

P

p. m. 374
paciencia 85

pacífico, a 227
pacto 232
padre 135
padres 135
padrino 137
paella 102
pagar 91
página 260
página web 265
pago 176
país 14
País Valenciano 230
País Vasco; Euskadi 229
paisaje 281
Países Bajos 20
países desarrollados 231
países en vías de desarrollo 231
paja 294
pájaro 295
pala 169
pala 123
palabra 78
palacio 199
palco 190
pálido, a 40
palillo de dientes 97
palmera 293
palo 373
paloma 295
paludismo 52
pampa 282
pan 98
panadería 91
panadero, panadera 173
Panamá 21
panameño, a 21
panecillo 105
panorama 196
pantalla 188, 262
pantalla antirruidos 305
pantalón 110
pantano 282
pantanoso, a 282
pañuelo 110
papa 100
Papa 215
papa 370
papá 135

papel 171, 289
papel 189
papel de lija 170
papel ecológico/reciclado 305
papel higiénico 43
papel pintado 124
papelera 132
papelería 171
papeleta de voto 224
paquete 92, 254
par 342
¿para qué? 349
para 326, 349, 365
para 311
para que 349
parada 273
parado, parada 176
Parador Nacional 198
paraguas 116
Paraguay 17
paraguayo, a 17
paraíso 214
paralelo, a 324
parar 273
parar 318
pararrayos 121
pararse 38
pararse 369
pardo, a 330
parecer 147
parecer 152
parecerse 41
parecido, a 344
pared 128
pareja 145
pariente 137
parlamentario, a 219
Parlamento 218
paro 176
parque 301
parque de atracciones 182
parquear 373
parquet, parqué 129
párrafo 209
parroquia 214
parte 335
parte meteorológico 287

participación 224
participar 185
particular 158, 347
partida 182
partidista 223
partido 185, 221
partir 196
parto 30
pasado 316
pasado mañana 312
pasado, a 312
pasaje 276
pasaje 372
pasajero, pasajera 276
pasaporte 13, 195
pasar 34, 274, 312
Pascua 191
pasear 180
pasearse 180
paseo 182
pasillo 126
pasillo 276
pasión 60
pasma 141
paso 38
paso de peatones 273
paso subterráneo 302
pasos 257
pasota 140
pasotismo 140
pasta 141
pasta dentífrica 42
pastel 100
pastelero, pastelera 173
pasteles 105
pastilla 46
pastor (protestante) 214
pastor, pastora 174
pata 295
patata 100
patinar 187
patines en línea 187
patio 120
pato 295
patria 233
patrimonio 208
patriota 223
patriótico, a 223
patrón 372

patrón, patrono, patrona
176
Patrono, Patrona 190
pausa 182
pavo 298
payaso, payasa 182
paz 233
peaje 273
peatón, peatona 268
pecado 216
pecar 214
pecho 25
Pedagogía 166
pedazo 342
pedido 245
pedir 82, 107
pegar 150
pegar 170
pegarse 103
peinado 42
peinarse 42
peine 42
pelar 101
pelearse 150
película 188
peligro 228
peligroso, a 150
pelirrojo, a 40
pelo 24
pelota 185
peluquería 42
peluquería 369
peluquero, peluquera
173
pelvis 26
pena 226
peña 284
pendiente 115
pendiente 176
península 284
peninsular 284
peñón 283
pensamiento 65
pensar 63, 146
pensión 176, 197
pensión completa 198
Pentecostés 191
penúltimo, a 338
peor 151

pepino 106
pepita 294
pequeño, a 319
pera 101
pera 369
percha 112
perchero 128
percibir 32
perder 184
perderse 197
perdón 88
perdonar 80
perejil 107
perezoso, a 68
perfecto, a 151
perfumarse 43
perfume 43
perico 55
periódico 260
periodista 262
periodístico, a 262
periodo 28
perjudicar 304
perla 115
permanente 43
permiso 82
permiso de residencia 14
permitido, a 81
permitir 81
pero 366
perro, perra 296
persecución 227
perseguir 226
persiana 129
persona 12
personaje 207
personal 175
personalidad 71
pertenecer 158
Perú 17
peruano, a 17
pesadilla 38
pesado, a 151
pesado, a 342
pésame 31
pesar 341
pesca 238
pescadería 92
pescado 99, 238

pescador, pescadora 238
pescar 238
peseta 249, 251
pesimista 72
pésimo, a 151
peso 341
peso 251
petición 62
petróleo 290
pez 238, 297
piano 204
piano de cola 206
picadura 50
picante 105
picar 263, 295
picar 123
pico 169, 282, 295
pie 25
piedra 115
piedra 122
piel 24, 114
pierna 25
pieza 188
pieza 371
pijada 141
pijama 110
pila 169
pilar 123
píldora 28
pimentón 105
pimienta 104
pimiento 106
piña 106
pinar 294
pincel 124
pinchadiscos 142
pinchar 39
pincharse 113
pino 293
pintada 203
pintado, a 124
pintar 121, 202
pintarse 43
pintor, pintora 121, 202
pintura 121
pinza de la ropa 112
pinzas 43
piola 372
pipa 54

pirámide 331
piraña 299
estar pirao 141
pirenaico, a 282
pisar 35
piscina 184, 300
piso 126
pista 187
pistola 228
piyama 371
pizarra 163
placa 271
placer 59
plancha 113
planchar 112
planear 76
planeta 280
planificación territorial 301
planificar 85
plano 119, 195
plano, a 331
planta 119, 292
plantar 292
plástico 290
plata 115
plata 372
platanero 293
plátano 101
plateado, a 116, 330
plato 95, 108
playa 284
playa 373
plaza 301
plazo 250
plomero, plomera 372
plomo 291
pluma 171, 295
Plutón 281
población 301
poblar 301
pobre 157
pobreza 158
pocas veces 315
poco 335
poco, a 335
poco a poco 319
poco hecho, a 104
poder 76, 222, 346

poema 207
poesía 208
poeta, poetisa 208
polaco, a 18
policía 225
polígono industrial 300
política 221
política del medio ambiente 304
político, a 221
político, política 221
póliza del seguro 271
polizón 277
pollo 99, 295
polo 105, 283
Polonia 18
polución atmosférica 304
polución del suelo 304
polvo 131
pólvora 290
pomada 51
poner 35
poner 257
ponerse 109, 352
ponerse 317
popa 277
popular 191
popular 206
¡Por Dios! 152
¿por qué? 349
por 249, 324, 349, 365
por 311
por avión 254
por cierto 83
por decirlo así 84
por eso 350
por esto 350
por fin 318
por lo menos 337
por lo tanto 350
por lo visto 348
por otra parte ... 366
por poco 346
por si acaso 63
por supuesto 81
por todas partes 325
por último 318
por una parte ... 366
porcelana 290

porcentaje 338
porque 349
porro 54
portal 122
portarse 73
portería 125
portería 186
portero, portera 125
portero, portera 186
Portugal 15
portugués, portuguesa
15
porvenir 177
poseer 157
posesión 158
posibilidad 149
posible 149
posición 324
positivo, a 153
posterior 338
postre 108
potencia 232
potra 142
pozo 301
práctica 172
practicar 184
prácticas 172
práctico, a 149
prado 294
precedente 338
precio 91
Precio de Venta al Público
(PVP) 245
precioso, a 115
preciso, a 62
preferible 155
preferido, a 155
preferir 147
prefijo 257
pregunta 80
preguntar 80
prehistórico, a 212
prejuicio 155
premio 155
prender 369
prensa 260
preocupación 61
preocupado, a 58
preocuparse 69

preparar 101
prepararse 223
preparativo 195
presencia 144
presentador, presentadora
259
presentar 138
presentar 153
presente 316
presidente, presidenta
218
preso, presa 226
preso, presa 228
préstamo 250
prestar 249
pretender 62
pretexto 75
prevenir 48
previsión 66
primavera 308
primer; primero, a 340
primeros auxilios 47
primo, prima 137
principal 346
prisión 226
prisionero, prisionera
226
privado, a 125
proa 277
probabilidad 153
probable 147
probador 94
probar 102
probarse 92
problema 160
procedente 276
procedimiento 226
procesador 264
procesamiento de datos
265
procesión 191
proceso 242
procurar 74, 85
producción 237
producir 240
producirse 317
productivo, a 239
producto 240
productor, productora 189

profesión 13
profesional 172
profesor, profesora 165
profundidad 320
profundo, a 320
programa 170, 187,
258, 263
programa de ayuda 265
programador(a) 265
programar 265
progresista 223
progresivo, a 223
progreso 242
prohibición 89
prohibido, a 81
prohibir 81
prolongación 125
prolongar 125
promedio 338
promesa 148
prometer 154
prometerse 136
pronto 314
pronunciar 86
propaganda 261
propiedad 125
propietario, propietaria
125
propina 109
propio, a 157
proponer 79
proponer 224
propuesta 224
propósito 74
prosa 208
prospecto 194
prosperidad 158
prostitución 146
protagonista 207
protección 304
protestante 215
protestantismo 215
provecho 75
provincia 229
provocar 75, 234
proximidad 321
próximo, a 321
prudente 72
prueba 371

Psicología 166
psicólogo, psicóloga 174
pub 182
pubertad 28
publicación 261
publicar 261
publicidad 258
público 188
público, a 221
puchero 132
pueblo 218, 300
puente 301
puerta 126
puerto 275
puerto 264, 282
pues 84
puesta de sol 287
puesto que 350
pulga 298
pulmón 26
pulmonía 52
pulóver 371
pulpo 299
pulsera 115
puño 26
punta 331
puntiagudo, a 331
punto de vista 66
punto verde 303
puntual 68
puro 54
puro, a 303
pus 51
PYMES 243

Q

¡qué ...! 346
¡Que aproveche! 107
¡Qué lástima! 80
¡Qué lío! 84
¡Que se mejore! 45
¡Qué va! 62
¿Qué tal el pescado? 109
¿Qué tal? 45
¿qué? 361
que 344, 361, 366
¡Qué lástima! 88
¡Qué pena! 88

quechua 21
quedar 143, 336, 351
quedar aplazado, a 371
quedar bien/mal 92
quedarse 34
quedarse con 141
queja 156
quejarse 61
quemar 103
quemarse 50
querer 27, 57, 82
querido, a 138
queso 99
quetzal 251
quiebra 243
¿quién?, ¿quiénes? 361
quien, quienes 362
quieto, a 38
Química 162
quince 339
quinientos, as 340
quinto, a 341
quinto 342
quiosco (kiosco) 261
quirófano 47
quitar 36
quitarse 109
quizá(s) 83

R

rabia 61
ración 108
racismo 223
radiador 129
radical 221
radio 258
radio 372
radiografía 46
radioyente 259
raíz 292
raja 102
rama 292
ramo de flores 292
rana 298
rap 206
rápido, a 319
raqueta 185
raro, a 152

raro, a 319
rascacielos 302
rascarse 37
rastrillo 169
rata 297
ratero, ratera 75
rato 316
ratón 262, 297
raya 331
raya 55
a rayas 114
rayo 289
rayuela 182
raza 296
razón 64, 348
razonable 84
reacción 73
reaccionar 69
central nuclear 304
reactor (nuclear) 304
realidad 354
realista 72, 204
realizar 69
realmente 346
rebaja 249
rebanada 102
rebaño 298
recepción 144, 197
recepcionista 199
receta 46, 102
recetar 51
rechazar 81
rechazar 234
recibidor 128
recibir 254
recibo 251
reciclable 305
reciclaje 305
reciclar 305
recién 124, 316
recién 373
reciente 78
recientemente 317
reclamación 156
reclamar 156
recoger 237
recoger 38
recomendable 200
recomendación 88

recomendar 79
reconocer 64
reconocer 33, 51, 89
reconocimiento 51
Reconquista 211
récord 185
recordar 65
recorrer 196
recreo 163
recreo 182
rectángulo 331
recto 269
recto, a 123
recuerdo 194
recuerdos 138
recuperar 265
red 170, 264
redacción 262
redondo, a 331
reducido, a 337
reducir 354
referirse 87
reflexionar 65
reforma 221
reformar 122
refrescante 97
refresco 97
refrigerador 126
refugio 234
regalar 149
regalo 149
regar 238
régimen 218
régimen 53
región 229
región 14
regionalismo 223
registro 220
Registro de la Propiedad 126
regla 63
regresar 34
regreso 196
regular 45
regular 245
reinar 212
reino 212
reírse 34
relación 144

relajarse 37
relámpago 289
relativo, a 152
relato 208
religión 213
religioso, a 213
rellenar 198
relleno, a 338
reloj 115
relojería 116
relojero, relojera 175
remar 184
remedio 50
remendar 113
remite 256
remitente 256
remolacha 293
remover 103
Renacimiento 203
rencor 61
rendimiento 239
Renfe 276
renta 251
renunciar 81
reparación 241
reparar 240
repetir 78
reportaje 259
reportero, reportera 259
reposacabezas 270
representación 189
representante 246
representar 189
representativo, a 224
represión 228
reproducción 203
república 218
República Dominicana 21
republicano, a 222
reputación 146
res 299
resbalar 289
rescatar 278
reserva 198, 274
reservado, a 63, 199
reservar 194
resfriado 49
resfriado, a 49
resfriarse 49

resfrío 370
residencia 14
residente 301
residir 301
residuos contaminantes 305
resistencia 228
resistir 85
resolver 65
resonancia magnética 47
respecto, a 366
respetar 69
respeto 150
respiración 26
respirar 26
responder 80
responsabilidad 74
responsable 70
respuesta 80
restar 336
restaurante 107
restaurar 203
resto 249
resuelto, a 352
resultado 352
resultar 349
resumen 209
resumir 209
retener 39
retirar 248
retrasarse 277
retraso 196
retrato 203
retrete 128
retroceder 234
reuma, reúma 52
reunificación 219
reunión 145
reunión en la cumbre 232
reunirse 144
revelar 62, 183
al revés 81
revisor, revisora 276
revista 260
revolución 227
revolucionario, a 227
rey, reina 211
Reyes Magos 191
rezar 213

rico, a 157
rico, a 105
ridículo, a 156
riego 238
riesgo 270
rima 208
rímel 43
rincón 324
riñón 26
río 283
Rioja 230
riojano, a 230
riqueza 158
risa 34
ritmo 206
rizado, a 40
robar 71
robo 71
robot 242
rock 206
rodaja 103
rodar 259
rodilla 27
rogar 62
rojo, a 329
rollo 141
romancero 209
románico, a 203
romano, a 211
romanticismo 209
romántico, a 72
romero 294
romper 36
romperse 352
ron 98
ropa 109
rosa 292, 329
rosal 295
roto, a 352
rotulador 171
rubio, a 40
rueda 269
ruido 32
ruido 305
ruidoso 305
ruina 200
ruiseñor 298
Rumania 19
rumano, a 19

rural 302
ruso, a 18
rústico, a 302
ruta 197

sábado 307
sábana 130
saber 63
sabio, a 84
sabor 33
sabroso, a 105
sacacorchos 131
sacar 36
sacarina 106
sacerdote, sacerdotisa
  214
saco 170
saco 371
saco de dormir 199
sacrificio 216
sagrado, a 214
sal 100
sala 126
salado, a 32
salame 370
salario 175
salchicha 103
salchichón 103
salida 119, 194, 271
salida del sol 287
salir 34, 180, 352
salirse 123
salmón 104
salón 128
salsa 205
salsa 104
saltar 184
salto de altura 184
salto de longitud 184
salud 45
saludar 137
saludo 139
salvadoreño, a 21
salvaje 298
salvapantallas 264
salvar 75
salvavidas 278

san 214
San Fermín 191
San Juan 191
sandalia 111
sandía 101
sándwich 370
sangrar 50
sangre 25
sangría 98
sangriento, a 234
sanguche 370
sano, a 45
santo 190
santo, a 214
santo, santa 215
sarampión 52
sardina 99
sartén 132
sartén 370
sastre, sastresa 112
sastrería 113
satélite 280
satisfacción 60
satisfecho, a 196
Saturno 281
saxofón 206
se 359
secador 42
secadora 112
secar 292
secarse 41
sección 93
seco, a 96, 285
secretaría 243
secretario, secretaria
  173
secreto 232
secreto, a 231
sector 220
sector terciario, sector
  de servicios 244
sed 95
seda 114
sede 231
sediento, a 97
seducir 63
seguido, a 338
seguir 269, 314
según 366

Index

segundo, a 340
segundo 311
seguridad 228
Seguridad Social 48, 177
seguro 245
seguro, a 149
estar seguro, a 147
seguro de desempleo 177
seguro de enfermedad 48
seis 339
seiscientos, as 340
sello 254
sello 171
selva 282
semáforo 270
(la) Semana Santa 191
semana 307
semanal 261
sembrar 238
semestre 309
semilla 292
semilla 238
semiseco, a 97
Senado 220
senador, senadora 220
señal de tráfico 273
señalar 38
sencillo 372
sencillo, a 160
señor, señora 12
señorita 12
sensación 57
sensible 67
sentar bien/mal 94
sentarse 35
sentencia 226
sentido 32
sentimiento 57
sentimiento 31
sentir 31, 57, 80
sentirse 45
separado, a 13
separar 325
separarse 136
septiembre 308
séptimo, a 341
sepultura 31
sequía 288
ser 12, 336, 351

ser de 157
ser listo, a 67
ser un/una carroza 141
serbo-croata 19
sereno, a 288
serial 183
serie 240
serie 259
serio, a 68
seropositivo 55
serpiente 297
servicio 154, 197
servidor web 265
servilleta 95
servir 107
servir 154
sesenta 339
sesión 189
seta 294
setecientos, as 340
setenta 339
severo, a 72
sexo 27
sexo 14
sexto, a 341
sexual 28
si 367
sí 80, 359
si no 367
sida 52
siempre 315
sierra 281
sierra 123
siesta 37
siete 339
siglo 309
Siglo de Oro 211
significar 160
signo del zodíaco 280
siguiente 138, 335
silbar 188
silencio 32
silla 127
sillón 127
silvestre 294
símbolo 215
simpatía 57
simpático, a 67
sin 364

sin embargo 367
sin punta 331
sin que 367
sin techo 146
sinagoga 216
sincero, a 72
sindicato 176
síndrome de abstinencia 55
singular 153
sino 367
sintético, a 114
sinvergüenza 72
sistema 218
sistema ecológico 305
sistema operativo 263
sistema solar 280
sitio 301
situación 352
situado, a 199
sobrar 338
sobre 171, 323
sobre todo 347
sobrevivir 233
sobrino, sobrina 137
social 144
socialismo 221
socialista 222
sociedad 145
sociedad anónima 243
socio, socia 145
¡Socorro! 62
sofá 127
software 263
sol 280, 285
solar 122
soldado, soldada 233
soleado, a 288
soledad 146
solicitar 62, 177
solidaridad 177
sólido, a 290
sólo 347
solo, a 335
soltar 39
soltero, a 13
solución 160
sombra 288
sombra de ojos 43

sombrero 110
sombrilla 130
sonar 255
soñar 35
sonido 204
sonreír 34
sonrisa 34
sopa 102
soplar 288
soportar 61
sordo, a 49
sordomudo, sordomuda 52
sorprendente 152
sorprender 149
sorpresa 149
soso, a 105
sospecha 226
sospechar 227
sótano 122
su, sus 360
suave 96
subir 119, 352
subsidio de paro 176
suburbio 300
suceder 318
sucesión 212
sucesivo, a 335
suceso 318
suciedad 132
sucio, a 41
sucre 252
sucursal 243
sudamericano, a 16
sudar 49
sudor 27
Suecia 19
sueco, a 20
suegro, suegra 136
suela 113
sueldo 175
suelo 129
suelto, a 249
sueño 35
suéter 111
suficiente 337
sufrir 48
suicidarse 30
suicidio 30

Suiza 14
suizo, a 14
sujetador 111
suma 251
sumar 336
suministrar 245
suministro 247
superficial 325
superficie 320
superior 325
supermercado 91, 244
superviviente 233
suplemento 276
suponer 66
supremo, a 226
suprimir 220
sur 326
surf 186
surgir 354
surrealismo 204
surrealista 204
surtido 246
suscribirse 261
suspender 163
suspiro 61
sustancia 290
sustituir 240
susto 60
suyo, suya, suyos, suyas 361

T

tabaco 53
tabaco rubio 53
tableta de chocolate 92
taburete 108
tacaño, a 86
taco 371
tacón 94
tacto 33
tal 364
TALGO 276
talla 93
taller 240
talón 248
talonario de cheques 248
tamaño 332

también 344
tampoco 344
tampón 43, 171
tan 345
tan ... como 345
tan ... que 335
tan pronto como 317
tango 205
tanque 235
tanto 345
tanto, a 335, 345
tanto, a ... como 345
tanto ... como 335
tanto por ciento 335
tapa 108
tapado, a 371
tapadura 370
taquilla 188
tardar 313
tarde 311
tarde 318
tareas 161
tarjeta de crédito 248
tarjeta de sonido 262
tarjeta gráfica 264
tarjeta postal 254
tarjeta telefónica 255
taxi 274
taxista 274
taza 95
te 357
té 96
teatro 188
techo 128
tecla de función 264
teclado 262
técnico, a 169
tecnología 177
teja 123
tejado 121
tejanos 110
tejido 114
tekno 206
tela 113
telefax 258
Telefónica 255
teléfono 255
telegrafiar 257
Telégrafos 257

Index

telegrama 254
telenovela 183, 259
telesquí 187
televisión, tele 258
televisión por cable 260
televisor 258
télex 258
tema 160
temblar 38
temer 58
temperatura 287
tempestad 288
templado, a 285
templo 216
temporada 196
temporal 288
temporero, temporera 176
temprano 318
tenazas 120, 169
tendencia 223
tender 112
tenedor 95
tener 157
tener celos 61
tener ganas 58
tener mal genio 61
tener mala suerte 150
tener prisa 35
tener que 347
tener suerte 150
teñir 112
teñirse el pelo 43
tenis 185
tensión 241
tensión 51, 124
Teología 166
teoría 172
teórico, a 172
tercer; tercero, a 341
Tercer Mundo 232
ercera edad 13
rcio 342
ciopelo 114
o, a 73
inar 314
ino 86
metro 287
a, ternero 296
70

terrateniente 239
terraza 120
terremoto 288
terrestre 280
terrible 151
territorio 230
terror 227
terrorismo 228
terrorista 228
tesoro 140
testamento 158
testigo 226
texto 207
ti 357
tía 136, 143
tiburón 297
tiempo 285, 312
tiempo libre 181
tienda 91
tienda de campaña 199
tienda ecológica 305
tierno, a 104
tierra 237, 280, 281, 302
tifus 52
tijeras 131
timbre 128
tímido, a 68
tinta 171
tintorería 112
tío 136, 143
tíos 136
típico, a 102
tipo 143
tipo 41
tipo de letra 263
tirada 262
tirante 111
tirar 39
tirita 48
tiro 229
titular 250
título 207
título 166
tiza 163
toalla 41
tobillo 27
tocadiscos 205
tocadiscos compacto 204

tocar 31, 204
todavía 316
todo 335
todo 338
todo el mundo 363
todo, a 335
toldo 130
tolerante 153
tolerar 88
tomar 35, 107
tomar 370
tomar(se) 97
tomate 100
tomografía
  computarizada 47
tonelada 342
tóner 172
tono 206
tontería 68
tonto, a 68
torcer 269
torcerse 51
torcido, a 123
torear 191
torero, torera 191
tormenta 286
tornillo 120, 169
toro ·296
toro bravo 191
torre 300
tortilla 102
tortura 228
torturar 228
tos 49
toser 49
tostada 105
total 336
total 63, 348
trabajador, trabajadora
  172
trabajar 175
trabajo 175
trabajo doméstico 131
trabajo temporero 176
tractor 238
tradición 190
tradicional 190
traducción 164
traducir 164

traductor, traductora 175
traer 36, 108
tráfico 268
tragabasuras 305
tragar 37
tragedia 207
tragedia 189
trágico, a 189
trago 54
traidor, traidora 232
traje 110
trampa 183
tranquilizarse 60
tranquilo, a 57
transbordador 275
transferencia 250
transformar 242
transgénico 107
transición 213
tránsito 273
tránsito 373
transmisión de datos 266
transmitir 259
transparente 114
transportar 272
transporte público 273
tranvía 275
trapo 132
trasero 26
trasladarse 125
trasplantar 47
tratado 231
tratamiento 51
tratamiento de textos 263
tratamiento de textos avanzado 265
tratar 48
tratar(se) de usted 139
trébol 294
trece 339
treinta 339
treinta y dos 339
treinta y uno, treinta y un, treinta y una 339
tremendo, a 156
tren 274
tren de cercanías 276

tren de mercancías 276
tres 338
trescientos, as 340
triangular 331
triángulo 331
tribu 21
tribunal 225
trigo 293
trimestre 309
triste 58
tristeza 58
tronco 294
tropa 235
trozo 342
trueno 289
tú 357
tu, tus 360
tubería 123
tubo 123
tulipán 295
tumba 31
túnel 302
turco, a 19
turismo 196
turista 196
turístico, a 196
turno 93, 177
Turquía 19
tutear(se) 139
tuyo, tuya, tuyos, tuyas 360

U

u 367
Ucrania 18
ucraniano 18
último, a 335
un, una 356
uña 26, 299
undécimo, a 341
único, a 347
unidad 229
uniforme 111
unión 224
Unión Europea (UE) 14, 231
unir 325
universidad 164

universitario, a 165
universo 280
uno, un, una 338
unos, unas 356
Urano 281
urbanización 302
urbano, a 301
urgencia 47
Urgencias 47
urgente 254
Uruguay 21
uruguayo, a 21
usado, a 269
usar 35
uso 38
usted, Ud., Vd. 358
ustedes, Uds., Vds. 359
útil 149
utilizar 235
uva 101
UVI (Unidad de Vigilancia Intensiva) 47

V

vaca 296
vacaciones 180, 194
vacilar 141
vacío, a 336
vacuna 52
vacunación 52
vago, a 73
vagón 276
vagón-restaurante 373
¡Vale! 81
valenciano, a 230
valer 249
valer la pena 147
válido, a 14
valiente 72
valija 372
valioso, a 115
valla 122
valle 282
valor 155, 251
¡Vamos!, ¡Vámonos! 82
vapor 290
variado, a 292

variar 353
variedad 93
varios, as 363
varón 28
vasco, a 229
vaso 95
¡Vaya! 84
vecino, vecina 125,
301
vegetación 292
veinte 339
veinticinco 339
veinticuatro 339
veintidós 339
veintinueve 339
veintiocho 339
veintiséis 339
veintisiete 339
veintitrés 339
veintiuno, veintiún,
veintiuna 339
vejez 30
vela 129
velero 186
velocidad 273
vena 27
vencer 184
venda 47
vendar 52
vendedor 246
vender 91
vendimia 239
veneno 31
venenoso, a 297
venezolano, a 16
Venezuela 16
¡Venga! 81
venganza 75
vengarse 70
vengativo, a 73
venir 34
venta 124, 244
ventaja 155
ventana 120, 263
ventanilla 274
ventilador 130
Venus 281
ver 32
verano 308

¿verdad? 83
verdadero, a 153
verde 329
verde 106
verdulería 92
verdura 100
vereda 373
vergüenza 58
verso 208
vertical 324
vestido 110
vestido 371
vestirse 109
veterinario, veterinaria
174
vez 315
vía 274
viajar 194
viaje 194
viajero, viajera 194
víctima 234
victoria 233
vida 29
vídeo 259
videoconferencia 258
videoteca 260
vidriera 370
vidrio 120, 291
vidrio blanco 303
vidrio marrón 303
vidrio verde 303
viejo, a 30, 352
viento 286
vientre 26
viernes 307
viga 123
vigilancia 227
vigilante 173
villa 301
viña 239
vinagre 105
vino 96
violar 76
violencia 75
violento, a 68, 227
violeta 330
violín 206
violonchelo 206
virgen 28

Virgen María 215
virus 265
visa 372
visado 195
visible 291
visigodo, a 212
visita 143, 200
visitante 200
visitar 143, 194
víspera 312
vista 281
vista 32
vista cansada 53
vitrina 370
viudo, viuda 13
vivienda 125
vivir 12, 29
vivo, a 29
volante 272
volar 275
volcán 282
voleibol 187
voltear 369
volumen 259, 342
voluntad 74
volver 34
volver (a) 352
volverse 352
volverse 38
vomitar 49
vosotros, as 358
votación 224
votante 222
votar 222
voto 222
voz 78
vuelo 275
vuelta 249, 274
vuelta 182
vuestro, a, os, as 360
vuestro, vuestra,
vuestros, vuestras 361
vulgar 73

X

xenofobia 71
xenófobo 71

Y

y 309, 366
¿Y qué? 63
ya 315
¡Ya lo creo! 63
ya no 315
yate 277
yegua 296
yerno 136
yeso 123
yo 356
Yugoslavia 19

 Z

zanahoria 106
zapatería 92
zapatero, zapatera 173
zapatilla 110
zapato 110
zapear 260
zarzamora 293
zarzuela 189, 206
zona 300
zona azul 273
(parque/jardín)
  zoológico 199
zorro, zorra 296
zumo 96

List of *i*-Boxes

i	Chapter	Title/Contents	Page
1	1	ser – ir	12
2	1	don, doña	12
3	1	americana	15
4	1	Hispanoamérica	16
5	2	estar vivo, a – ser vivo, a	29
6	2	traer – llevar	36
7	3	heroína	54
8	4	Subjunctive (I)	57
9	4	saber – poder	64
10	4	Subjunctive (II)	64
11	4	Subjunctive (III)	65
12	4	bueno – malo	67
13	4	poder – saber	76
14	4	Subjunctive (IV)	82
15	5	chocolate	96
16	5	Superlative	98
17	5	otro, a	108
18	7	Subjunctive (V)	147
19	7	Subjunctive (VI)	148
20	8	Nouns Ending in -ma	161
21	10	raqueta	185
22	12	pintar	202
23	13	Abbreviation of Masculine Nouns	214
24	14	heroína	235
25	15	pez – pescado	238
26	16	Correos – el correo	254
27	16	Nouns Ending in -ma	258
28	18	How's the Weather?	285
29	19	ir a – acabar de	313
30	19	grande ≠ gran	319